本书出版获中国社会科学院创新工程出版资助项目经费支持

中国社会科学院大学卓越学者项目"中美就业社保和收入分配政策比较研究"（编号：校20200001）成果

中国社会科学院大学文库

# 公职人员养老保险制度：
# 双轨之道与改革之路

郭磊 著

中国社会科学出版社

## 图书在版编目（CIP）数据

公职人员养老保险制度：双轨之道与改革之路／郭磊著.—北京：中国社会科学出版社，2023.1

（中国社会科学院大学文库）

ISBN 978－7－5227－1086－0

Ⅰ.①公… Ⅱ.①郭… Ⅲ.①国家机关工作人员—养老保险制度—研究—中国 Ⅳ.①F842.67

中国版本图书馆 CIP 数据核字（2022）第 235115 号

| | |
|---|---|
| 出 版 人 | 赵剑英 |
| 责任编辑 | 范晨星 |
| 责任校对 | 周　昊 |
| 责任印制 | 王　超 |

| | |
|---|---|
| 出　　版 | 中国社会科学出版社 |
| 社　　址 | 北京鼓楼西大街甲 158 号 |
| 邮　　编 | 100720 |
| 网　　址 | http://www.csspw.cn |
| 发 行 部 | 010－84083685 |
| 门 市 部 | 010－84029450 |
| 经　　销 | 新华书店及其他书店 |

| | |
|---|---|
| 印　　刷 | 北京明恒达印务有限公司 |
| 装　　订 | 廊坊市广阳区广增装订厂 |
| 版　　次 | 2023 年 1 月第 1 版 |
| 印　　次 | 2023 年 1 月第 1 次印刷 |

| | |
|---|---|
| 开　　本 | 710×1000　1/16 |
| 印　　张 | 13.75 |
| 插　　页 | 2 |
| 字　　数 | 232 千字 |
| 定　　价 | 75.00 元 |

凡购买中国社会科学出版社图书，如有质量问题请与本社营销中心联系调换
电话：010－84083683
**版权所有　侵权必究**

# 中国社会科学院大学文库学术研究系列编辑委员会

主　　任　高文书
副 主 任　林　维　张　波　张　斌
编　　委　（按姓氏笔画排）
　　　　　王　炜　向　征　刘　强　刘文瑞
　　　　　杜智涛　李　俊　何庆仁　张　涛
　　　　　张菀洺　陈洪波　罗自文　赵一红
　　　　　赵　猛　皇　娟　柴宝勇　徐　明
　　　　　高海龙　谭祖谊

# 总　　序

　　恩格斯说："一个民族要想站在科学的最高峰，就一刻也不能没有理论思维。"人类社会每一次重大跃进，人类文明每一次重大发展，都离不开哲学社会科学的知识变革和思想先导。中国特色社会主义进入新时代，党中央提出"加快构建中国特色哲学社会科学学科体系、学术体系、话语体系"的重大论断与战略任务。可以说，新时代对哲学社会科学知识和优秀人才的需要比以往任何时候都更为迫切，建设中国特色社会主义一流文科大学的愿望也比以往任何时候都更为强烈。身处这样一个伟大时代，因应这样一种战略机遇，2017年5月，中国社会科学院大学以中国社会科学院研究生院为基础正式创建。学校依托中国社会科学院建设发展，基础雄厚、实力斐然。中国社会科学院是党中央直接领导、国务院直属的中国哲学社会科学研究的最高学术机构和综合研究中心，新时期党中央对其定位是马克思主义的坚强阵地、党中央国务院重要的思想库和智囊团、中国哲学社会科学研究的最高殿堂。使命召唤担当，方向引领未来。建校以来，中国社会科学院大学聚焦"为党育人、为国育才"这一党之大计、国之大计，坚持党对高校的全面领导，坚持社会主义办学方向，坚持扎根中国大地办大学，依托社科院强大的学科优势和学术队伍优势，以大院制改革为抓手，实施研究所全面支持大学建设发展的融合战略，优进优出、一池活水、优势互补、使命共担，形成中国社会科学院办学优势与特色。学校始终把立德树人作为立身之本，把思想政治工作摆在突出位置，坚持科教融合、强化内涵发展，在人才培养、科学研究、社会服务、文化传承创新、国际交流合作等方面不断开拓创新，为争创"双一流"大学打下坚实基础，积淀了先进的发展经验，呈现出蓬勃的发展态势，成就了今天享誉国内的"社科大"品牌。"中国社会科学院大学文库"就是学校倾力打造的学术品牌,如果将学校之前的学术研究、学术出版比作一道道清澈的溪流,"中国社会科学院大学文库"的推出可谓厚积薄发、百川归海,恰逢其时、意义深远。为其作序,我深感荣幸和骄傲。

高校处于科技第一生产力、人才第一资源、创新第一动力的结合点,是新时代繁荣发展哲学社会科学,建设中国特色哲学社会科学创新体系的重要组成部分。我校建校基础中国社会科学院研究生院是我国第一所人文社会科学研究生院,是我国最高层次的哲学社会科学人才培养基地。周扬、温济泽、胡绳、江流、浦山、方克立、李铁映等一大批曾经在研究生院任职任教的名家大师,坚持运用马克思主义开展哲学社会科学的教学与研究,产出了一大批对文化积累和学科建设具有重大意义、在国内外产生重大影响、能够代表国家水准的重大研究成果,培养了一大批政治可靠、作风过硬、理论深厚、学术精湛的哲学社会科学高端人才,为我国哲学社会科学发展进行了开拓性努力。秉承这一传统,依托中国社会科学院哲学社会科学人才资源丰富、学科门类齐全、基础研究优势明显、国际学术交流活跃的优势,我校把积极推进哲学社会科学基础理论研究和创新,努力建设既体现时代精神又具有鲜明中国特色的哲学社会科学学科体系、学术体系、话语体系作为矢志不渝的追求和义不容辞的责任。以"双一流"和"新文科"建设为抓手,启动实施重大学术创新平台支持计划、创新研究项目支持计划、教育管理科学研究支持计划、科研奖励支持计划等一系列教学科研战略支持计划,全力抓好"大平台、大团队、大项目、大成果"等"四大"建设,坚持正确的政治方向、学术导向和价值取向,把政治要求、意识形态纪律作为首要标准,贯穿选题设计、科研立项、项目研究、成果运用全过程,以高度的文化自觉和坚定的文化自信,围绕重大理论和实践问题展开深入研究,不断推进知识创新、理论创新、方法创新,不断推出有思想含量、理论分量和话语质量的学术、教材和思政研究成果。"中国社会科学院大学文库"正是对这种历史底蕴和学术精神的传承与发展,更是新时代我校"双一流"建设、科学研究、教育教学改革和思政工作创新发展的集中展示与推介,是学校打造学术精品,彰显中国气派的生动实践。

"中国社会科学院大学文库"按照成果性质分为"学术研究系列""教材系列"和"思政研究系列"三大系列,并在此分类下根据学科建设和人才培养的需求建立相应的引导主题。"学术研究系列"旨在以理论研究创新为基础，在学术命题、学术思想、学术观点、学术话语上聚焦聚力，注重高原上起高峰，推出集大成的引领性、时代性和原创性的高层次成果。"教材系列"旨在服务国家教材建设重大战略，推出适应中国特色社会主义发展要求，立足学术和教学前沿，体现社科院和社科大优势与特色，辐射本硕博各个层次，涵盖纸质和数字化等多种载体的系列课程教材。"思政研究系列"旨在聚焦重大理论问题、工作探索、实践经验等领域，推出一批思想政治教育领域具有影响力的理论和实践研究成果。文库将借助与中国社会科学出版社的战略合作，加大高层次成果的产出与传播。既突出学术研究的理论性、学术性和创新性，推出新时代哲学社会科学研究、教材编写和思政研究的最新理论成果；又注重引导围绕国家重大战略需求开展前瞻性、针对性、储备性政策研究，推出既通"天线"、又接"地气"，能有效发挥思想库、智囊团作用的智库研究成果。文库坚持"方向性、开放式、高水平"的建设理念，以马克思主义为领航，严把学术出版的政治方向关、价值取向关与学术安全关、学术质量关。入选文库的作者，既有德高望重的学部委员、著名学者，又有成果丰硕、担当中坚的学术带头人，更有崭露头角的"青椒"新秀；既以我校专职教师为主体，也包括受聘学校特聘教授、岗位教师的社科院研究人员。我们力争通过文库的分批、分类持续推出，打通全方位、全领域、全要素的高水平哲学社会科学创新成果的转化与输出渠道，集中展示、持续推广、广泛传播学校科学研究、教材建设和思政工作创新发展的最新成果与精品力作，力争高原之上起高峰，以高水平的科研成果支撑高质量人才培养，服务新时代中国特色哲学社会科学"三大体系"建设。

历史表明，社会大变革的时代，一定是哲学社会科学大发展的时代。当代中国正经历着我国历史上最为广泛而深刻的社会变革，也正在进行着人类历史上最为宏大而独特的实践创新。这种前无古人的伟大实践，必将给理论创造、学术繁荣提供强大动力和广阔空间。我们深知，科学研究是永无止境的事业，学科建设与发展、理论探索和创新、人才培养及教育绝非朝夕之事，需要在接续奋斗中担当新作为、创造新辉煌。未来已来，将至已至。我校将以"中国社会科学院大学文库"建设为契机，充分发挥中国特色社会主义教育的育人优势，实施以育人育才为中心的哲学社会科学教学与研究整体发展战略，传承中国社会科学院深厚的哲学社会科学研究底蕴和40多年的研究生高端人才培养经验，秉承"笃学慎思明辨尚行"的校训精神，积极推动社科大教育与社科院科研深度融合，坚持以马克思主义为指导，坚持把论文写在大地上，坚持不忘本来、吸收外来、面向未来，深入研究和回答新时代面临的重大理论问题、重大现实问题和重大实践问题，立志做大学问、做真学问，以清醒的理论自觉、坚定的学术自信、科学的思维方法，积极为党和人民述学立论、育人育才，致力于产出高显示度、集大成的引领性、标志性原创成果，倾心于培养又红又专、德才兼备、全面发展的哲学社会科学高精尖人才，自觉担负起历史赋予的光荣使命，为推进新时代哲学社会科学教学与研究，创新中国特色、中国风骨、中国气派的哲学社会科学学科体系、学术体系、话语体系贡献社科大的一份力量。

（张政文　中国社会科学院大学党委常务副书记、校长、中国社会科学院研究生院副院长、教授、博士生导师）

# 目　　录

## 第一章　绪论 …………………………………………………………（1）
　　第一节　研究背景 ……………………………………………………（1）
　　第二节　研究目的与研究意义 ………………………………………（5）
　　第三节　研究内容与研究框架 ………………………………………（7）
　　第四节　研究方法 ……………………………………………………（10）
　　第五节　主要创新与研究不足 ………………………………………（11）

## 第二章　公职人员养老保险制度国内外研究现状 ……………………（13）
　　第一节　概念界定 ……………………………………………………（13）
　　第二节　文献综述 ……………………………………………………（18）

## 第三章　理论基础 ………………………………………………………（32）
　　第一节　公职人员工资制度理论 ……………………………………（32）
　　第二节　公职人员养老保险制度的平等和公平 ……………………（35）

## 第四章　各国/地区公职人员养老保险制度分类 ……………………（38）
　　第一节　国外经典研究回顾 …………………………………………（38）
　　第二节　养老保险"单一制"和"双轨制" …………………………（44）
　　第三节　养老保险"双轨制"的具体类型 …………………………（49）

## 第五章　各国/地区公职人员养老保险制度设计 ……………………（54）
　　第一节　各国/地区公职人员养老保险制度覆盖范围 ……………（54）
　　第二节　各国/地区公职人员养老保险制度资金筹集 ……………（64）
　　第三节　各国/地区公职人员养老保险制度待遇确定模式 ………（73）

第四节　各国/地区公职人员养老保险制度资格条件 …………… (76)
　　第五节　小结 ……………………………………………………… (82)

**第六章　养老保险"双轨制"因素分析** ………………………………… (84)
　　第一节　制度的路径依赖 ………………………………………… (84)
　　第二节　模仿效应 ………………………………………………… (87)
　　第三节　公职人员的特殊地位 …………………………………… (89)
　　第四节　吸引人才的手段 ………………………………………… (90)
　　第五节　改革之困 ………………………………………………… (91)

**第七章　破除"双轨制"困境：从收入分配制度出发** …………………… (93)
　　第一节　工资与养老保险：初次分配与再分配 ………………… (93)
　　第二节　公职人员工资与养老保险的制度设计 ………………… (96)
　　第三节　公职人员工资与养老保险的数据分析 ……………… (102)
　　第四节　思考与讨论 …………………………………………… (120)

**第八章　深入养老保险"双轨制"：性别差异的影响** ………………… (123)
　　第一节　"双轨制"、收入分配与性别差异——以芬兰为例 …… (123)
　　第二节　"双轨制"、退休年龄与性别差异 …………………… (135)
　　第三节　思考与讨论 …………………………………………… (143)

**第九章　各国/地区公职人员养老保险制度的规律与启示** ………… (144)
　　第一节　各国/地区养老保险"双轨制"的异同 ……………… (145)
　　第二节　理顺初次分配和再分配的关系 ……………………… (149)
　　第三节　"双轨制"对劳动力市场的冲击
　　　　　　——如何保证流动性？ ………………………………… (150)

**第十章　中国养老保险"双轨制"改革前的思考** …………………… (156)
　　第一节　关于中国养老保险"双轨制"的讨论
　　　　　　（2015年之前） ………………………………………… (156)
　　第二节　中国养老保险"双轨制"改革建议
　　　　　　——一个框架设计 …………………………………… (159)

**第十一章 中国养老保险"双轨制"改革后的展望** …………（164）
  第一节 关于中国养老保险"双轨制"的讨论
       （2015年之后） ……………………………………（164）
  第二节 中国养老保险"双轨制"未来发展 ………………（166）

**参考文献** ………………………………………………………（178）

**后　记** …………………………………………………………（202）

**致谢原文** ………………………………………………………（203）

# 第一章 绪论

## 第一节 研究背景

2021年4月16日,人力资源和社会保障部、财政部联合发布《关于2021年调整退休人员基本养老金的通知》,全国的总体调整水平为2020年退休人员每月人均基本养老金的4.5%。各省以此为高限,根据实际情况确定上调比例。2021年是中国养老保险"双轨制"改革后的第七年,企业职工养老金已经连续上调17次,机关事业单位养老保险业已与企业职工养老保险同步上调6次,进入稳步发展阶段。

整体来看,自2015年1月国务院发布《关于机关事业单位工作人员养老保险制度改革的决定》以来,中国机关事业单位养老保险制度克服了各种困难和各方阻力,平稳运行。这为下一步中国积极应对人口老龄化、实现养老金全国统筹以及多层次多支柱社会保障体系的建设打下良好的基础。回到中国养老保险"双轨制"改革前夕,国内外公职人员的养老保险制度正经受各种考验。

2013年7月18日,由于公共负债超过180亿美元,曾经风光无限的美国第四大都市"汽车之城"底特律市正式申请破产保护。同年12月3日,美国联邦法官裁决认为,底特律市获得破产保护,成为迄今为止美国历史上最大的一宗公共破产案。

其实,随着汽车工业的衰落,犯罪率升高,人口大量流失,底特律市政府早已长期入不敷出、负债严重,即使是2013年年初密歇根州政府进行接管也未能挽回其破产的命运。虽然申请破产这一决定看似早已成定局,引发的一系列问题却仍然严峻,其中最为棘手的便是公共部门的养老保险削减问题。早在7月底特律市申请破产保护之时,包括退役警察、消防员在内的一批退休的市政雇员以及代表他们的工会组织就已向法庭起诉,要求制止破产保护申请。在批准破产保护的同时,联邦法官史蒂文·洛兹(Steven Rhodes)裁定,破产保护意味着底特律市政员工的退休金等"负债"将可能会"受到损害"。

同一时期,在太平洋的另一端,中国的机关事业单位养老保险的改革却仍不明朗。机关事业单位和企业职工养老保险"双轨制"及养老保险差距已经成为中国收入分配不公的重要表现,对于中国机关事业单位工作人员普遍高出企业退休人员数倍的养老金,公众的质疑之声也从未间断。从实践改革上看,早在2008年2月29日,国务院常务会议就决定山西、上海、浙江、广东、重庆五省市先期开展事业单位工作人员养老保险制度改革试点工作,与事业单位分类改革配套推进。2008年3月14日,国务院发布《关于印发〈事业单位工作人员养老保险制度改革试点方案〉的通知》(国发〔2008〕10号),同意了由当时劳动和社会保障部、财政部、人事部制订的《事业单位工作人员养老保险制度改革试点方案》。但是4年过去,5个试点省市进展仍然缓慢。在此期间,曾备受期待的《中华人民共和国社会保险法》在2010年10月通过,也并没有从根本上解决机关事业单位养老保险制度的问题。

面对此问题,国家高层有了积极并且连续的回应:2011年1月19日,在纪念公务员法实施五周年座谈会上,中央政治局委员、中央组织部部长李源潮表示要对公务员社会保险制度等问题进行前瞻性制度设计和试点。① 温家宝总理2011年2月27日与网友在线交流时也表示:"同样的学历,甚至是高工、高学历,退休工资都比自己在机关的同学、同行要低,这个现象是不合理的。"② 在具体政策上,事业单位的职业年金制度③有所推进,主要是"一加九":"一"是指2011年3月23日发布的《中共中央、国务院关于分类推进事业单位改革的指导意见》(中发〔2011〕

---

① 赵鹏:《我国规划公务员法配套法规,公务员将试点社保制度》,2011年2月17日,人民网(http://politics.people.com.cn/GB/1026/13940888.html)。
② 潘锦棠:《公务员社会保险制度改革要稳步推进》,2011年3月28日,人民网-理论(http://theory.people.com.cn/GB/14255596.html)。
③ 2008年的《关于印发事业单位工作人员养老保险制度改革试点方案的通知》(国发〔2008〕10号)已经提到要"建立职业年金制度"。

5号),"九"是指2011年7月24日由国务院办公厅发布的九个配套文件。① 2012年5月2日,国务院总理温家宝主持召开国务院常务会议,讨论通过《社会保障"十二五"规划纲要》,会议确定中国将改革机关事业单位养老保险制度。② 中国之声《全国新闻联播》报道,人力资源社会保障部于2012年5月3日回应,中国将推进机关事业单位养老保险制度改革,破除养老保险企业和事业单位"双轨制"。③ 2013年11月15日,党的十八届三中全会审议通过了《中共中央关于全面深化改革若干重大问题的决定》(以下简称《决定》),再次明确提出"推进机关事业单位养老保险制度改革"④。

然而,在三中全会的《决定》发布不足两个月后,2014年1月6日,《人民日报》刊文《海外公务员退休待遇高》,文中提及美国、德国、日本、中国香港等国家和地区公务员的养老保险都要高于普通工人或私企雇员。⑤ 一石激起千层浪,养老保险"双轨制"再次被推到风口浪尖。不过,该文提到的公职人员和普通国民养老保险待遇水平差距的问题是如何表现的呢?国外公职人员的养老保险真的高出普通国民很多吗?如果和工资差距比较,养老保险差距是扩大了还是缩小了?相比国外,中国的情况更好吗?这些都是本书关注的重点。在此之前,先梳理和归纳中国机关事业单位养老保险制度存在的问题。

---

① 包括《关于事业单位分类的意见》《关于承担行政职能事业单位改革的意见》《关于创新事业单位机构编制管理的意见》《关于建立和完善事业单位法人治理结构的意见》《关于分类推进事业单位改革中财政有关政策的意见》《关于分类推进事业单位改革中从事生产经营活动事业单位转制为企业的若干规定》《关于分类推进事业单位改革中加强国有资产管理的意见》《关于深化事业单位工作人员收入分配制度改革的意见》《事业单位职业年金试行办法》。需要说明的是,目前国务院《关于印发事业单位工作人员养老保险制度改革试点方案的通知》(国发〔2008〕10号)继续在山西省、上海市、浙江省、广东省、重庆市进行试点,《事业单位职业年金试行办法》适用于上述5个试点省(市)。
② 严友良:《养老金"双轨制"症结待解》,2012年5月10日,搜狐网-财经(http://business.sohu.com/20120510/n342812750.shtml)。
③ 《我国将破除养老保险双轨制,公务员事业单位联动改革》,2012年5月3日,人民网-财经(http://finance.people.com.cn/GB/17796791.html)。
④ 《三中全会〈决定〉:推进机关事业单位养老保险制度改革》,2013年11月16日,人民网-时政(http://politics.people.com.cn/n/2013/1116/c1001-23560145.html)。
⑤ 《人民日报关注公务员养老改革:海外公务员退休待遇高》,2014年1月8日,人民网-人民日报(http://sz.people.com.cn/n/2014/0108/c202846-20331789.html)。

（一）机关事业单位养老保险与企业职工养老保险差距日益扩大

根据《中国经济发展和体制改革报告》提供的数据，在1990年，城镇企业单位人均离退休费为1664元，事业单位和机关分别是1889元和2006元；到了2005年，企业单位人均离退休费为8803元，而事业单位和机关分别是16425元和18410元，事业单位和机关的人均离退休费分别比企业高出了86.6%和109.1%，差距有越来越大的趋势。

作为调节收入差距的有效手段，社会保障应该通过再分配缩小各个群体间的收入差距，而不是扩大收入差距。

（二）机关事业单位养老保险制度自身的问题

机关事业单位养老保险是在战争年代和计划经济体制下设计形成的，为当时的经济社会发展提供了有力保障，但其自身的缺陷难以在现行框架内克服。再加上经过20世纪90年代的地方试点，其在一定程度上造成制度的碎片化，各地筹资压力沉重，财政负担出现困难，管理与服务社会化程度偏低。这不仅不利于提高政府和事业单位的行政和工作效率，提高公众对机关事业单位服务的满意度，也不利于有效保证公务员和事业单位工作人员的养老权益，改革势在必行。

（三）公务员和事业单位养老保险改革的同步问题

从近年来中国出台的各项政策来看，虽然提出要进行公务员养老保险的改革，但并未采取具体措施，而是以事业单位为改革的试点对象。但从实践的情况来看，自2008年国家决定在山西、上海、浙江、广东、重庆五省市先期开展事业单位工作人员养老保险制度改革试点工作以来，2011年五省市的改革推进依然缓慢，改革的阻力源于问题本身的复杂性、待遇水平下降的可能性、技术层面的可操作性等各个方面。公务员和事业单位养老保险改革的同步问题加大了改革的难度和不确定性。

（四）机关事业单位养老保险改革与分类推进事业单位改革配套推进存在难度

国家在指导事业单位工作人员养老保险制度改革试点工作时，重点提到要与事业单位分类改革配套推进。只有二者的改革相互促进、协调进行，改革的效果才能最大化，改革的程度才能彻底，否则只会相互牵制，使两类改革陷于进退两难的境地。

综上所述，在中国机关事业单位养老保险制度改革的关键时期[1]，深入了解国外公职人员的养老保险制度并进行合理借鉴是必不可少的。正如李源潮在纪念公务员法实施五周年座谈会上的讲话："西方文官制度借鉴了中国古代的科举制度，中国的公务员制度也吸收了西方公务员制度的有益经验。现在许多国家都在积极推进公共管理改革，创新公务员制度。我们要开阔眼界、开阔思路、开阔胸襟，加强对国外公务员管理理论、制度和实践的研究，为丰富中国特色公务员理论、完善中国特色公务员制度服务。"[2] 这正是本书写作的出发点。

## 第二节　研究目的与研究意义

### 一　研究目的

在 2015 年之前，一方面，中国机关事业单位养老保险制度改革亟待推进；另一方面，改革中存在巨大阻力。本书试图通过对国外公职人员养老保险制度的梳理和研究，从中提取出有助于中国机关事业单位养老保险发展完善的精髓——制度理念究竟是什么？制度设计需要考虑哪些因素？制度效果是否能够达到预期目标？如何在外部环境发展变化时完成制度改进？

在此基础上，探讨国外公职人员与中国机关事业单位工作人员（公务员和国有事业单位工作人员）养老保险的异同点，通过比较研究，重点关注中国机关事业单位养老保险制度的理念、设计和效果是否遵循了社会保险的应有之义——缩小不同群体的收入差距。此外，本书探讨中国的养老金"双轨制"问题的根源，在客观数据和经验总结的基础上，提出

---

[1] 2015 年 1 月，国务院发布《关于机关事业单位工作人员养老保险制度改革的决定》，机关事业单位工作人员养老保险制度与企业职工一样开始实行"社会统筹与个人账户相结合"制度。至此，中央的养老保险制度改革思路已经明晰，近年来早已讨论得沸沸扬扬的养老保险"双轨制"并轨问题看似初步化解，但有关公职人员与其他职工养老保险"双轨制"的一些知识和"并轨"后的问题依然值得探索和讨论。后续探索与讨论主要放在本书最后一章。

[2]《李源潮：健全和完善中国特色公务员制度》，2011 年 2 月 17 日，人民网 - 时政频道（http://politics.people.com.cn/GB/1027/13943124.html）。

改革需厘清的关键问题。回答这些问题,不仅在养老保险"双轨制"改革前是十分重要的,即使是在改革方案已经实施的数年后,本书对于机关事业单位养老保险制度的不断完善也能发挥其应有的作用。

## 二 研究意义

### (一) 理论意义

从学术理论上看,本书有利于丰富和完善社会保险尤其是养老保险这个重要分支的理论体系。通过分类,对国外公职人员养老保险制度和中国机关事业单位养老保险制度进行深入比较,可以总结公职人员养老保险制度的设计理念、路径选择、发展方向和演变规律,有利于为中国机关事业单位养老保险制度改革和完善提供理论指导与经验支持。

### (二) 现实意义

从现实情况出发,中国机关事业单位养老保险制度改革在2015年之前已经迫在眉睫,在2015年之后的改革运行中仍然需要不断完善。本书的意义主要体现在以下几个方面。

一是对国外公职人员养老保险制度进行分类研究,与不同的国家比较,了解中国的优势或不足,有利于中国机关事业单位养老保险制度在改革中汲取经验教训,选择适合国情的发展道路。总体来说,欧美发达国家公职人员养老保险制度的建立早于中国机关事业单位养老保险制度,从制度设计到制度调整,不论是经验还是教训,都可以为中国机关事业单位养老保险制度的完善提供思路。

二是处理好机关事业单位养老保险制度和其他养老保险制度的关系,有利于促进中国社会养老保险体系的完善,最终构建出统一的、多层次的社会保障框架。机关事业单位养老保险制度、企业职工基本养老保险制度、城乡居民基本养老保险制度构成目前中国的养老保险体系,是对具体制度进行合并,还是缩小各具体制度间的差距,需要经过深入研究才能进行选择。

三是了解中国机关事业单位的工资制度和养老保险制度历史脉络,在此基础上讨论养老保险"双轨制"的改革和完善,有利于客观评价现阶段中国的机关事业单位养老保险制度。中国机关事业单位养老保险制度的现状有其历史的必然性,其发展不但受到国内经济、政治、社会、文化等大环境的影响,而且存在制度变迁中的路径依赖。对历史的清晰认识,有利于厘清中国机关事业单位养老保险制度存在的根本问题，矫正已有的错误观念，集中关注制度本身的内在缺陷，提出更有针对性的改革建议。

四是合理的机关事业单位养老保险制度有利于维护社会公正，维持社会稳定。从社会公平的角度出发，退休的老年人都曾经为中华民族的伟大复兴做出了不可磨灭的贡献，他们促进了社会的进步、经济的发展，为下一代的成长创造了良好的环境。为了维护社会公正，应当首先保证不同群体间的养老保险差距不至于过大。从社会稳定的角度出发，解决好不同群体间的养老保险差距，不仅有利于为处于弱势的老年人提供他们应当享有的社会福利，缩小中国的贫富差距，也有利于老年人发挥余热，更好地推动社会发展。一个相对公平的机关事业单位养老保险制度能够在保障公务员享有应有权利和利益的同时，调整公务员与其他群体的收入差距，促进整个社会经济的和谐发展。

五是完善的养老保险体系有利于国家整体的持续发展。约瑟夫·斯蒂格利茨（2001）指出，健全的社会保障体制既可以提供长期经济增长所需要的储蓄，又可以提高老年人的福利状况，而残缺的社会保障体制则会对工作和储蓄的经济激励机制产生负面的影响，不仅阻碍了劳动力流动，还会导致财政预算资金的流失，使资金不能被用于最紧迫的社会需求和经济增长。[①]

## 第三节　研究内容与研究框架

本书在总结前人研究成果的基础上，探寻国外不同类型公职人员养老保险制度的特点，归纳其制度设计理念、制度实施效果和制度变迁规律，对国内外公职人员工资和养老保险制度进行深入的比较研究，包括性别上的差异，同时关注中国机关事业单位工资和养老保险制度的发展脉络，为实践改革和制度完善提供参考。本书主要分为四个部分，研究框架如图1-1所示。

第一部分是本书的研究基础，包括第一章、第二章和第三章。

---

① 转引自陈飞飞《上海城镇职工养老保险制度研究——人口老龄化、政策选择和数值模拟》，博士学位论文，同济大学，2007年。

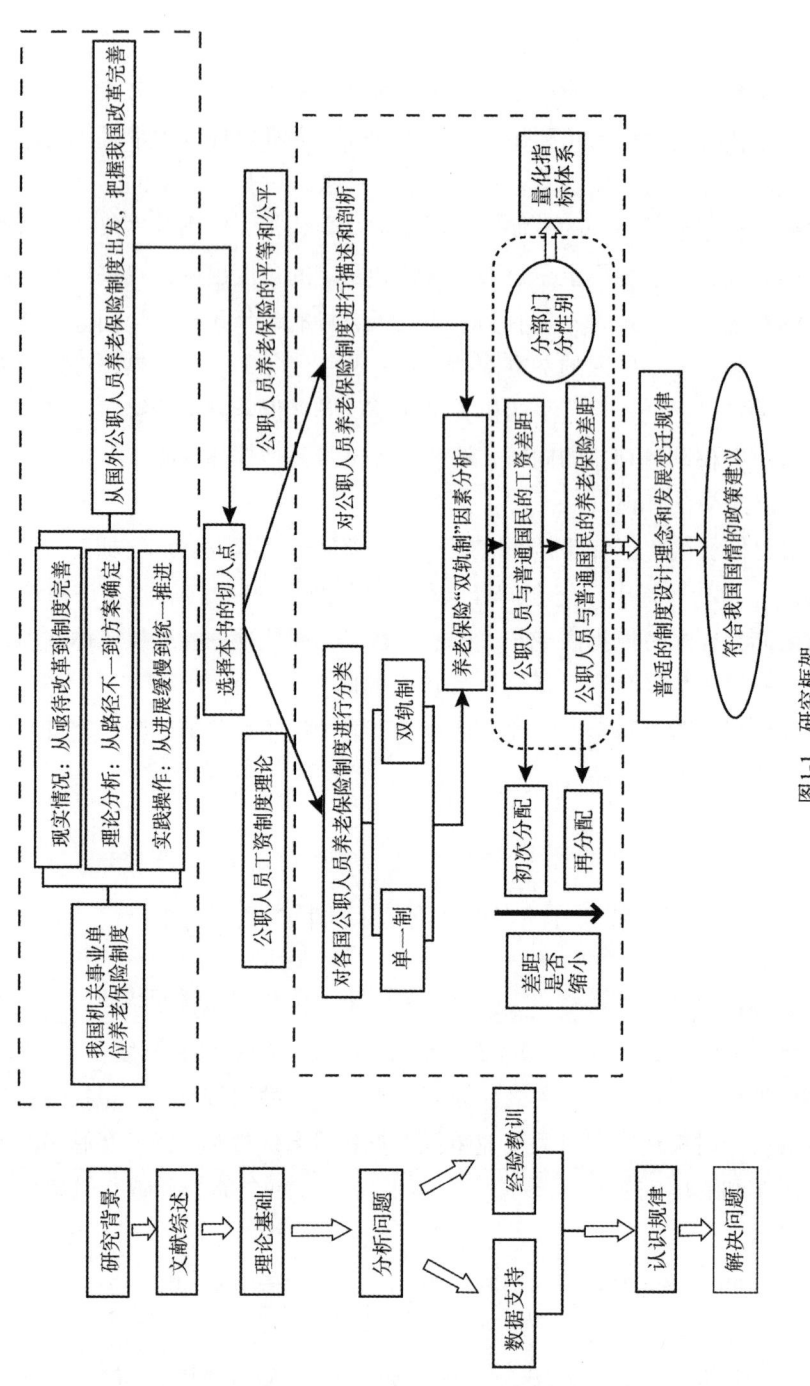

图1-1 研究框架

第一章，绪论。主要介绍本书的研究背景、研究内容、研究方法等基础内容。

第二章，国内外公职人员养老保险研究综述。首先对本书涉及的关键概念进行界定，之后总结前人研究成果，对国内外公职人员养老保险和机关事业单位养老保险的已有研究进行文献综述，为本书的研究作好铺垫。

第三章，介绍公职人员工资制度理论、公职人员养老保险制度的平等和公平特性，为本书的研究提供理论基础。

第二部分主要对国外公职人员养老保险制度进行分类研究、制度剖析和因素归纳，为本书核心章节的分析作好铺垫，包括第四章、第五章和第六章。

第四章，对各国公职人员养老保险制度进行分类，在回顾经典研究分类的基础上，在全世界范围内选取116个国家和地区作为研究对象，将公职人员养老保险分为"单一制"和"双轨制"，并对"双轨制"国家进行具体细分，厘清公职人员养老保险和国家基本养老保险的联系（前者可能独立于后者，也可能包含于后者）。

第五章，对各国公职人员养老保险制度进行详细描述和分析，从制度覆盖范围（覆盖人群、覆盖人数、覆盖比例）、资金筹集（筹资模式、缴费比例）、待遇确定模式（DB、DC或DB＋DC）和资格条件（退休年龄、缴费年限或工作年限或居住年限）进行描述和剖析。

第六章，分析养老保险"双轨制"出现和存在的影响因素，包括制度的路径依赖、发展中国家对发达国家制度的模仿、公职人员的特殊地位、国家吸引优秀人才的手段以及改革遇到的困难五个方面。

第三部分是本书的核心部分，分部门、分性别分析典型国家的工资和养老保险差距，探寻养老保险"双轨制"存在的本质问题，包括第七章和第八章。

第七章，在公职人员工资制度理论和公职人员养老保险平等与公平理论的指导下，以工资和养老保险作为初次分配与再分配的衡量指标，对中国、韩国、美国、芬兰进行分组研究，用数据证明公职人员和普通国民的收入差距是否在进行养老保险的再分配后缩小，进而评判各国养老保险"双轨制"的设计是否合理。

第八章，分性别对公职人员和普通国民的工资与养老保险差距进行比较研究，分析养老保险"双轨制"与性别差异的关系，以及可能带来的结果。

第四部分是在前三部分研究的基础上，总结经验规律，为中国养老保险"双轨制"改革与完善提供参考，包括第九章、第十章和第十一章。

第九章，对前三部分的结论进行梳理，在求同存异中归纳出普适的制度设计理念和发展变迁规律。

第十章，在前面分析的基础上，对国外公职人员养老保险制度的合理部分进行借鉴，总结梳理2015年国家推动机关事业单位养老保险制度改革之前中国学者对养老保险"双轨制"改革的建议。同时，以本书数据分析为支撑，提出当时情况下中国"双轨制"改革的框架设想，为中国机关事业单位养老保险制度的改革提出更有针对性的建议和注意事项。

第十一章，总结梳理2015年国家推动机关事业单位养老保险制度改革之后中国学者对养老保险"双轨制"的持续关注点。以2015年中国机关事业单位养老保险制度改革方案为基础，观察近年来改革实践的推动，探讨养老保险"双轨制"改革推进和未来完善中的核心问题和关键要点。

## 第四节　研究方法

本书采取文献研究、案例研究、对比研究等多种方法相结合进行研究。

文献研究的方法主要是通过图书馆借阅相关书籍、检索国内外文献，在大量阅读的基础上梳理前人的研究成果，使本书写作立足于学科的前沿，站在巨人的肩膀上。本人于2012年8月至2013年8月赴美国密歇根大学安娜堡分校社会工作学院进行联合培养，在此期间，在密歇根大学及社会工作学院的图书馆进行文献的搜集阅读工作。

案例研究的方法主要是赴美期间，对美国密歇根州的政府部门及社会保险经办机构进行实地考察，深入了解美国联邦的CSRS和FERS制度。

对比研究的方法主要是在介绍国外公职人员养老保险制度和中国机关事业单位养老保险制度中，剖析不同制度间的共同点和差异性及其内在和外部影响因素（包括具体国情，如政治制度和公务员制度），探寻中国"双轨制"的根本问题，并在求同存异中归纳出普适的制度设计理念和发展变迁规律。

## 第五节 主要创新与研究不足

### 一 主要创新

第一,研究视角的创新。本书聚焦在国外公职人员养老保险制度与中国机关事业单位养老保险制度的比较研究上,总结前人研究。在养老保险方面,对企业职工、农民工等群体的研究较多,而针对公职人员养老保险的研究较少,并且提及国外公职人员养老保险的时候多是描述性地概括情况,鲜有深入的分类和比较研究。

第二,研究思路的创新。本书通过对国外公职人员养老保险制度的解构,按照"双轨制"和"单一制"对各国的制度设计进行分类和比较,之后分两步(主要是按照初次分配和再分配的逻辑)比较中国、韩国、美国和芬兰的养老保险"双轨制"——从工资和养老保险制度设计安排与制度实施效果两个方面比较国外公职人员养老保险制度与中国机关事业单位养老保险制度,在此基础上阐述国外有益做法,包括美国联邦政府雇员的工资、养老保险的调整平衡机制,研究其如何保证公职人员和其他群体的工资、养老保险控制在合理的差距之内,为中国"双轨制"改革与完善提供具体参考。

第三,研究指标的创新。首先,与单纯制度安排的比较不同,本书在比较时选取的衡量指标是公职人员工资与社会平均工资(私人部门平均工资)的差距、公职人员养老保险与国家基本(私人部门)养老保险的差距这样的客观指标,可以真实地反映出通过养老保险这样的再分配手段有没有缩小初次分配的差距。其次,为了更深入地了解养老保险"双轨制"对性别差异的影响,在前一部分研究结论的基础上,分性别对公职人员和普通国民的工资和养老保险及退休年龄进行比较,进而判断国外公职人员养老保险制度与中国机关事业单位养老保险制度差距何在、"双轨制"的根本问题何在。

### 二 不足之处

本书的最大难点(也是第一个不足之处)在于数据搜集上,尤其是中国的数据（历年公布的统计数据存在统计项目不一的情况，如近年的《中国劳动统计年鉴》缺少事业单位的养老金数据）。

第二，国外对公职人员的定义不尽相同，统计口径也可能存在偏差，各国的比较研究还不够深入。

第三，要想总结国外公职人员养老保险制度的规律，需要选取尽可能多且具有代表性的国家和地区，选择的范围和研究的深度存在一定的矛盾，典型国家的研究尚有不足。

# 第二章 公职人员养老保险制度国内外研究现状

## 第一节 概念界定

### 一 公职人员

全世界 200 多个国家和地区由于文化传承、政治体制、经济水平、发展阶段等方面存在差异①，对公职人员的界定也有所差别。比如，public sector employee、government employee、public servant 等都可理解为公职人员。

国内的研究对于公职人员也没有完全统一的定义。王延中、龙玉其（2009）认为，国外对公职人员的定义分为狭义、中义和广义三种。狭义的公职人员，主要是指政府行政机关中的公务人员，如美国、澳大利亚、荷兰等国；中义的公职人员，除了国家和地方政府机构中的工作人员外，还包括军队、政党和各类公益性的事业单位——科研院所、医院、各级各类学校——中的工作人员，如新加坡、韩国、日本、法国等；广义的公职人员包括的对象除了国家行政机关和公益性的事业单位的工作人员外，还包括其他类型的事业单位和国有企业人员，如加拿大、德国、瑞典、英国等。曾清玉（2010）则提出，公职人员是指所有国家系统的工作人员，在美国，它既包括经过考试录用的文官、政治任命官员、民选官员，还有

---

① 公职人员的概念内涵和外延，也在随时代和国家形势发展而不断变化。

政府的雇员。① 在中国通常被接受的公职人员是指依法履行公共职务的国家立法机关、司法机关、行政机关、中国共产党和各个民主党派的党务机关、各人民团体以及国有企业的工作人员，或者是指具有国家公职身份或其他从事公职事务的人员，也就是通常说的"干部"。

为了便于对国外公职人员养老保险制度与中国机关事业单位养老保险制度进行比较研究，本书所指国外公职人员除了所有国家机关（中央和地方）的公务员，还包括各类具有公益性、得到财政支持的事业单位的工作人员。中国（大陆地区）的公职人员指适用于《中华人民共和国公务员法》的机关和事业单位工作人员②，包括国家行政机关干部、党派机关专职干部和主要人民团体的专职干部，以及参照公务员法管理的事业单位人员（基本为全额拨款单位）。同时，其他非全额拨款的事业单位的工作人员，由于仍然得到国家财政支持，其领导干部接受国家政府部门的直接领导（如医院等），也应视为公职人员。所以，本书的国外公职人员养老保险制度基本可以对应中国的机关事业单位养老保险制度。

此外，所有公职人员的工作单位一般被称为"公共部门"，其对应的概念为"私人部门"。

## 二 国家机关

国家机关是从事国家管理和行使国家权力的机关，包括国家元首、权力机关、行政机关和司法机关。其工作人员一般被称为公务员③。在中国，国家机关主要包括各级党的机关、人大机关、行政机关、政协机关、审判机关、检察机关等。

---

① 曾清玉：《美国公职人员财产申报制度建立的影响因素研究——以历史制度主义为视角》，硕士学位论文，上海交通大学，2010年。

② 通常认为，公职人员的核心在于履行公职，那么在我国，如果国家机关或政府序列以外（主要是事业单位）的人员是在履行公职，同时占有编制，财政上负担其工资福利，则可被视为公职人员。

③ 2006年1月1日实施的《中华人民共和国公务员法》第二条规定："本法所称公务员，是指依法履行公职、纳入国家行政编制、由国家财政负担工资福利的工作人员。"

## 三 事业单位

事业单位是现代中国特有的一种社会组织形式①,属于中国民法通则中规定的四种法人形态②之一。国外通常把类似中国事业单位的社会机构称为社会公共部门或社会公益性组织。

梳理中国历年政策法规中对事业单位的定义,主要有以下四种。

1958年4月劳动部发布的《国务院关于工人、职员退休处理暂行规定实施细则(草案)》中,事业单位指包括由国家预算的事业费开支的农业、林业、水利、地质、气象、测绘、文化、教育、卫生、科学研究等单位。

1999年全国人大常委会通过的《中华人民共和国公益事业捐赠法》中,事业单位被定义为:"依法成立的,从事公益事业的不以营利为目的的教育机构、科学研究机构、医疗卫生机构、社会公共文化机构、社会公共体育机构和社会福利机构等。"

2004年6月,国务院在修订的《事业单位登记管理暂行条例》(1998年10月25日国务院发布,并根据2004年6月27日《国务院关于修改〈事业单位登记管理暂行条例〉的决定》修订)中,明确规定:"本条例所称事业单位,是指国家为了社会公益目的,由国家机关举办或者其他组织利用国有资产举办的,从事教育、科技、文化、卫生等活动的社会服务组织。"

在2005年4月中央编办同意批转国家事业单位登记管理局制定的《事业单位登记管理暂行条例实施细则》中,进一步具体化为:"本细则所称事业单位,是指国家为了社会公益目的,由国家机关举办或者其他组织利用国有资产举办的,从事教育、科研、文化、卫生、体育、新闻出版、广播电视、社会福利、救助减灾、统计调查、技术推广与实验、公用设施管理、物资仓储、监测、勘探与勘察、测绘、检验检测与鉴定、法律服务、资源管理事务、质量技术监督事务、知识产权事务、公证与认证、信息与咨询、人才交流、就业服务、机关后勤服务等活动的社会服务

---

① 西方发达资本主义国家甚至包括苏联在内的社会主义国家,都没有与我国事业单位完全对应的社会组织概念。
② 四种法人形态分别为企业单位、事业单位、政府机构和社会团体。

组织。"

总结四种定义,本书认为事业单位一般是指国家设置的带有一定公益性质的机构,它参与社会事务管理,履行管理和服务职能,宗旨是为社会服务,主要从事教育、科技、文化、卫生等活动。其上级部门多为政府行政主管部门或者政府职能部门。一般情况下,国家会对这些事业单位予以财政补助,分为全额拨款事业单位(如学校等)、差额拨款事业单位(如医院等),还有一种是国家不拨款的事业单位(如出版社等)。[①]

## 四 工资、基本工资和社会平均工资

一般而言,工资是指雇主或者用人单位依据法律规定、行业规定或根据与员工之间的约定,以货币形式对员工的劳动所支付的报酬。它是对劳动者劳动的一种补偿形式。工资有狭义和广义之分:狭义的工资一般指基本工资;广义的工资除了基本工资之外,还包括奖金、津贴、分红等。

以下解释整理自中华人民共和国国家统计局网站:平均工资指企业、事业、机关等单位职工在一定时期内平均每人所得的货币工资额,反映一定时期单位就业人员工资收入的高低程度和工资水平,揭示劳动力用工成本和国民收入分配状况,是制定社会保障政策、建立赔偿制度的基础数据。平均工资为工资总额除以单位的年内(季度内)平均职工人数。根据国家有关规定和现行统计制度,工资总额是指单位在一定时期内直接支付给本单位全部职工的劳动报酬总额,包括计时工资、计件工资、奖金、津贴和补贴、加班加点工资、特殊情况下支付的工资,不论是否计入成本,不论是以货币形式还是以实物形式支付,均包括在内。同时,根据国际惯例,工资总额统计的是个人税前工资,包括个人缴纳的养老、医疗、住房等个人账户的基金。[②]

对于中国的机关事业单位,目前公务员工资包括基本工资、津贴、补贴和奖金,基本工资构成由职务工资和级别工资两项组成[③];事业单位实行岗位绩效工资制度,由岗位工资、薪级工资、绩效工资和津贴补贴四部

---

① 本书主要涉及前两种,即全额拨款事业单位和差额拨款事业单位。
② http://www.stats.gov.cn/was40/gjtjj_detail.jsp?searchword=%B9%A4%D7%CA&channelid=7565&record=5 2012-5-31.
③ 见《中华人民共和国公务员法》,2006年1月1日起实施。

分组成，其中岗位工资和薪级工资为基本工资。①

## 五 公职人员养老保险和国家基本养老保险

公职人员养老保险是针对公职人员的特殊制度安排，国家基本养老保险指一国为保障广大国民基本生活而强制实施的养老保险制度。二者的关系（如图2-1）是，前者可能在制度设计上完全不同于后者，两者并行实施，比如中国的机关事业单位养老保险制度和企业职工养老保险制度；前者也可能作为后者的制度补充，即一国的公职人员可能被全国统一的国家基本养老保险所覆盖，但同时也建立了单独的公职人员养老保险制度作为补充，比如美国的公职人员参加第一支柱的国家基本养老保险（Old-Age, Survivors, and Disability Insurance program, OASDI），但联邦政府雇员、州和地方公职人员都有其自身第二支柱的职业年金，如联邦政府雇员退休制度（Federal Employee Retirement System, FERS）。

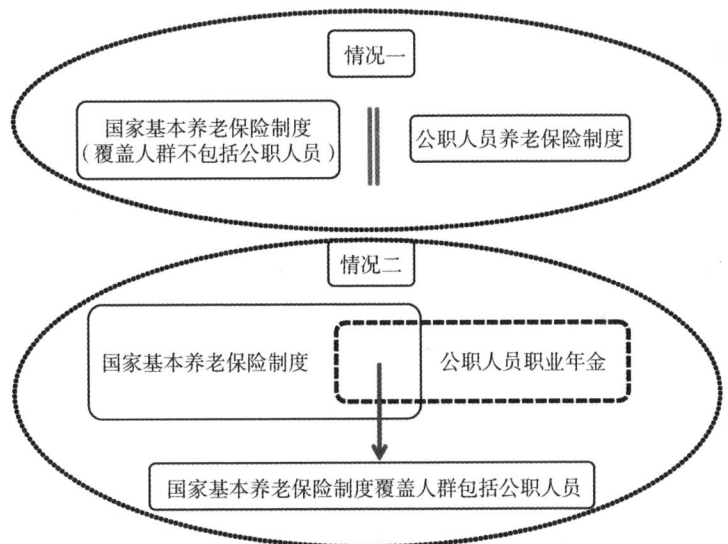

**图2-1 公职人员养老保险和国家基本养老保险关系示意图**

---

① 见《关于印发〈事业单位工作人员收入分配制度改革方案〉的通知》（国人部发〔2006〕56号），2006年7月1日起实施。

### 六 养老保险"双轨制"

本书的养老保险"双轨制"指在某一特定国家内,公职人员和普通国民不是被完全统一的同一个养老保险制度所覆盖,有两个(或以上)的养老保险制度并行存在。在中国主要指2015年之前,机关事业单位养老保险和企业职工养老保险实行分开的两种不同的制度安排。

## 第二节 文献综述

在公职人员养老保险问题上,国内外众多学者有着丰富的研究。有对全世界范围公职人员养老保险的分类比较研究(OECD, 2020; Ponds, Severinson, & Yermo, 2011; Palacios & Whitehouse, 2006);有对一定范围内国家(比如欧盟国家或OECD国家)公职人员养老保险制度的探讨(Whitehouse, 2016; Müller, Raffelhüschen & Weddige, 2009; Yermo, 2008; Kings, Turkisch & Manning, 2007; Rothenbacher, 2004);也有对两个类似国家的公职人员养老保险进行系统比较,比如郭磊、徐明(2020)选取了中国和美国,Park(2016)选取了英国和爱尔兰,El-Agraa(2008)选取了英国和日本的大学教员,Mesa 和 Bertranou(1997)选取了智利和阿根廷;还有对单个国家公职人员养老保险制度的梳理,比如Kauppi 等(2021)、K. Oshima(2019)、ABP(2006)和 Mitchell 等(2001)分别关注了芬兰、日本、荷兰和美国加利福尼亚州的公职人员养老保险制度。总结前人研究,不难发现,不同国家和地区的研究者对该问题的关注点并不完全一致,总体来说可以分为两部分:西方的学者更多地用他们的价值观衡量养老保险制度是否公平和有效率,如果存在不足,应该从哪些方面或运用何种手段进行改进;中国的学者更多地集中在介绍和引入不同类型的养老保险制度,探讨中国在改革机关事业单位养老保险制度时应当汲取的教训和借鉴的经验。

### 一 国外研究现状

(一)对公职人员养老保险制度的风险进行探讨

国外对公职人员养老保险的研究集中在用其不同的价值观衡量养老金

的支出水平，判断制度是否公平和有效率，探讨各种风险。名义风险和偿付能力风险的讨论最为广泛（Lee，1986；Haberman，2000）。传统研究通常会在 DB 型（待遇确定型）养老金的管理上引入二次成本标准作为计划管理者的目标函数（Haberman，1994，2005；Haberman，1997a，1997b；Owadally，2004；Ngwira，2007）。Maurer、Mitchell 和 Rogalla（2009）则突破传统思维，采用蒙特卡洛框架分析了德国公务员非资助 DB 计划的风险和回报。

追求较高的收益通常意味着将面临较高的风险。在美国，由于州和地方养老金计划的投资回报率设定较高，公共部门的养老金计划通常会选取比私人部门更高风险的资产投资组合（Aubry，Crawford，2019），通过寻求风险调整以实现收益最大化（K Oshima，2019），激发公职人员的工作积极性（Costrell，Podgursky，2009）。在这种情况下，公共部门养老金的使用和信托责任值得关注。Rose 和 Seligman（2016）讨论公共部门养老金不同的投资方式和资产配置的表现时，认为"审慎人原则"（prudent person standard）在风险防控中的作用发挥不足。基于此，部分研究通过比较不同国家风险规避的做法给出建议，比如 Pinheiro（2005）选择了澳大利亚、加拿大、日本、瑞士和美国。当然，关于风险还有一类比较乐观的看法，比如认为风险能够被未来的纳税人平缓地分担（Cui et al.，2010；Munnell et al.，2010）。

（二）公职人员养老保险投资管理研究

传统的研究方法从公职人员养老保险制度本身出发，在翔实的数据支撑下分析投资管理的各个方面。Ponds（2011）对 OECD 的六支中央或地方公职人员养老保险基金（分别来自澳大利亚、加拿大、日本、荷兰和美国）进行了制度框架、制度特点、投资风险和管理等方面的分析，认为公职人员的养老保险基金投资有一些良好的经验，比如在荷兰，交由私人和独立机构运营管理。同年，Ponds、Severinson 和 Yermo（2011）选取了更多的样本对公职人员养老保险制度未来的支付风险进行论证，对 OECD 国家公职人员养老保险制度的筹资模式进行分类和比较研究。在此之前，Mitchell 和 Carr（1995）、Yang 和 Mitchell（2005）都分别研究了美国的公职人员养老保险制度：前者较为关注美国州和地方政府雇员养老金计划，论述了养老保险基金状况和管理以及未来面临的挑战；后者则指出美国公共雇员养老保险面临的这种挑战来自资产回报率过低和负债增长过快。

更为深入的研究不仅分析了公职人员养老保险制度的投资管理可能遇到的问题,而且探讨投资管理是否得当,将产生哪些影响,投资管理如何与其他因素交互作用。较多研究仍然聚焦于美国的州和地方政府养老保险基金,比如探讨政府行为对养老保险基金的管理和投资回报率存在直接和间接的影响(Albrecht, Hingorani, 2004)、美国的州和地方政府养老保险基金近年来的新的投资策略等(Foltin, et. al. , 2019)。也有一些研究探讨发展中国家公职人员养老保险制度改革中面临的挑战,如柬埔寨政府于2019年颁布实施社会保障法,后续的养老金基金监管和投资战略十分重要(Hiilamo, Bitinas, & Chn, 2020)。

此外,公共部门养老金的绩效表现和管理效率也非常重要。Chen、Kriz 和 Ebdon(2015)研究了董事会构成对公共部门养老基金水平的影响,发现增加政治任命和董事会成员的人数能够促进养老金制度的绩效表现。各国在公共部门养老金的管理效率上则呈现出不同的状态。乌干达公共部门养老金从非缴费模式向缴费模式的转变减轻了国家预算的财政负担,改善了缴费模式的管理并提升了管理效率(Munyambonera, Munu, 2017)。加纳公共部门养老金三支柱体系中第二支柱的管理有效性不佳,公共部门雇员甚至并不清楚自身第二支柱养老金的优势,所以须尽早明确相关计划的前景和挑战,协助公共部门雇员做出明智的退休规划(Andoh, 2020)。

### (三) 公共部门和私人部门养老保险的比较研究

公共部门和私人部门养老保险的比较主要涉及制度设计、待遇水平(替代率)、覆盖范围以及退休决策等方面。

在制度设计方面,一类研究认为养老保险是重要的收入补偿形式。如Craig(1995)对公共部门和私人部门补偿差别(包括养老保险)进行分析,回顾了美国自1920年的联邦政府雇员退休法案,认为退休法案使国会和公职人员达成了有益的共识——联邦政府雇员以强制退休和工资差别为代价换取了养老保险计划。World Bank(2006)在一份对巴基斯坦的研究报告中比较了公共部门和私人部门的收入补偿,也包括养老保险。另一类研究则关注公共部门和私人部门不同养老保险制度的分配效应与制度成本。在相当一部分国家中,公共部门和私人部门的工资与养老保险结构不同,所以有较多学者从生命周期的角度构建模型对两部门的情况进行比较。Cavalcanti 和 Santos（2020）认为，巴西是一个公共部门收入溢价较高的国家，公私收入溢价会产生重要的分配效应，并造成相当大的生产率损失。而 Gomes 和 Wellschmied（2020）的结论则正好相反，其研究选取公共部门薪酬的三个维度（工资、养老金和工作保障溢价）与私人部门进行比较，工作保障和养老金溢价是公共部门雇员的重要补偿形式，使得公共部门就业的特点与私营部门的特点相协调，可以降低失业率与政府成本。

在待遇水平（替代率）方面，以美国为例，由于20世纪80年代开始对联邦政府雇员的养老保险制度进行改革，Lee（1995）和 Martin（2003）详细对比了美国改革前后的联邦退休体系[①]和私人部门养老保险替代率的差别。类似的研究还有 Murmell 和 Soto（2007）对美国所有州和地方政府的公共退休计划进行了梳理，同时指出公共部门与私人部门养老保险的差异主要是在第二支柱的补充养老保险（企业年金）上，私人部门的401k计划[②]非常普遍，公共部门的待遇水平可能会较高。经过多年的发展，Coile 和 Stewart（2021）认为与美国私营部门的员工相比，公共部门员工拥有更高水平的退休财富，而且在年老时继续工作带来的经济收益也更大，不同部门之间的这种差异在不同人群中正在扩大。

在覆盖范围方面，Pozzebon（2008）对比了加拿大公共部门和私人部门的养老保险制度对于雇员的重要程度，认为公共部门的养老保险覆盖率比较高，但私人部门的情况却出现下降的趋势。Sakamoto（2008）对日本公共部门和私人部门养老保险的比较是基于二者如何合并这样一个假设，研究指出日本政府试图通过扩大日本雇员养老保险制度的覆盖面，把公职人员并入统一的养老保险制度。

在退休决策方面，Clark、Morrill 和 Vanderweide（2014）对比了私人部门和公共部门的养老金分配情况，探讨了公共部门雇员对固定收益养老金计划的分配决策，研究发现美国北卡罗来纳州（North Carolina State）

---

① 针对美国联邦政府雇员养老保险制度改革前后的研究较多，还有直接比较改革前的文官退休制度（Civil Service Retirement System, CSRS）和改革后的联邦政府雇员退休制度（Federal Employee Retirement System, FERS）两套制度优劣的（Bixby, 1992；Bureaucratus, 1998），或是关注该制度的内在运作机制及设计是否合理（Zall, 2001；Asch, 2005；Purcell, 2004, 2007, 2008, 2009；EBRI, 2011）。

② 美国的一种由雇员、雇主共同缴费建立起来的完全基金式的养老保险制度。

超过三分之二年龄在50岁以下的公共部门员工在退休前选择从公共计划中分离。因此，需要重视私人部门养老金制度设计对公共部门的启示（Goldowitz，2018），包括保守的精算假设、精算独立性、透明度以及资金和收益承诺之间的平衡等方面。整体来看，公共部门雇员的退休路径与私人部门员工存在差异，已有研究认为两部门员工的退休决策可能有所不同，这主要源于DB计划和DC（缴费确定型）计划的差别。而Quinn、Cahill和Giandrea（2019）却发现，公共部门雇员离职后工作的普遍程度与私营部门员工是相似的。随着社会老龄化步伐的加快，这一结果对公共政策具有重要意义。

（四）公职人员养老保险制度对劳动力市场和流动性的影响

公职人员养老保险制度如何影响劳动力市场和劳动力质量（Kim，et. al.，2021；Koedel，Podgursky & Shi，2013），尤其是对两部门之间劳动力的流动性影响也是国外学者关注的焦点问题，早在20世纪80年代就引起了广泛的讨论。比如对英国（McCormick & Hughes，1984）、美国（Wolf & Levy，1984；Allen，Clark & McDermed，1988，1993；Gustman，Steinmeier，1989，1993，1995；Clark，Morrill & Vanderweide，2014）和意大利（Ferrari，2019）的研究，难以置信的是这些研究得出了一个共同的结论：公职人员养老保险制度会对劳动力市场的流动性产生实质性的影响，尤其是这样一个制度是以最后工资为养老保险计算依据的待遇确定型计划。

更为细化的研究显示，这种影响表现为私人部门向公共部门流动较为容易，而从公共部门向私人部门流动相对困难（Ferrari，2019；Kings，Turkisch & Manning，2007）。Palacios和Whitehouse（2006）则提出有两项具体规定可能会阻碍劳动者从公共部门向私人部门自由流动：公共部门的最低服务年限和养老保险转移时待遇的保留与计算办法。

（五）公职人员养老保险制度改革趋势和评价

在许多国家，对公职人员的养老保险制度进行改革具有重大的政治意义（Whitehouse，2016）。经过数十年的发展，发达国家公职人员养老保险普遍面临较大的财政压力，部分国家通过削减（公职人员养老保险计划）福利水平（Quinby，Sanzenbacher，2021；Jaaidane，Gary-Bobo，2018）或者增加缴费（Whitehouse，2016）来降低养老金体系的成本①，提高福利项目的可持续性（Park，2016）。所以，对筹资模式和支付责任模式的变革较为普遍（Bagchi, Naughton J., 2021；Munyambonera, Munu, 2017；Ponds, Severinson, & Yermo, 2011；Yermo, 2008；Kings, Turkisch, & Manning, 2007），主要是在现收现付制中加入积累的元素以及在待遇确定型（DB）中补充更多的缴费确定型计划（DC）。②

整体来看，这样的改革对部分公职人员产生了显著的影响。比如在2015年英国公共部门养老金计划的大幅改革中，其对公职人员内部不同职业的养老金影响有所不同，相对于一般公务员和教师，警察和消防部队的损失会更大（Danzer, Dolton & Bondibene, 2016）。在这样的情况之下，公职人员需要权衡 DB 计划和 DC 计划（Chingos, West, 2015；DeArmond, Goldhaber, 2010），可能有意愿为自己购买额外的养老保险（Fitzpatrick, 2015），同时其养老和退休决策也可能发生变化（Papke, 2019；Clark, Hammond & Vanderweide, 2019；Kong, et. al., 2018；Ni, S., Podgursky, M. 2016；Clark, Morrill & Vanderweide, 2014），比如是否选择增加外部储蓄以应对养老金削减（Quinby, Sanzenbacher, 2021），是否会心甘情愿地延长就业和推迟退休以换取最终工资和养老金的增加（Kauppi, et. al., 2021；Jaaidane, Gary-Bobo, 2018；Brown, 2013；Costrell, Podgursky, 2009）。公职人员在做出这些决策时，其对养老金计划的了解程度（DeArmond, Goldhaber, 2010）、个人和家庭特征以及风险偏好、时间偏好和财务素养发挥着关键作用（Clark, Hammond & Vanderweide, 2019），而退休资格条件的变化也会对此有所影响（Papke, 2019）。

与主流改革趋势相反的是，也有一些公职人员养老保险计划由于政治竞争和选举动机等因素而变得更为慷慨，比如美国宾夕法尼亚州的上千个公职人员养老保险计划就是如此（Bagchi, 2018）——有研究发现，政治激进主义有可能产生重大回报（Wagner, Elder, 2020）。不过更进一步的研究还表明，对于政治上竞争更激烈的市政当局，其公共部门养老金计划

---

① Whitehouse（2016）选取了 OECD 中的 34 个国家，评估了 5 种不同的减少支出或增加缴费收入的公共部门养老保险改革政策。

② 也有少数研究发现在过去的几十年中，美国私人部门员工的养老金经历了从待遇确定型（DB）到缴款确定型（DC）计划的巨大转变，而这一趋势在公共部门的员工中没有那么明显（Coile, Stewart, 2021）。

往往资金不足（Bagchi, Sutirtha, 2019）。这些政治压力会促使选举官员选择更高的贴现率来评估 DB 计划的养老金承诺，从而人为地降低这些福利的短期成本（Bagchi, Naughton J., 2021）。

其他的一些研究集中在改革的具体措施上，对各国公职人员养老保险制度改革进行了详细的介绍和分析，如对柬埔寨（Hiilamo, Bitinas & Chn, 2020）、乌干达（Munyambonera, Munu, 2017）、葡萄牙（Ramos, 2006）、德国（Freibert, 2006）、法国（Jaaidane, Gary-Bobo, 2018）、荷兰（Chen, Wijnbergen, 2020）、意大利（Ferrari, 2019）、西班牙（Sánchez Martín, 2010）、美国（Goldowitz, 2018; Employee Benefit Research Institute, 2011）、英国（Danzer, Dolton & Bondibene, 2016; Park, 2016）和爱尔兰（Park, 2016）均有研究涉及。在多国的比较研究中，Leal（2006）不但归纳了欧盟国家公职人员养老保险制度改革的特点，还解释了公共部门与私人部门养老保险制度是如何衔接的。Whitehouse（2016）选取的部分国家有所重合，评估了 OECD 中 34 个国家公共部门养老保险改革的政策。OECD（2020）则关注了非洲、亚洲和拉丁美洲的一些发展中国家公职人员养老保险制度的改革进展。

值得关注的是，在近年来公共部门养老保险制度的改革中，一些新的技术手段运用成为发展趋势。比如 Maina（2020）指出，过去 10 年在肯尼亚私人部门和公共部门的养老金制度改革中，一项主要的改革是利用移动技术改进养老金申领中的信息传播。Foltin 等（2019）则介绍了美国的州和地方政府养老基金采用的新策略和新技术。

## 二　国内研究现状

（一）国外公职人员养老保险制度研究及借鉴

美国的公职人员遵循权利与义务相对等的原则，养老保险由雇主（联邦政府）和雇员共同缴纳，其筹资方式（从现收现付制过渡到部分积累或完全积累制）和支付模式（从待遇确定型转为缴费确定型）的改变都是值得中国借鉴的（郭磊、徐明，2020；桂世勋，2004；臧宏，2007）。此外，国外公职人员养老保险制度从建立到完善始终非常重视关键技术的设计，比如严谨的投资管理办法、退休年龄的弹性过渡设计以及对领取养老保险条件的规定都值得中国学习和借鉴（杨洋，2021；郭磊、徐明，2020；郭磊、毛畅果，2018；王延中、龙玉其，2009；孙爱琳，

2001；蔡晓卫，2006）。向美国学习如何将公职人员纳入国家基本养老保险制度、建立完善的职业年金，都可以为中国机关事业单位养老保险的改革提供思路（郭磊，2018a；王晓军、乔杨，2013；郑秉文等，2009）。邓大松、马淑杰（2007）提出的事业单位养老保险改革策略，借鉴了日本高等学校养老保险制度的经验。

(二) 中国机关事业单位养老保险制度改革的必要性与可行性

2015年中国机关事业单位养老保险制度改革前，多位学者讨论了制度改革的必要性与可行性。葛延风等（2003）是比较早对中国机关事业单位养老保险制度进行系统研究的学者，指出不论是完善中国社会保障制度，还是推动中国事业单位体制改革，都需要加快推进机关事业单位养老保险制度的改革。同时，在肯定中国机关事业单位养老保险制度改革的可行性基础上，探讨了建立基础养老保险、个人账户养老保险和补充养老保险的三支柱模式，估算了机关事业单位养老保险制度的转轨成本。任若恩等（2004）通过代际核算体系分析了中国的养老保险体系，认为中国机关事业单位养老保险制度改革迫在眉睫（可以使未来代的负担比下降）。秦建国（2007）的观点更为明确，机关事业单位和企业实行不同的养老保险制度是有失公允的，既不利于人才流动，也不利于人事制度改革，建立统一的养老保险制度是非常迫切的。

2015年中国机关事业单位养老保险制度改革后，研究更多的是从财政负担或待遇测算的角度论证制度尚需更为精细化的设计。比如，多位学者对机关事业单位的财政负担进行测算（杨再贵、陈肖华，2020；陈洋、张霁雯、穆怀中，2020；许鼎，2017；董振廷，2016），提出应该完善制度设计，减轻财政负担。还有研究通过精算模型测算机关事业单位职业年金计发完毕后的养老金待遇，指出入职不久的"中人"与"新人"退休待遇会大幅下降。所以，有必要对制度进行持续改进，按照当前退休时点的平均余命调整职业年金个人账户计发月数（蒲晓红、王雅，2021）。

(三) 中国机关事业单位和企业职工养老保险待遇差距

国内许多学者通过统计和精算办法，对中国机关事业单位和企业职工养老保险制度变革（于新亮等，2021）及待遇差距进行了判断和测算（蒲晓红、王雅，2021）。多数学者经过研究，发现二者的替代率和待遇差距客观存在（穆怀中、杨傲，2020；马伟等，2017；张祖平，2012；王晓军、康博威，2009；王晓军、乔杨，2007），原因在于机关事业单位和企业之间没有打破身份制，工资增长机制也不同（杨立雄，2010）以及存在计发基础和调节机制的差异（卢驰文，2015；张祖平，2012）。这样的差距严重影响了中国收入分配制度，又成为导致各类群体收入差距的主要因素（张彦、李春根，2016；余桔云，2015；关信平，2013；何文炯，2008；韩国栋，2007）。也有学者（薛在兴，2013；张祖平，2012）观察到虽然机关事业单位和企业职工养老保险待遇差距较大，但是2015年制度改革前的差距扩大速度逐步减缓，差距也有缩小的趋势。2015年机关事业单位养老保险制度改革后，"新人"和"中人"仍有可能存在较大的待遇差距，但通过完善职业年金制度（柏正杰、陈洋洋，2020）、推动企业年金发展（郭剑平、黄健元、缪俊花，2016）、提升要素结构科学性、适时实现养老金第二支柱整合，能够缩小机关事业单位和企业职工的养老保险待遇差距（杨翠迎、刘玉萍、王凯，2021）。

（四）中国机关事业单位养老保险制度改革的政策建议（2015年改革前）

国内学者更多的是反思中国福利模式的发展历程（景天魁，2011），关注如何借鉴国外的经验做法（李珍、孙永勇，2004；吕学静，2001；周弘，1998），用于中国机关事业单位养老保险制度的改革，如学习美国经验将公职人员的养老保险纳入全国统一的社会养老保险中，解决公务员中存在的"金手铐"问题和社会保险制度缺乏衔接的问题（陈建辉，2008）。

由于对中国机关事业单位养老保险制度改革路径的理论探讨并没有完全达成一致，政策建议也就可能截然相反。但总体来看，大部分学者认同朝着相对统一的基本养老保险和特别的补充养老保险（职业年金）相结合的方向发展（郑秉文，2015；金赟，2015；王晓军，2012；郑秉文，2010；桂世勋，2004）。具体的建议包括：（1）在求同存异中发展，保持统一性和差别性相结合（董黎明，2007）。（2）"双轨制"应当并轨，合二为一，而且事业单位和公务员要一起进行改革（郑功成，2014；郑秉文，2009，2013；桂世勋，2010）。同时，为了保证社会公平，要做好两种制度的衔接工作（郑功成，2013；王晓军、乔杨，2007；华迎放，2006；宋晓梧、高书生，2001）。比如，郑秉文等（2009）在"混合型"统账结合制度下对改革进行测算，提出公务员参加养老保险统一改革的思路——从新入职人员开始，逐步把机关事业单位工作人员纳入全国统一的基本养老保险制度，同时建立职业年金，避免待遇过快下降。(3) 总体框架设计和具体的改革建议，包括覆盖范围、资金来源、资格条件、待遇给付、投资管理等各个方面（卢驰文，2015；王晓军、乔杨，2013；郑功成，2012；褚福灵，2010；郑秉文等，2009；桂世勋，2004；庄序莹等，2008；唐俊，2010）。

当然，还有学者提出中国机关事业单位养老保险的改革牵涉多方利益，需谨慎决策（唐钧，2009；潘锦棠，2011）。

（五）中国机关事业单位养老保险制度的讨论焦点（2015年改革后）

在2015年机关事业单位养老保险制度改革后，国内研究更加集中于新制度的可持续性、财政负担（压力）以及制度公平等方面。较有代表性的研究分别基于政策仿真（王雅、薛惠元，2020）、精算公平（许鼎、敖小波，2016）、转制成本分担（曾益、刘倩、虞斌，2015）讨论了机关事业单位养老保险制度的可持续性问题。与之密切相关的机关事业单位养老保险财政负担（压力）也有众多学者关注（杨再贵、陈肖华，2020；杨再贵、许鼎，2017），比如通过建立精算模型，测算及预测制度改革之初的2015年以及2025年和2035年时的财政负担规模（许鼎，2017）。同时，也有较多研究关注了机关事业单位养老保险职业年金和养老保险替代率，对职业年金的发展、养老保险替代率是否仍会较高等问题进行分析（王翠琴、王雅、薛惠元，2018；郭磊、毛畅果，2018；陈洋、穆怀中、边恕，2015）。

通过对比企业和机关事业单位的制度设计，研究还涉及了养老保险制度的公平性以及制度间的差异（于新亮等，2021；杨翠迎、刘玉萍、王凯，2021；郭磊、徐明，2020；张彦、李春根，2016；余桔云，2015）。此外，中国2019年《降低社会保险费率综合方案》对城镇职工养老保险和机关事业单位养老保险的影响也得到了学者的关注（王亚柯、李鹏，2021；杨再贵、陈肖华，2020）。

### 三 国内外研究的契合点

由于中国和国外发达国家的公职人员养老保险制度发展阶段不同，呈现的特点和学者关注的焦点就有所差异，但本书的一个研究基础——养老保险的再分配功能却得到了国内外众多研究的支持。比如，Diamond (1977) 认为政府之所以介入养老保险制度，一个重要原因就是它的收入再分配功能。实证类的研究同样证明了这个观点。比如，Kraus（2004）利用欧盟家庭调查小组公布的家庭微观数据（European Community Household Panel，ECHP），验证了欧盟15国养老保险支付对收入再分配的影响。Chen和Wijnbergen（2020）讨论了废除养老基金统一缴费政策的再分配后果。

比较集中的一类研究是分析制度变迁与制度改革对再分配的影响，如探讨巴西（Cavalcanti，Santos，2020）、智利（Rodrigo，2008；Diamond，1993）、美国（Aubry，Crawford，2019；Pries，2007；Feldstein，2005；Liebman，2002；Diamond，1998）、意大利（Brugiavini & Peracchi，2007；Borelia，2004）和荷兰（Chen，Wijnbergen，2020）等国家养老保险体系转轨的收入再分配效应。梳理近年来国内较有代表性的关于社会保障再分配效应的研究（见表2-1），发现部分研究介绍了发达国家（如美国、瑞典）如何运用社会保障制度调节收入再分配（陶纪坤，2019a，2019b），部分研究对国内外养老保险制度收入再分配效应的文献进行了综述（王亚柯、高程玉，2018；刘苓玲、李培，2012），部分研究则通过调查数据测量了中国社会保障制度的收入再分配效应（蔡萌、岳希明，2018；李实、朱梦冰、詹鹏，2017；王延中等，2016）。国外研究思路在国内主要被用于衡量统账结合制对养老保险再分配效应的影响，虽运用了定量的方法，研究结果却略有不同：一种观点认为再分配功能得到了更好的发挥（王延中等，2016；何立新、佐藤宏，2008；何立新，2007；郑伟，2005；郑伟、孙祁祥，2003）；另一种结论则指出再分配功能受到一定程度的削弱（郭秀云、邵明波，2019；何文炯，2018；郭磊，2018a；郭磊、潘锦棠，2015；彭浩然、申曙光，2007；张世伟、李学，2008），甚至出现养老金高于工资的"倒挂"现象（郭磊、徐明，2020；郑秉文，2011）。对此，相关建议提出，需要从政策宣传、制度理念、制度设计、制度覆盖面、合理调整机制和转移接续机制等方面完善中国的社会保障体系，发挥其再分配的应有作用（郭秀云、邵明波，2019；陶纪坤，2019a；何文炯，2018；贾康、程瑜、于长革，2018；王亚柯、高程玉，2018；李实、朱梦冰、詹鹏，2017；王延中等，2016）。

表2-1　近年来中国学者关于社会保障再分配效应的代表性研究

| 作者 | 主要观点 |
| --- | --- |
| 刘苓玲、李培（2012） | 对国内外养老保险制度收入再分配效应的文献进行综述，较为系统地梳理了国外对养老保险代际和代内、制度转轨、私有化等方面的再分配效应，以及国内学者如何分析现收现付制、制度变迁和统账结合制对收入再分配的影响 |
| 王延中等（2016） | 该研究在全国六省进行城乡入户问卷调查，通过理论和实证的方法，测量和评价中国社会保障的收入再分配效应。研究发现，中国社会保障制度整体上能够缩小城乡居民收入差距，但未来还需在政策宣传、均衡发展、制度设计等方面进一步完善 |
| 李实、朱梦冰、詹鹏（2017） | 研究基于2013年居民收入调查数据，发现社会保障制度能够缩小居民收入差距，再分配的效果主要体现在就业者和退休者之间。中国社会保障制度的再分配效果还可通过扩大覆盖面等办法进一步提升 |
| 贾康、程瑜、于长革（2018） | 提出社会保障体系、社会救助体系和第三次分配均为国民收入再分配制度优化的有效手段。具体包括：社会保障制度的全覆盖、合理调整机制和转移接续机制；社会救助的整合以及与其他制度的统筹衔接；公益性基金会的发展和管理上的规范，等等 |
| 何文炯（2018） | 认为社会保障制度对中国收入分配的改善成效不足，收入再分配作为社会保障的派生功能，研究从社会保障给付、筹资和体系结构三个角度出发，分析了社会保障制度的功能定位和收入再分配的机理 |
| 王亚柯、高程玉（2018） | 从年度收入、个人终生收入和财产三个方面回顾了社会保障再分配的相关研究，提出中国社会保障再分配效应未来需关注价值判断标准，加强实证和政策效果方面的研究 |
| 蔡萌、岳希明（2018） | 基于中国家庭收入调查（CHIP）2013年数据，讨论中国社会保障支出的收入分配效应，发现社会保障支出能够调节居民收入分配，比如最低生活保障和农村养老保险，但机关事业单位养老保险和医疗费的报销会扩大居民收入差距 |
| 陶纪坤（2019a） | 研究介绍了瑞典基本养老保险、基本医疗保险、失业保险、基本生活保障调节收入再分配作用机制，采用基尼系数指标测度瑞典社会保障再分配效应，发现瑞典2013年至2015年的社会保障再分配效应均超过30%。提出价值理念、社会保障项目齐全、重视帮扶弱势群体都有利于推动社会保障再分配。 |

续表

| 作者 | 主要观点 |
| --- | --- |
| 陶纪坤（2019b） | 比较了美国和瑞典社会保障的再分配情况，发现两国均运用社会保障制度政策工具有效降低了初次分配的基尼系数，认为中国需要提高社会保障的支出规模以及完善相关的法律体系 |
| 郭秀云、邵明波（2019） | 研究关注中国养老保险基金的中央调剂制度，同时测算了省际再分配效应。研究发现上缴比例越高，中央调剂制度的再分配效应越强，但是增幅逐步减弱。此外，中央调剂制度具有一定的逆向调节效应，有违制度的公平初衷 |

资料来源：作者整理。

## 四　简要评析

阅读已有文献，国内外对公职人员养老保险制度的研究虽然不完全一致（对养老保险的再分配功能有着共同兴趣），但基本涉及了公职人员养老保险制度的建立原因、制度安排、制度实施情况、基金投资管理、改革动机、改革路径、改革效果以及改革中的各种政治经济影响等各个方面。

具体而言，从研究者的地域出发，国外学者的研究鲜有提及中国的机关事业单位养老保险制度，国内学者的研究则有很大的比例用于介绍国外公职人员的养老保险制度（主要集中于公务员）以及探讨可借鉴的思路和政策。

从研究数量来看，在整个养老保险体系中，对公职人员养老保险制度（机关事业单位养老保险制度）的研究并不算多。

从研究深度来看，制度介绍和直接的政策建议较多，有针对性的对比研究和深入分析制度本质的研究尚不多见。

从研究目的来看，国外尤其是发达国家的制度较为健全，所以关注制度可持续性的研究较多，国内则希望直接运用表面的具体措施和政策指导改革实践的偏多，而少有研究厘清制度本质，发掘制度设计理念和变迁规律。

从研究内容来看，研究某一国家公职人员养老保险制度的具体问题或总结各国实践（主要是国外学者），或一国制度对另一国制度的单方面经验借鉴①较多，真正的深入对比研究相对缺乏。

从研究方法来看，规范型分析较多于实证研究；从研究思路和指标选取看，不尽相同，如从政治竞争和政治可行性出发分析公职人员养老保险制度调整和改革的可能后果（Bagchi，NaughtonJ，2021；Wagner，Elder，2020；Bagchi，Sutirtha，2019；Bagchi，2018；Yamada，2011；Galasso & Profeta，2002），以及采用精算对制度进行评价和修正等（Chen，Wijnbergen，2020；Goldowitz，2018；Jaaidane，Gary-Bobo，2018；任若恩等，2004；王晓军、乔杨，2007，2013；郑秉文等，2009），Kim、Koedel 和 Xiang（2020）的研究涉及了工资和养老保险相互影响，但目前仍然少有研究专门选取工资和养老保险衡量制度的初次分配和再分配效果。

前人的研究为本书的继续深入分析打下了坚实的基础。本书聚焦在国外公职人员养老保险制度与中国机关事业单位养老保险制度的比较研究上，通过分析公职人员（机关事业单位）与其他群体（企业雇员/私人部门）工资和养老保险的差距，了解养老保险制度是否有效发挥了再分配的功能，希望借此探寻中国"双轨制"的根本问题（究竟是"双轨制"本身的问题，还是"双轨制"背后制度理念和设计的问题，其症结何在？），并在求同存异中归纳出共通的制度设计理念和发展变迁规律，为中国机关事业单位养老保险制度改革和完善做出一份贡献。

---

① 由于我国机关事业单位养老保险制度亟待改革，所以国内学者较多集中于此。

# 第三章 理论基础

## 第一节 公职人员工资制度理论

### 一 废除公职人员的工资制度

取消公职人员的工资,这种观点的代表人物是威廉·葛德文(William Godwin)和让·巴蒂斯特·萨伊(Jean Baptiste Say)。

葛德文出生于英国产业革命初期,生长于资本主义兴盛的年代,但那也是资本主义弊端初现和思想激荡的时代。他深受卢梭等法国启蒙思想家的影响,于1793年完成了《政治正义论》的第一稿。书中对资本主义私有制提出了严厉的批判,认为"财产是与公共福利相矛盾的一种罪恶",财产促使暴力不断产生,并且财产的不平等分配带来的后果更加严重——财富的积聚使暴力统治得以巩固下来。在这样的正义论基调下,书中提出,作为公职人员,领取工资是错误的,应当用"资助"的方法取代公职人员的工资,因为一方面,为公职人员发放工资会"迫使最有觉悟和最有道德的人非出于自愿地参与社会的非正义行为";而另一方面,公职人员"应该忘记自己或者应该力求忘记自己",在公共部门设立工资制度会影响利他主义的发挥,"增加人类的自私心"(郑博仁、钱亚旭、王惠,2011)。

萨伊(Say)在其最重要的著作《政治经济学概论》(1803)中指出了公职人员收入过高的问题,并提出应当部分取消公职人员的工资,因为公职人员的职位本身就是一种荣誉,社会对公职人员的尊重,其"实际价值"远远大于"金钱报酬"。

## 二　按照分工和地位确定公职人员的工资

按照公职人员劳动分工的不同确定其工资的多少，代表人物是亚当·斯密（Adam Smith）。他在《国民财富的性质和原因的研究》（1776）中指出，政府是非生产性部门，由于其追求公共利益，所以为公职人员支付工资是必要的。他认为政府部门的工作人员上至国家元首，下至一般工作人员，以及司法人员、军人、教师、牧师等都属于公职人员，甚至君主也包含在内，不过地位非常特殊。这些公职人员应按照分工不同，在工资水平和支付方式上有所区别：尤其是君主地位尊崇，为了"尊严"，其收入也应该更高；军人也应该按照正规部队和民兵的不同要求区别对待，前者由国家统一发放粮饷，而后者在非战争时期应以自己的主营业务获取收入。

## 三　参照其他职业工资水平确定公职人员的工资

公职人员的工资应当参照私人部门。代表人物包括卡尔·海因里希·马克思（Karl Heinrich Marx）和弗里得里希·冯·恩格斯（Friedrich Von Engels）。马克思和恩格斯于1871年和1891年分别在《法兰西内战》及其序言中谈到所有公职人员都只应当领取相当于工人工资的薪金。

马克思提出了按劳分配的原则，也就是分配按照社会成员的劳动数量和质量来确定，多劳多得，少劳少得。与斯密的观点类似，马克思也认为公职人员虽然没有直接参与生产，创造价值，但是参与了国家和社会事务的管理，也间接参与了生产，适用按劳分配的原则。这也是中国目前收入分配制度中的重要原则和标准。不过在确定公职人员工资收入水平时，马克思在总结法国革命经验时，于《法兰西内战》中称赞了巴黎公社的探索，即巴黎公社废除了封建制度中官员的高薪酬，所有的公职人员不论职位高低，领取的工资都不超过工人的工资水平。恩格斯也在该书的序言中肯定了这种做法。

在此之后，各社会主义国家的探索过程中都有类似的提法。比如，列宁在1917年的《国家与革命》和《论无产阶级在这次革命中的任务》中均有提及，并且发展为公职人员的"薪俸不得超过熟练工人的平均工资"。

在实践探索中，西方发达资本主义国家运用得更加娴熟。比如在美国，自 1962 年《联邦工资改革法》提出"工资比较原则"（规定联邦政府雇员的工资需参照企业雇员的工资水平来制定）到 1990 年《联邦政府雇员可比性工资法案》（Federal Employees Pay Comparability Act，FEPCA）颁布（联邦政府雇员与私营企业同等工作性质的雇员工资标准一致），半个多世纪始终保持了参照其他职业（私人部门）平衡比较的办法。

### 四　按照人力资本确定公职人员的工资

人力资本理论由西奥多·舒尔茨（Theodore Schultz）提出。他在农业经济的长期研究中发现，土地或资本存量的增加等要素已经不是美国农业生产的最重要因素。1960 年，舒尔茨提出在经济增长中，人力资源的提高比物质资本的增加更重要。

在现实生活中，劳动者的工资收入水平与其自身的人力资本含量呈现正相关关系（人力资本含量越高，劳动生产率越高），也就是说，对人力资本的投入越多，预期的工资收益就越高。公职人员的工资水平也不例外，如果一国公职人员的平均受教育水平较高（教育、培训等[①]是提高人力资本的有效手段），工作能力和效率就应该较强，工资待遇也应当与此挂钩，反映其受教育程度、工作经验等方面的差异。

人力资本理论经过加里·贝克尔（Gary S. Becker）等人的发扬，在发展中不断完善，但由于缺乏对人力资本"投资对象"和"投资环境"的研究，所以未能解释其中的性别差异，直到性别人力资本理论（潘锦棠，2003）的提出，它才研究了女性人力相对于男性人力的投资价值。该理论提出了"人力环境"和"性别租金"的概念，认为男女先天劳动能力会随着人力环境的变化而变化，所以两性的工资收入差距随着先进生产方式和工具的运用而变化；同时，性别租金在一定程度上解释了同等学历的男女在工资收入上的差距，也就是说，同等学历的公职人员，也可能由于性别租金而获得不同的工资收入，并且男性高于女性。在养老保险与工资高度关联的国家，这也是导致性别间养老保险收入差距的重要原因。

---

① 一般来说，人力资本投资主要体现在教育支出、保健支出、劳动力再培训支出等几个方面（刘迎秋，1997）。

## 第二节　公职人员养老保险制度的平等和公平

平等和公平是社会保障中非常重要的概念，也是经常模糊、难以辨明的概念，即使是在学术研究、国家政策发布中都有可能出现混淆——从中国社会保障遵循的原则变迁历程可以发现这两个概念的一些混用。

从新中国成立后直到改革开放前，中国都在模仿苏联的发展脉络，在收入分配上体现平均主义。——这是强调"平等"，却忽视了"公平"。

从1978年改革开放到1993年经济体制改革之前，中国提出"侧重效率，兼顾公平"。——这里的"公平"应为"平等"之意。

1993年，《中共中央关于建立社会主义市场经济体制若干问题的决定》中提出"效率优先，兼顾公平"。——这里的"公平"应为"平等"之意。

党的十七届五中全会强调，"合理的收入分配制度是社会公平正义的重要体现"。——这里的"公平"才是其本意。

党的十八大报告提出，"初次分配和再分配都要兼顾效率和公平，再分配更加注重公平"。——这里的两个"公平"都应为"平等"之意。

要将平等和公平运用到理论分析中，首先就要明确二者的概念，分析二者的特点，厘清二者的关系。

### 一　平等和公平的概念

（一）平等的概念

从中国词语发源来看，"平等"（equalit）一词源于佛教用语——"佛教认为宇宙本质皆同一体，一切法、一切众生本无差别，故称平等"[1]。从现代意义来看，"平等"仍然没有脱离本义[2]，是均等、一样、等同、相同、无差别的意思。[3]

---

[1] 《辞源》第二册，第994页。

[2] 阿瑟·奥肯在其著作《平等与效率》中指出："社会每个成员都有其自尊的信念，要求像样的生活——起码的营养、保健和其他基本的生活条件，每一个人，不管他的个人品质和支付能力如何，当他面临严重的疾病或营养不良时，都应享受医疗照顾和食品。"

[3] 潘锦棠：《社会保障学概论》，北京师范大学出版社2012年版，第21页。

## （二）公平的概念

"公平"（fairness）的本义是"不偏袒"①，在牛津词典中也被定义为"the situation in which everyone is treated equally and no one feels unfair"（每个人都得到同样的对待，没有人感觉到不公正）②。所以，"公平"可以理解为好、对、合理、正确、正当、公正（justice）。③

## 二 平等与公平的特点

由平等的概念可以了解，首先，其最大的特点就是无差别，要求利益或权利分配完全相同，彼此没有差别。其次，平等是对两项（或多项）事物比较的客观描述，也就是说，无论是在收入平等的意义上，还是在机会均等的意义上，都是能够用某种客观尺度加以衡量的概念。④ 最后，平等作为客观的评判，回答的是"是什么""怎么样"的问题。

公平的最大特点是可以承认差别的存在，并在此基础上得以实现。因其本身就是一种主观的价值判断，所以对同一件事情，个体都可以有不同的公平观。⑤ 比如针对养老保险"双轨制"，普通民众可能认为公职人员享有特权，这是不公平的制度安排，而公职人员可能认为这是一种职业带来的较高福利，是相对公平的做法。公平是一种相对的概念，世界上没有绝对的公平，只有相对的公平。⑥ 相对于平等，公平回答的是"应该是什么""应该怎么样"的问题。

## 三 平等与公平的关系

在人类进步的历史上，公平的概念最早就是以平等和平均的形式表现出来，比如原始社会中人们对于食物的平均分配。

平等是公平的一种最为基本的状况⑦。公平可以表现为是平等的，但二者更多的时候是相抵触的，平等可能会被认为是不公平的，比如改革开

---

① 《辞源》第一册，第 311 页。
② 姚洋：《转轨中国：审视社会公正和平等》，中国人民大学出版社 2004 年版，第 612 页。
③ 潘锦棠：《社会保障学概论》，北京师范大学出版社 2012 年版，第 22 页。
④ 樊纲：《平等、公平与经济发展》，载《开放导报》2004 年第 6 期，第 6 页。
⑤ 在不同的文化背景、社会制度中，主流的公平观可能不同，而且随着经济、政治、社会的发展，公平观也可能改变。
⑥ 李晓宁：《转轨时期初次分配的效率与公平研究》，经济科学出版社 2010 年版，第 19 页。
⑦ 贾可卿：《分配正义论纲》，人民出版社 2010 年版，第 37 页。

放之前的中国实行计划经济,"大锅饭"的平等分配方式忽视了劳动效率,没有体现劳动贡献的差异,是不公平的。同样,公平可能就是不平等的,以初次分配中注重效率为例,多劳多得就是公平的,却不平等(见表3-1)。

表3-1　　　　　　　　社会主义初次分配的平等与公平

|  | 平等 | 不平等 |
|---|---|---|
| 公平 | 同工同酬 | 多劳多得 |
| 不公平 | 干多干少一个样 | 同工不同酬 |

资料来源:见潘锦棠《社会保障学概论》,北京师范大学出版社2012年版,第24页。

　　把平等和公平的原则运用到养老保险和收入分配制度中,就是在养老保险的再分配过程中要比工资初次分配的更多一些平等,即养老保险在职业间的分配差距应当小于工资在职业间的分配差距,这样才是公平的。

# 第四章  各国/地区公职人员养老保险制度分类

根据相关学者研究,在其可获取材料的158个国家和地区中,大约半数的国家和地区为公职人员建立了独立的养老保险制度,也就是说,在这些国家中有着类似于中国的养老保险"双轨制"。虽然各国的"双轨制"在制度设计上有着各自的特点,但是总体而言,在高收入国家中,公职人员养老保险的支出大约占到养老保险总支出的四分之一,而在经济欠发达国家中,这个比重通常会更高(Palacios & Whitehouse,2006)。

每个国家针对自己的独特情况,或直接引入别国的实践,或独立探索新的道路,或结合自身国情进行吸纳,建立单一或双轨乃至多轨的养老保险制度。那么,如何对公职人员养老保险制度进行分类比较?各国会实行养老保险"双轨制"的原因是什么?各国公职人员养老保险制度有什么特点,有什么共性,有什么发展趋势?本章将主要回答这几个问题。

## 第一节  国外经典研究回顾

从此前的描述中不难看出,全球可获取资料的国家中将近半数存在"双轨制",所以一些学者对国外公职人员养老保险制度进行了不同的划分,较为全面的是Pinheiro、Palacios和Whitehouse的研究。本小节对这两种分类进行回顾,为后续研究作好铺垫。

### 一  依据养老保险资金筹集和制度形式划分

皮涅罗根据公职人员养老保险制度的整合情况,对45个国家和地区进行比较,划分出两类、四种具体形式的养老保险制度——第一类是独立的公职人员养老保险制度，具体分为现收现付制和完全（部分）积累制；第二类是国家建立了统一的、覆盖全体的全国基本养老保险制度，具体又分为同时建立特殊的补充职业年金计划和同时建立普遍的补充养老保险制度两种情况（Pinheiro，2004）。值得一提的是，在阿根廷和美国，联邦政府公职人员和部分地方政府的公职人员存在内部差异，后续研究将会进行进一步的分析。

在此分类中，第一组国家和地区为公职人员建立了以收入为基础的现收现付制养老保险制度，代表国家主要分布于欧洲和美洲，也包括2015年改革之前的中国。这类制度表现出对公职人员比较慷慨，但多数国家和地区公职人员养老保险最初的建立依据却是类同原则，也就是说，初衷是激励市场和个人对退休后的生活进行储蓄。以法国为例，为了使公共养老保险和私人养老保险制度设计原则趋同，同时增强养老保险的流动性、控制提前退休的情况，法国政府于2013年推动了一项养老保险改革——调整退休年龄和养老保险的待遇计算办法。同样的情况也出现在两个美洲发展中国家——墨西哥和巴西分别于1997年和2003年对本国公职人员的养老保险制度进行了改革，缩小公共部门与私人部门的养老保险差距，使覆盖两类人群的养老保险制度在制度设计原则、退休年龄增长、缴费和替代率等方面逐步趋同。[①]

第二组国家和地区与第一组情况类似，区别在于公职人员养老保险的筹资模式方面。与现收现付制相对应，这组普遍采取了完全积累制或部分积累制的筹资模式，代表国家和地区主要分布于东亚和南亚，也包括西班牙和美国的部分州（加利福尼亚州、佛罗里达州、新泽西州、乔治亚州、威斯康星州和纽约市）。例如，印度的公职人员养老保险基金（Employees' Provident Fund）覆盖了超过2000万人。从这个意义上说，该制度可以算作世界上最大的养老保险基金之一。不过从2004年开始，印度政府也为新聘用的公职人员引入了一个便携的缴费确定型制度（portable DC scheme），从而平衡公职人员与普通民众的养老保险缴费。

第三组国家和地区的特点是公职人员会参加一个全国的基本养老保险

---

① 东欧国家（保加利亚、克罗地亚、捷克、爱沙尼亚、匈牙利、拉脱维亚、立陶宛、波兰、罗马尼亚、斯洛伐克、斯洛文尼亚）养老保险制度也经历了一系列改革，可参见郭磊（2018b）。

制度，同时政府也为其建立了特殊的补充职业年金计划，典型的代表国家和地区集中在北欧和北美，包括瑞典、挪威、芬兰等福利国家，也包括英国、美国（联邦政府和部分州）、加拿大和澳大利亚等英联邦发达国家。比如在加拿大，公职人员都会参加一个基本的退休计划（Canadian Pension Plan/Quebec Pension Plan），同时也拥有特殊的补充计划。据波泽邦（Pozzebon，2000）统计，加拿大最大的10个养老保险基金中，有8个是为政府雇员创办的，其中95%是收益确定型计划（DB plans）。这组国家和地区的公职人员养老保险制度还有两个值得关注的做法：一个是在部分国家（如芬兰、荷兰和丹麦），虽然公共部门和私人部门的养老保险基金是分开管理的，但是二者的设立原则相同，养老保险水平也基本无差异；另一个是从20世纪80年代中期开始到21世纪初期，美国（主要是联邦政府，也包括部分州）、意大利、奥地利、日本先后对公职人员养老保险进行了较为深入的改革。为了整合公共部门和私人部门的养老保险，1995年和2004年，意大利和奥地利分别采用了"建立理论上的缴费确定型计划"和"推行公共部门、私人部门养老保险统一法案"两种办法。

第四组国家和地区与第三组情况类似之处在于都有一个共同的全国基本养老保险制度，覆盖全体国民；不同之处在于这组国家和地区多数在20世纪80年代到90年代对养老保险制度进行了结构化的改革，为全体国民引入了强制的私人养老保险制度。也就是说，公职人员和普通民众的养老保险制度完全一致。这组国家和地区主要分布于南美洲和东欧。之所以在这些国家和地区进行较为彻底的公职人员养老保险制度改革，是因为国际国内形势发生了非常剧烈的变化。以智利为例，自20世纪20年代建立养老保险制度后，逐步发展到32个不同的社会保险管理和运营机构、超过100个的养老保险项目，缴费率、待遇计算公式、资格条件和调整标准各不相同。20世纪80年代的改革终结了这一切，将碎片化的养老保险项目整合为一个统一的制度。改革的背景是1973年皮诺切特发动军事政变，推翻左翼政府（陈文辉，2006），是军政府的集权统治确保了改革没有引起强烈的社会震荡。同样，由于苏联政府的解体，东欧各国（如捷克共和国、匈牙利和波兰）才能将公职人员和私企员工的养老保险制度完全融入现收现付制的基本养老保险（第一支柱）和强制性的养老保险（第二支柱）中（Pinheiro，2004）。

Pinheiro对45个国家和地区公职人员养老保险制度的划分为后续研究

提供了翔实的材料（见表4-1），涵盖了较多的国家和地区，包括主要的发达国家和发展中国家，划分依据和考虑角度重视养老保险制度的资金筹集和制度形式。但是这样的分类也存在一些问题，比如注重制度形式，一定程度上忽略了养老保险制度的本质——养老保险制度的再分配问题。

**表4-1　Pinheiro 对部分国家和地区公职人员养老保险制度的划分**

| 制度类型 | 独立的公职人员养老保险制度 | | 统一的全国基本养老保险制度 | |
| --- | --- | --- | --- | --- |
| 具体形式 | 现收现付制 | 完全积累制或部分积累制 | 同时建立特殊的补充职业年金计划 | 同时建立普遍的补充养老保险制度 |
| 代表国家和地区 | 阿根廷（部分省份）<br>中国内地（大陆）<br>哥伦比亚<br>巴西<br>比利时<br>法国<br>德国<br>希腊<br>爱尔兰<br>卢森堡<br>墨西哥<br>葡萄牙<br>秘鲁<br>土耳其 | 韩国<br>印度<br>中国香港<br>印度尼西亚<br>约旦<br>马来西亚<br>菲律宾<br>西班牙<br>新加坡<br>泰国<br>中国台湾<br>美国（部分州） | 澳大利亚<br>奥地利<br>加拿大<br>哥斯达黎加<br>丹麦<br>芬兰<br>冰岛<br>意大利<br>日本<br>荷兰<br>挪威<br>瑞典<br>瑞士<br>美国（联邦政府和部分州）<br>英国 | 阿根廷（联邦政府和部分省份）<br>智利<br>捷克<br>匈牙利<br>波兰<br>乌拉圭 |

资料来源：整理自 Pinheiro, V. C., Pension Funds for Government Workers in OECD Countries, 2004, http://www.oecd.org/dataoecd/63/56/35802785.pdf。

## 二　依据养老保险待遇水平划分

另一个比较重要的划分是 Palacios 和 Whitehouse（2006）对25个 OECD 国家的分类。从总体上看，可以归纳为同样的两大类——独立的公职人员养老保险制度和统一的全国基本养老保险制度，具体的表现形式也分为四种，与 Pinheiro（2004）的不同之处在于划分的依据更加重视公职人员养老保险的待遇水平。

第一种是完全独立于全国养老保险制度之外的公职人员养老保险制度，无论是基本养老保险还是补充养老保险（职业年金），公职人员与其他普通民众都存在差别，同时待遇较高，代表国家主要分布在欧洲大陆，包括法国、德国等欧洲大国（见表4-2的独立型1）。以德国为例，德国公务员（不是所有公职人员）在缴费、退休年龄、待遇水平等方面都要优于普通民众。

第二种同样是完全独立于全国养老保险制度之外的公职人员养老保险制度，与第一种的区别在于公职人员与普通民众的养老保险待遇基本没有差别，芬兰和荷兰是这种类型的代表。芬兰在2007年对养老保险进行改革后，它主要包括公共部门养老金和私人部门养老金两个部分，并由不同的法律进行规范和保护，但是公职人员与普通国民的养老保险差距却很小（后续部分将会详细介绍）。

第三种是将公职人员养老保险制度部分融入全国养老保险制度，但通常公职人员都能够享有最高待遇（top-up benefit）。这种类型的特点是被大多数国家采用。虽然各国的养老保险制度不尽相同，但公职人员和普通民众都参加了同样的全国养老保险制度。在此基础上，公职人员还有一些可享受最高待遇的养老保险计划，比如美国的节约储蓄计划（Thrift Savings Plan），1984年以后参加工作的联邦政府雇员可以按照个人报酬的一定比例进行缴纳，缴纳比例最多为个人报酬的14%，上限19500美元①（2021年），好处在于雇员缴纳金额的前5%可以得到联邦政府部门的配套资金。

第四种是指国家的公职人员被全国基本养老保险制度所覆盖，与普通民众相同，但公职人员通常还享有特有的补充养老保险，代表国家为英国和澳大利亚。比如在英国，公职人员的第一支柱国民养老保险与普通民众相同，不论收入高低、职业相异，个人缴纳的保险费标准完全一致，退休后领取的养老保险也完全相同。第三支柱的私人养老保险则是自愿参加，所以主要区别在于第二支柱的公职人员职业养老金制度。

---

① 缴纳金额的上限每年由美国税务总局计算调整。

表 4-2　Palacios 和 Whitehouse 对 OECD 国家公职人员养老保险制度的划分

| 制度类型 | 独立的公职人员养老保险制度 | | 统一的全国基本养老保险制度 | |
|---|---|---|---|---|
| 具体形式 | 独立型 1 | 独立型 2 | 融入型 1 | 融入型 2 |
| 代表国家 | 奥地利<br>比利时<br>法国<br>德国<br>希腊<br>韩国<br>卢森堡<br>葡萄牙<br>土耳其 | 芬兰<br>荷兰 | 加拿大<br>丹麦<br>冰岛<br>爱尔兰<br>意大利<br>日本<br>挪威<br>新西兰<br>西班牙<br>瑞典<br>瑞士<br>美国 | 澳大利亚<br>英国 |

资料来源：整理自 Palacios, R., & Whitehouse, E., Civil-service Pension Schemes around the World, MPRA Paper No. 14796, 2006, World Bank。

总体来说，Palacios 和 Whitehouse（2006）的分类方法强调了公职人员在制度形式和待遇实质上是如何区别于普通民众的。第一类独立的公职人员养老保险制度区分了同样是单独设立的公职人员养老保险：第一种以德国为代表的公职人员养老保险制度中，公职人员与普通民众的养老保险待遇存在一定的差距，而第二种以芬兰为代表的公职人员养老保险制度中，二者的差距却几乎可以忽略不计。第二类统一的全国基本养老保险制度区分了两种融入全国养老保险制度的公职人员养老保险制度，前者的公职人员有着更为明显的最高待遇特权。这样的分类对本书研究有较大的启示，因其按照养老保险的实际待遇水平区分更容易看清养老保险制度的本质和"双轨制"问题的关键。但是该研究比较的样本集中在经济社会较为发达的 OECD 国家，有一定的代表性，但也存在一些不足，因为发达国家的养老保险制度建立较早，公职人员养老保险制度的发展历程较长，相对于发展中国家，也经历了更多更深入的改革，所以如果用来分析整体情况，则存在管中窥豹的可能性。

## 第二节 养老保险"单一制"和"双轨制"

本书以国外公职人员的养老保险制度为参照,重在探讨国内外养老保险"双轨制"背后的一系列问题,尤其是再分配的作用。所以在前人研究的基础上,本书依据世界各国人口、国土面积、国内生产总值(GDP)等情况选取主要的发达、发展中国家和地区(见表4-3),共计116个国家和地区作为研究对象,对国内外公职人员养老保险制度进行分类和归纳,剖析典型国家的养老保险制度,研究其制度内容和制度安排产生的性别差异是否合理、收入再分配是否有效等问题,进而证明养老保险"双轨制"的问题不在制度本身,而是制度隐藏下的分配问题。

表4-3 养老保险"单一制"和"双轨制"研究对象的选取依据

| 依据一:人口总数 单位:亿人 (2010—2013年间) | | 依据二:国土面积 单位:万平方千米 | | 依据三:GDP总量 单位:万亿美元 (2013年) | |
| --- | --- | --- | --- | --- | --- |
| 国家 | 指标 | 国家 | 指标 | 国家 | 指标 |
| 中国 | 13.39 | 俄罗斯 | 1707.50 | 美国 | 15.83 |
| 印度 | 12.10 | 加拿大 | 997.10 | 中国 | 8.30 |
| 美国 | 3.09 | 中国 | 960.10 | 日本 | 5.30 |
| 印度尼西亚 | 2.38 | 美国 | 936.40 | 德国 | 3.40 |
| 巴基斯坦 | 1.97 | 巴西 | 854.70 | 法国 | 2.60 |
| 巴西 | 1.91 | 澳大利亚 | 774.10 | 英国 | 2.50 |
| 尼日利亚 | 1.68 | 印度 | 328.80 | 巴西 | 2.30 |
| 孟加拉国 | 1.60 | 阿根廷 | 278.00 | 意大利 | 2.10 |
| 俄罗斯 | 1.43 | 哈萨克斯坦 | 271.70 | 俄罗斯 | 2.00 |
| 日本 | 1.28 | 苏丹 | 250.60 | 印度 | 1.80 |
| 墨西哥 | 1.12 | | | | |

资料来源:根据世界人口状况报告(2010年)、世界统计年鉴(2011年)、美国联邦调查局(Federal Bureau of Investigation)等数据整理。

## 一 样本选取依据

**(一) 世界人口总数最多的 11 个国家**

一个国家的人口总数越多，养老保险制度所覆盖的人群越多，从这个意义上讲，关系到较多人的切身利益，研究的必要性和重要性就越大。在世界上 224 个国家和地区中，有 11 个国家人口数超过 1 亿，这 11 国的人口总数共有 33 亿多，将近占到全世界总人口的一半。这 11 个国家分别是中国、印度、美国、印度尼西亚、巴基斯坦、巴西、尼日利亚、孟加拉国、俄罗斯、日本和墨西哥。本书首先选取这 11 个国家进入样本量，对其公职人员养老保险制度进行研究。

**(二) 世界国土面积最大的 10 个国家**

国家的国土面积一方面反映了该国在数百上千年的古代历史中的积淀，另一方面折射出该国在近代世界形势和格局的剧变与调整中（包括两次世界大战以及冷战时期）的"生存"能力。所以，在一定程度上，国土面积代表了该国在经济、政治、社会、文化等方面的软实力和硬实力。世界国土面积最大的 10 个国家分别是俄罗斯、加拿大、中国、美国、巴西、澳大利亚、印度、阿根廷、哈萨克斯坦、苏丹。去除与第一组重合的国家，本书从中选取剩余的 5 个国家进入样本量。

**(三) 世界 GDP 总量最高的 10 个国家**

经济基础决定上层建筑，一个国家的经济实力也决定了该国在世界上方方面面的话语权和影响力，所以这一因素也成为本书选取研究对象时不可或缺的考量。2013 年，世界 GDP 总量最高的 10 个国家分别是美国、中国、日本、德国、法国、英国、巴西、意大利、俄罗斯、印度。去除与第一组和第二组重合的国家，本书从中选取剩余的 4 个国家进入样本量。

**(四) 其他主要发达和发展中国家**

经过前三组的筛选，共有 20 个有代表性的老牌资本主义强国和新兴发展中国家进入研究视野。然而，为了使各国公职人员养老保险制度的分类更具说服力、更好地为后续研究铺垫，本书还尽可能多地选取了一些有代表性的发达和发展中国家（选取依据是人均 GDP 较高、经济增速较快、地区影响力较大、数据可及等），广泛分布于世界五大洲（所有国家和地区汇总如后所示）。

## 二 全体样本分布地区

欧洲国家和地区（27个）：德国、法国、英国、俄罗斯、丹麦、芬兰、冰岛、荷兰、挪威、瑞典、瑞士、意大利、比利时、奥地利、卢森堡、爱尔兰、西班牙、葡萄牙、波兰、希腊、捷克、斯洛伐克、匈牙利、爱沙尼亚、拉脱维亚、立陶宛、斯洛文尼亚。

美洲国家和地区（19个）：美国、加拿大、墨西哥、巴西、阿根廷、智利、秘鲁、哥斯达黎加、乌拉圭、巴拉圭、委内瑞拉、哥伦比亚、牙买加、危地马拉、海地、洪都拉斯、巴拿马、特立尼达和多巴哥、苏里南。

亚洲国家和地区（31个）：中国内地（大陆）、中国台湾、中国香港、中国澳门、新加坡、日本、韩国、朝鲜、印度、巴基斯坦、哈萨克斯坦、孟加拉国、不丹、尼泊尔、老挝、斯里兰卡、印度尼西亚、马来西亚、菲律宾、泰国、土耳其、约旦、马尔代夫、沙特阿拉伯、伊朗、科威特、黎巴嫩、叙利亚、巴林、塞浦路斯、也门。

非洲国家和地区（35个）：南非、尼日利亚、喀麦隆、苏丹、吉布提、摩洛哥、埃塞俄比亚、科特迪瓦、刚果、扎伊尔、乍得、突尼斯、马达加斯加、冈比亚、多哥、贝宁、博茨瓦纳、塞内加尔、毛里求斯、赞比亚、莫桑比克、纳米比亚、肯尼亚、布基纳法索、布隆迪、佛得角、厄立特里亚、加蓬、马拉维、马里、毛里塔尼亚、尼日尔、塞拉利昂、斯威士兰、乌干达。

大洋洲国家和地区（4个）：澳大利亚、新西兰、所罗门群岛、巴布亚新几内亚独立国。

样本共计116个国家和地区。

## 三 世界各国/地区公职人员养老保险制度分类

之前的归类研究多数侧重于各国/地区公职人员养老保险制度与全国基本养老保险的关系，比如公职人员是否被全国/地区基本养老保险所覆盖（Ponds, Severinson & Yermo, 2011），当公职人员被全国/地区基本养老保险所覆盖的情况下按其补充养老保险的形式（Pinheiro, 2004）或者待遇水平进行归类（Palacios & Whitehouse, 2006）。本书试图通过研究国外公职人员养老保险制度对中国养老保险的"双轨制"进行分析，所以公职人员养老保险制度分类的出发点在于"双轨制"，将世界各国/地区

表 4-4　　116 个国家和地区公职人员养老保险制度分类

| 制度类型 | 单一制 | 双轨制 |
|---|---|---|
| 国家和地区 | 阿根廷（联邦和部分省份）<br>智利<br>乌拉圭<br>哥斯达黎加<br>新加坡<br>波兰<br>匈牙利<br>捷克<br>斯洛伐克<br>爱沙尼亚<br>拉脱维亚<br>立陶宛<br>斯洛文尼亚 | 德国、法国、英国、俄罗斯、丹麦、芬兰、冰岛、荷兰、挪威、瑞典、瑞士、意大利、比利时、奥地利、卢森堡、爱尔兰、西班牙、葡萄牙、波兰、希腊、捷克、斯洛伐克、匈牙利、美国、加拿大、墨西哥、巴西、智利、秘鲁、哥斯达黎加、乌拉圭、巴拉圭、委内瑞拉、哥伦比亚、牙买加、危地马拉、海地、洪都拉斯、巴拿马、特立尼达和多巴哥、苏里南、中国内地（大陆）、中国台湾、中国香港、中国澳门、新加坡、日本、韩国、朝鲜、印度、巴基斯坦、哈萨克斯坦、孟加拉国、不丹、尼泊尔、老挝、斯里兰卡、印度尼西亚、马来西亚、菲律宾、泰国、土耳其、约旦、马尔代夫、沙特阿拉伯、伊朗、科威特、黎巴嫩、叙利亚、巴林、塞浦路斯、也门、南非、尼日利亚、喀麦隆、苏丹、吉布提、摩洛哥、埃塞俄比亚、科特迪瓦、刚果、扎伊尔、乍得、突尼斯、马达加斯加、冈比亚、多哥、贝宁、博茨瓦纳、塞内加尔、毛里求斯、赞比亚、莫桑比克、纳米比亚、肯尼亚、布基纳法索、布隆迪、佛得角、厄立特里亚、加蓬、马拉维、马里、毛里塔尼亚、尼日尔、塞拉利昂、斯威士兰、乌干达、澳大利亚、新西兰、所罗门群岛、巴布亚新几内亚独立国 |

资料来源：作者整理。

注 1：阿根廷联邦和部分省份将公职人员和普通民众纳入统一的养老保险系统，但仍有部分省份未能合并。

注 2：孟加拉国、不丹、马尔代夫、博茨瓦纳、埃塞俄比亚、厄立特里亚、马拉维、纳米比亚等国只为公务员建立了正式的退休养老保险制度，其他民众尚未被覆盖于养老保险制度中，所以将这些国家归为养老保险"双轨制"。

注 3：在 2015 年之前，中国为典型的养老保险"双轨制"，机关事业单位养老保险不同于企业职工养老保险，不仅无须履行缴费义务，且养老保险替代率相对较高；2015 年之后，中国参照企业职工养老保险的制度安排，对机关事业单位养老保险制度进行了较大的调整。一方面，从缴费比例、计算公式和调整办法来看，二者已经类同；另一方面，缴费形成的统筹资金并没有进入同一个"池子"，二者仍然分开管理和运营，并且企业职工的第二支柱为"企业年金"，机关事业单位的第二支柱为"职业年金"。综合考虑并不符合本书较为严格的"单一制"的定义，故而暂未将中国从养老保险"双轨制"中移出，此分类有待进一步商榷。

公职人员养老保险制度分为"单一制"和"双轨制":只有公职人员和普通民众统一参加全国/地区基本养老保险制度,并且补充养老保险制度等对全体国民一视同仁,才算作"单一制";只要是国家/地区建立了独立公职人员养老保险制度的,无论公职人员是否参加国家/地区统一养老保险制度,都算作"双轨制"。具体国家和地区如表4-4所示。

第一类为养老保险"单一制":公职人员和普通民众的基本养老保险制度、补充养老保险制度完全一致,国家/地区没有为公职人员单独建立任何形式的养老保险制度。

第二类为养老保险"双轨制":公职人员和普通民众的基本养老保险制度或补充养老保险制度存在差异,国家/地区为公职人员单独建立了某种形式的养老保险制度。

不难看出,在统计的116个国家和地区中,只有13个国家和地区为全体国民(包括公职人员在内)建立了统一的、单一的养老保险制度,集中在东欧和南美洲各国(见表4-4和图4-1)。而绝大多数国家和地区(103个)实行的是养老保险"双轨制"①——为公职人员建立了完全

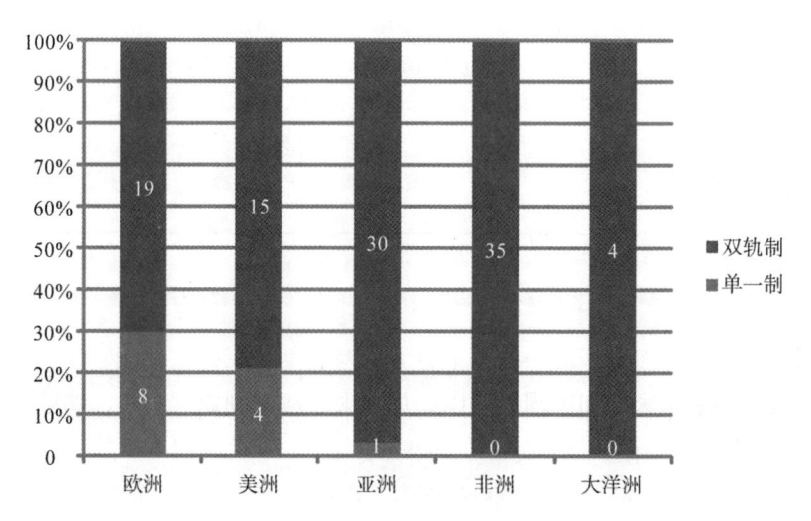

图4-1 116个国家和地区养老保险"单一制"和"双轨制"分布
资料来源:作者整理。

---

① 本书样本量尚有不足,但并不影响本书大体的分类——多数国家和地区的公职人员养老保险有特殊之处。

不同（公职人员没有参加全国统一的基本养老保险，整个体系独立于普通国民）或者部分特殊（公职人员参加全国统一的基本养老保险制度，但是拥有专属的第二支柱的职业年金或者可以享受最高待遇）的养老保险制度。前者的代表国家有德国、法国、比利时、希腊、卢森堡、葡萄牙、土耳其、韩国等，后者的代表国家有美国、加拿大、日本、澳大利亚、挪威、瑞士等。

## 第三节 养老保险"双轨制"的具体类型

本书在概念界定部分简要介绍了公职人员养老保险制度与国家基本养老保险制度的概念和关系。若要全面地把握公职人员的养老保险制度，不论其是第一支柱还是第二支柱，是独立为公职人员提供保障还是对基本养老保险制度的补充，都不能脱离该国的国家基本养老保险制度，厘清二者的关系对于后续分析非常重要。

总体来说，大致可以把二者的关系细分为两种：一是独立型的"双轨制"，即公职人员不参加全国统一的基本养老保险制度，其养老保险制度与其他国民完全不同，从缴费到资格条件，从计算公式到待遇水平，都可能存在差异；二是融合型的"双轨制"，即公职人员参加全国统一的基本养老保险制度，只是在职业年金保险（补充养老保险）上有其单独的设计，本节选取一些比较有代表的国家进行论述。

表4-5列举了两种类型17个国家的情况，其中美国、英国、加拿大、澳大利亚、瑞典、挪威、芬兰、荷兰、日本9个国家的公职人员与其他国民一样，都参加了统一的基本养老保险制度，在第二支柱上才出现差异。其中多数国家，如美国、英国、加拿大、澳大利亚、瑞典、挪威、芬兰等国为公职人员建立了多支补充养老保险计划，比较典型的是美国和北欧各国，其联邦（中央）和各州（地方）公职人员的养老保险计划均不同，而少数国家如日本为其公职人员建立了统一的共济年金制度。此外，芬兰、荷兰等国公共部门和私人部门的职业年金制度虽然不同，但待遇给付等方面的规定和条款如出一辙。德国、法国、墨西哥、韩国、印度尼西亚、巴西、印度和中国（2015年之前）8个国家将公职人员与其他国民彻底区分开来，不参加统一的基本养老保险制度，只参加为其建立的特殊

养老保险制度。其中德国、法国和中国与日本类似，都有较为统一的公职人员养老保险制度，而墨西哥和韩国等国家对于不同类型的公职人员（如地方公务员、教师等），推行不同的养老保险计划。此外，巴西、印度、印度尼西亚等国针对自身制度存在的问题进行了一系列的改革。比如巴西在2003年开始，试图使得公职人员的养老保险制度逐步与私人部门养老保险制度趋同。

**表4-5　　　　　　养老保险"双轨制"典型国家及其特点**

| 代表国家 | 公职人员是否参加基本养老保险 | 公职人员养老保险制度概况 |
| --- | --- | --- |
| 美国 | 是 | 公职人员参加第一支柱的老年社会保障计划（Old-Age, Survivors, and Disability Insurance program, OASDI），联邦、州、地方政府公职人员拥有不同的补充养老保险计划（第二支柱），如联邦政府雇员参加文官退休制度（Civil Service Retirement System, CSRS）或联邦政府雇员退休制度（Federal Employee Retirement System, FERS） |
| 英国 | 是 | 公职人员除了参加国家基本养老保险（全体国民不论收入高低，个人养老保险缴费标准完全一样，退休后领取的养老保险金额也完全相同），还有其自身的现收现付制的职业养老保险（2004年后实行的是"Nuvos"计划），其他人群如地方政府公务员、警察、消防员、教师等还有各自不同的计划，以保证待遇更优厚。这些计划大约有300个 |
| 加拿大 | 是 | 大多数公职人员会参加基本养老保险制度（Canadian Pension Plan），也叫作魁北克养老保险计划（Quebec Pension Plan），但同时也有特殊的补充养老保险提供给公职人员——比如Federal Public Service Pension Plan、Public Service Pension Plan、Canadian Forces Pension Plan、Royal Canadian Mounted Police Pension Plan等。该国最大的10个养老保险基金中，8个是为公职人员建立的 |
| 澳大利亚 | 是 | 公职人员参加国家的基本养老保险制度，联邦政府和各州的公职人员参加不同的养老保险，联邦的公职人员养老保险（Public Sector Superannuation Scheme, PPS）在2005年进行了改革，新加入者须参加一个DC计划（Public Sector Superannuation Accumulation Plan, PSSAP） |

## 第四章 各国/地区公职人员养老保险制度分类

续表

| 代表国家 | 公职人员是否参加基本养老保险 | 公职人员养老保险制度概况 |
|---|---|---|
| 瑞典 | 是 | 除了可以得到Swedish Pensions Agency支付的基本养老保险，公职人员还参加建立于1963年的职业养老保险National Government Employee Pensions Board/Statens pensionsverk（SPV）。如果在2003年以后退休，可以收到由DB计划（defined-benefit pension）、补充职业年金（complementary occupational pension）和个人退休金（individual retirement pension）三个部分组成的职业养老保险 |
| 挪威 | 是 | 全体国民都参加国家基本养老保险（National Insurance），同时为公职人员建立了不同的补充养老保险制度，其中中央政府公职人员参加Norwegian Public Service Pension Scheme/Statens Pensjonskasse（SPK），地方政府公职人员参加Public Sector Pensjonskasser或KLP |
| 芬兰 | 是 | 为公职人员建立了不同的养老保险制度，其中中央政府公职人员参加State Employees' Pensions（VaEL/StaPL），地方政府公职人员参加Local Government Pensions（KuEL/KompPL）。虽然养老保险制度不同，但公职人员的养老保险待遇给付条款却与私人部门相同 |
| 荷兰 | 是 | 全体国民都参加统一的基本养老保险制度，公职人员有独立的职业养老保险制度Stichting Pensioenfonds（ABP），但与芬兰类似，公共部门与私人部门养老保险的集体约定条款相同 |
| 日本 | 是 | 全体国民包括公职人员都参加基本养老保险——国民年金制度，除此之外，国家公务员、旅客铁道公司、烟草公司、电话公司等公职人员和企业职工还参加国家公务员共济年金制度（National Public Service Mutual Association） |
| 德国 | 否 | 德国的法定养老保险制度覆盖了除公务员和法官以外90%的从业人员，所以公职人员不参加基本养老保险，参加现收现付制的独立养老保险制度（Civil Servants Pension Plan），个人不缴费，纳入国家财政预算，由《联邦公务员社会保险法》指导实施 |

续表

| 代表国家 | 公职人员是否参加基本养老保险 | 公职人员养老保险制度概况 |
| --- | --- | --- |
| 法国 | 否 | 法国有四大养老保险制度——普通养老保险制度（覆盖非农业工资收入劳动者）、农业养老保险制度（覆盖农业经营者和农业工资收入劳动者）、非工资收入者养老保险制度（覆盖非农业职业与非工资收入劳动者）、特殊养老保险制度（覆盖公职人员，包括公务员、职业军人、地方公共机构人员、国营铁路公司、电气煤气工作人员、矿工、海员等）。所以和德国一样，公职人员不参加覆盖其他国民的基本养老保险制度 |
| 墨西哥 | 否 | 联邦政府雇员没有被包含在1997年的改革中，仍然被覆盖在Instituto de Seguridad Social y Salud de los Trabajadores del Estado（ISSSTE）之下——和普通国民相比，退休年龄更宽松，养老保险替代率更高。州一级的公职人员，包括州政府和大学被其他几个养老保险制度覆盖 |
| 韩国 | 否 | 军人、政府公务员、大学教师和其他教师有各自不同的养老保险计划 |
| 印度尼西亚 | 否 | 政府公务员、军人和警察参加公职人员养老保险制度，但法律依据、管理机构不同，国家的基本养老保险制度（Jamsostek's Old Age Savings）覆盖私人部门（强制性参加）和非正规就业的劳动者（自愿性参加） |
| 巴西 | 否 | 在2003年时进行了改革，公职人员的养老保险制度逐步与私人部门养老保险制度趋同 |
| 印度 | 否 | 从覆盖人数方面看，其公职人员养老保险制度Employees' Provident Fund是世界上最大的养老保险基金之一 |
| 中国（2015年之前） | 否 | 机关事业单位养老保险制度与企业职工养老保险制度、新型农村养老保险制度、城镇居民养老保险制度并行，机关事业单位由国家财政负担养老保险，个人不需缴费且享受更优厚的待遇 |

资料来源：作者根据各国资料进行整理。

从是否参加国家的基本养老保险制度来看，2015年改革之前中国的机关事业单位养老保险制度属于第二类，其制度完全独立于其他国民。2015年改革之后，社会统筹部分也尚未进入同一个"池子"；从制度表现来看，中国与法国类似，都是不同的人群被不同的养老保险制度覆盖，法国的普通养老保险制度、农业养老保险制度、非工资收入者养老保险制度和特殊养老保险制度类似于中国的企业职工养老保险制度、城乡居民养老保险制度和机关事业单位养老保险制度；从制度资金筹集来看，2015年改革之前的中国与德国更相似，表现为公职人员个人不需缴纳养老保险费用，全部由国家财政支付（关于公职人员养老保险缴费问题将在后续章节进一步讨论），2015年改革之后的中国机关事业单位工作人员需履行缴费义务。

从公职人员养老保险和国家基本养老保险的关系来看，一部分国家的公职人员参加了覆盖全体国民的国家基本养老保险，在职业年金上与普通国民有所区别（比如美国、英国、加拿大、澳大利亚、瑞典、挪威、芬兰、荷兰、日本）；另一部分国家则为公职人员建立了完全独立于其他群体的养老保险制度，并不从属于国家基本养老保险制度（比如德国、法国、墨西哥、韩国、印度尼西亚、巴西和印度）。

# 第五章　各国/地区公职人员养老保险制度设计

在第四章对各国地区公职人员养老保险制度的分类中将其分为"单一制"和"双轨制"，前者的制度安排融入全体国民，后者则与其他国民有着或多或少的差异。那么，其制度安排与其他国民有什么共同之处，存在什么差异，为什么要如此设计，各国的实践有什么特点，都是本章试图回答的问题。

## 第一节　各国/地区公职人员养老保险制度覆盖范围

全世界200多个国家和地区由于文化传承、政治体制、经济水平、发展阶段等方面存在差异，对公职人员的定义并不完全相同，其内涵和外延也随着时代进步而扩充。按照本书的定义，公职人员除了所有国家机关（中央和地方）的公务员，还包括各类具有公益性、得到财政支持的事业单位的工作人员。所以，公职人员养老保险的研究范围就包含这些群体，具体以各国制度为准。

### 一　覆盖人群

表5-1列出了部分国家公职人员养老保险覆盖的人群。不难看出，每个国家公职人员养老保险制度覆盖的人群都不完全相同，但总体来说，政府公务员、军人和警察是公职人员的主要组成部分，其他各类公职人员主要包括教师、科研人员、医护人员以及少数国营企业的职工。比较特殊的是荷兰，该国处于欧洲北部，北临大海，水上交通重要且发达，数百年前的兴起就与海运、河运的畅通密不可分，所以该国公职人员还包括一个

比较特殊的水务部门（Water Boards）。它是一个区域性的政府组织，主要负责当地水路（包括清理河道）、水位、水质的管理。

表5-1　　　　部分国家和地区公职人员养老保险制度覆盖人群

| 国家和地区 | 公职人员养老保险制度覆盖人群 |
| --- | --- |
| 美国 | 联邦政府雇员、各州和地方公务员、教师、警察、消防员等 |
| 英国 | 政府公务员、法官、教师、医护人员、军人、警察、消防员等 |
| 加拿大 | 国会议员、法官、政府公务员、教师、军人、警察等 |
| 澳大利亚 | 军人、警察、议会工作人员、政府公务员等 |
| 德国 | 在联邦、州、乡以及受国家监督的团体、研究所和基金会从事公务活动的人员，具体包括政府官员、法官、教师、医务护士、军人、货车司机等 |
| 法国 | 政府公务员、职业军人、地方公共机构人员、公立医院工作人员、中小学教师、铁路公司（国营）、电气煤气工作人员、矿工、海员等 |
| 荷兰 | 政府公务员、水务部门、其他自治管理机构（如商业联合会等） |
| 意大利 | 中央和地方政府公务员、教师、医疗卫生部门 |
| 卢森堡 | 中央管理部门公务员、法官、警察和教师 |
| 匈牙利 | 政府公务员、军人、法官、检察官、教师、医疗卫生部门 |
| 日本 | 国家公务员、国会、法院、国立学校与医院、旅客铁道公司、烟草、电话公司等公职人员和国营单位职工 |
| 韩国 | 军人、政府公务员、教师等 |
| 印度尼西亚 | 政府公务员、军人和警察 |
| 中国香港 | 公务员、司法机构人员、选举产生的各级议会（立法会、区议会）议员，以及由行政长官或政府委任的官员 |
| 中国内地 | 机关事业单位工作人员，具体包括国家行政机关干部、党派机关专职干部和主要人民团体的专职干部，以及参照公务员法管理的事业单位人员（基本为全额拨款单位）。同时，其他非全额拨款的事业单位的工作人员，由于仍然得到国家财政支持，其领导干部接受国家政府部门的直接领导（如医院等），也视为公职人员 |

资料来源：作者根据各国和地区情况整理。

从表5-1中也能看出，中国内地的机关事业单位养老保险制度覆盖公务员和事业单位工作人员，与德国和法国类似，中国内地除去公务员之外的公职人员群体主要是教师、科研人员以及医护人员。所以，在覆盖人群方面,中国内地机关事业单位养老保险制度与其他发达国家差别不大。

## 二 覆盖人数

既然世界各国公职人员养老保险制度的覆盖人群差异不大,那么在具体人数和比例方面是怎么样的情况呢？表5-2给出了更为具体的数据。表中列出了22个国家公共部门(政府)的组织机构和具体人数。各国的统计口径和统计方法不尽相同,一部分国家按照职业进行分类统计,比如美国、英国、卢森堡、匈牙利；另一部分国家则是按照中央和地方的层级进行统计,比如波兰、瑞典、丹麦；剩下的部分国家采取职业和层级结合的统计方法,比如法国、挪威、爱尔兰。不管是哪种方法统计,近年来却出现了一个共同的趋势——公职人员数量的减少。这是因为,在2008年开始的世界经济危机中,大多数国家的经济增速下滑,就业受到不同程度的冲击,财政收缩,很多国家在复苏经济和刺激就业的同时,选择削减公职人员的数量,以节约工资和养老保险的支出。比如在英国2012年第三季度的统计中,公职人员的总数约为5745000人,比上一季度减少了24000人(其中公务员减少了3000人,降至455000人,已经连续6个季度减少),而到了2016年10月,政府公务员降至416000人。芬兰也经历了同样的情况,2009年至2012年,公职人员的数量分别为121923人、86383人、85072人和82774人,4年中人数锐减了39149人,降幅超过30%。

美国和中国由于总人口数基数较大,所以公职人员的数量都超过千万,绝对数上远远超过其他国家,但是相对比例上却并不突出。其中,中国公职人员(机关事业单位)较早的数据源于中共中央组织部副部长王京清在2012年11月9日党的十八大新闻发布会上公布的数据——2011年年底全国公务员702.1万人[①],加上4000万的事业单位工作人员[②],中国大约有4702.1万人被机关事业单位养老保险制度覆盖。根据2018年《中国人口和就业统计年鉴》,中国机关事业单位就业人员大约为

---

① http://cn.chinagate.cn/indepths/2012-11/09/content_27062397.htm.
② http://www.chinanews.com/gn/2011/06-02/3087153.shtml.

4579.9 万人。[①]

表 5-2　　部分国家公共部门（政府）组织机构和人数情况

| 国家 | 公共部门（政府）组织结构 | 公职人员数量 |
| --- | --- | --- |
| 美国 | 立法、司法、行政三权分立。立法机关由参议院与众议院并设二院制议会，司法机关以联邦最高法院为首，下设11个控诉法院、95个地方法院及4个特别法庭，行政政府由12个部门及根据法律设立的60余个独立机关组成。其他包括国家航空太空总署、国家科学基金会、武器管制及裁军总署、联邦邮政总局等 | 截至2018年3月，全职公务员1475万人，兼职485万人，一共1960万人（美国州和县市政府的公务员包含学校教职员工）<br>截至2012年6月，政府雇员2190万人 |
| 英国 | 包括中央政府、地方政府和公共机构。医疗、教育、军队、警察等部门的规模和结构由于提供的服务不同而有所差别 | 截至2012年第三季度，共计5745000人左右，其中政府公务员为455000人。截至2016年10月，政府公务员降至416000人 |
| 德国 | 德国是联邦制国家，国家政体为议会共和制。其公职人员的范围类似于中国机关事业单位 | 共计约420万人，其中大约440000人在联邦政府机构工作，军人约180000人 |
| 法国 | 公职人员主要包括三个部分：国家公务员（包括教师）、地方公务员和公立医院医护以及管理人员 | 国家公务员：2308000人<br>地方公务员：1811000人<br>公立医院医护以及管理人员：1110000人<br>共计：5229000人 |
| 荷兰 | 政府组织超过1600个，包括11个部、12个省级单位和415个市级单位，还包括其他自治机构（如商业联合会） | 共计约834000人，其中中央政府公务员大约109000人 |
| 意大利 |  | 3282999人 |
| 波兰 | 包括16个省级单位、312个郡和66个城市 | 2012年上半年共计425645人，其中包括国家机关180849人、地方政府机关244796人 |

---

① 从近十年的情况看，中国机关事业单位人数波动不大。便于与其他国家横向比较，下一小节仍采用2011年数据。

续表

| 国家 | 公共部门（政府）组织结构 | 公职人员人数 |
|---|---|---|
| 瑞典 | 包括三个层级的公职人员：国家层面（245个机构）、市级层面（289个）和县级层面（20个） | 国家层面：226000人（全职）、16800人（兼职）<br>市级层面：645000人（全职）、124000人（兼职）<br>县级层面：248000人（全职）、15500人（兼职） |
| 挪威 | 包括政府部门和国有公立医院以及区域和地方机构 | 2012年政府公务员为138712人，公立医院124072人（包括近一半的兼职）；2011年，区域（18个）和地方（429个）机构分别有41664人和354205人 |
| 丹麦 | 国家层面包括中央政府、国防、警察和教育系统，下面设有5个区98个市级单位 | 国家层面约有185000人，总人数达到775000人 |
| 芬兰 | 议会、总统和政府相互制约，国家行政机关分为中央、区域和地方三级 | 2009年：121923人<br>2010年：86383人<br>2011年：85072人<br>2012年：82774人 |
| 比利时 | 联邦制国家，划为10个州，有589个地方政府 | 截至2013年1月，联邦政府雇员为78752人；截至2012年6月，特殊团体（司法人员、军人、警察等）为58928人 |
| 卢森堡 | 公职人员主要包括四类：中央管理部门、法官、警察和教师 | 2012年<br>中央管理部门：5523人<br>法官：503人<br>警察：2157人<br>教师：8230人<br>共计：16413人 |

续表

| 国家 | 公共部门（政府）组织结构 | 公职人员人数 |
|---|---|---|
| 爱尔兰 | 包括中央政府、地方政府、医疗卫生部门、教育系统、国防、警察、国家资助的商业和非商业实体 | 截至2012年年底<br>中央政府公务员：36329人<br>地方政府公务员：28306人<br>医疗卫生部门：101505人<br>教育系统：90702人<br>国防：9979人<br>警察：13352人<br>国家资助的商业和非商业实体：10686人<br>共计290861人 |
| 西班牙 | 西班牙是一个高度分散化管理的国家，包括中央国家机关、17个自治区和地方政府 | 2012年共计2559698人。未包括特殊管理的人员，比如大学教师，如果包含，则大约达到2689000人 |
| 葡萄牙 | 包括直接国家机关、间接国家机关和自治机关 | 共计581444人，其中中央政府机关436174人 |
| 捷克 | 在中央政府的领导下有14个自治区和6245个市级单位 | 2011年，中央政府和附属部门共有151754人，再加上教师、警察、消防员、军人等公职人员，共有416788人 |
| 匈牙利 | 公职人员系统包括各级公务员、军人、法官、检察官和其他公职人员（包括教育系统和医疗卫生部门） | 政府官员：78000人<br>公务员：34000人<br>军人：75000人<br>法官、检察官：10000人<br>其他公职人员：453000人 |
| 爱沙尼亚 | | 2011年27369人 |
| 拉脱维亚 | 包括中央政府、地方政府和国有企业，比如国家邮政和铁路部门 | 共计183000人，其中58000人受雇于中央政府 |

续表

| 国家 | 公共部门（政府）组织结构 | 公职人员人数 |
|---|---|---|
| 日本 | 实行议会内阁制政体。其特点为议会中心、内阁（首脑）集权、"议""行"相容、议会内阁互相制约。公职人员主要包括国家公务员、议员、法官、教师与医护人员以及国营单位职工 | 约为448万人 |
| 中国 | 公职人员主要包括公务员和事业单位工作人员。其中，事业单位按照社会功能划分为承担行政职能、从事公益服务和从事生产经营活动 | 2018年为4579.9万人 |

资料来源：作者根据各国政府公布数据整理。

由于统计口径的变化，从表5-3中可以看到2018—2020年部分国家从事公共行政和国防、强制性社会保障的人数变化情况，由此从侧面看出各国公职人员的增减情况。

表5-3　　部分国家从事公共行政和国防、强制性社会保障的人数　　单位：千人

| | 2018年 | 2019年 | 2020年 |
|---|---|---|---|
| 挪威 | 175 | 167 | 164 |
| 丹麦 | 145 | 146 | 154 |
| 瑞典 | 367 | 366 | 369 |
| 芬兰 | 116 | 113 | 121 |
| 法国 | 2458 | 2474 | 2520 |
| 匈牙利 | 410 | 391 | 381 |
| 爱沙尼亚 | 38 | 41 | 44 |
| 英国 | 2109 | 2113 | 2281 |
| 卢森堡 | 28 | 30 | 34 |
| 俄罗斯 | 5136 | 5022 | 5021 |

续表

| | 2018 年 | 2019 年 | 2020 年 |
|---|---|---|---|
| 加拿大 | 954 | 999 | 991 |
| 比利时 | 390 | 386 | 405 |
| 爱尔兰 | 105 | 114 | 119 |
| 以色列 | 395 | 396 | 408 |
| 斯洛文尼亚 | 58 | 57 | 57 |
| 澳大利亚 | 782 | — | — |
| 意大利 | 1243 | 1243 | 1219 |
| 西班牙 | 1345 | 1346 | 1356 |
| 斯洛伐克 | 229 | 217 | 219 |
| 捷克 | 343 | 333 | 348 |
| 荷兰 | 501 | 509 | 534 |
| 葡萄牙 | 323 | 309 | 299 |
| 土耳其 | 1813 | 1943 | 1964 |
| 奥地利 | 282 | 281 | 291 |
| 德国 | 2885 | 2908 | — |
| 巴西 | 5149 | 5112 | 5022 |
| 波兰 | 1089 | 1053 | 1029 |
| 瑞士 | 213 | 221 | 224 |
| 新西兰 | 141 | 144 | 155 |
| 智利 | 476 | 507 | 510 |
| 墨西哥 | 2244 | 2325 | — |
| 希腊 | 337 | 342 | 351 |
| 日本 | 2370 | 2460 | 2510 |
| 韩国 | 1110 | 1076 | 1112 |

资料来源：OECD employment database。

注：各国统计口径略有差别，表中省略小数点后数据。

## 三 覆盖比例

公职人员的绝对人数反映了一国公共部门的就业概况，比如在各个职业、层级有多少岗位，但却不能真实反映公职人员和其他国民的并存情况，比如前述分析美国和中国的公职人员绝对数远远高于其他国家，但相对数却不见得同样遥遥领先。这从表5-4和图5-1中就可以看到。在38个国家中，挪威、丹麦、瑞典、芬兰4个北欧福利国家公职人员在其经济活动人口中所占的比例是最高的，其中挪威和丹麦的比例均达到30%左右。OECD国家的平均值在15%左右，美国、澳大利亚、意大利等国处于平均值附近，比例较低的国家集中在亚洲，主要包括日本、韩国和中国（根据国家统计局公布的数据，2011年中国经济活动人口为78579.0万人①，机关事业单位人数约为4702.1万人，所以中国机关事业单位工作人员占劳动力的比重为 4702.1/78579 × 100% = 5.98%，约为6.0%），均在10%以下，最低的乌克兰在2011年公职人员只占到了经济活动人口的5.5%。

表5-4　　部分国家公职人员占经济活动人口的比例变化　　单位:%

| 国家 | 2001年 | 2011年 |
| --- | --- | --- |
| 挪威 | 29.9 | 30.5 |
| 丹麦 | 29.8 | 29.9 |
| 瑞典 | 28.7 | 26.0 |
| 芬兰 | 22.4 | 22.8 |
| 法国 | 22.3 | 21.9 |
| 匈牙利 | 20.5 | 20.1 |
| 爱沙尼亚 | 20.0 | 19.4 |
| 英国 | 18.2 | 18.3 |
| 卢森堡 | 16.3 | 17.8 |
| 俄罗斯 | 20.2 | 17.7 |
| 加拿大 | 17.2 | 17.7 |
| 比利时 | 17.3 | 17.3 |
| 爱尔兰 | 15.2 | 16.4 |
| 以色列 | 17.0 | 16.4 |
| 斯洛文尼亚 | 14.3 | 16.0 |
| 澳大利亚 | 15.2 | 15.7 |

---

① 国家统计局：http://data.stats.gov.cn/workspace/index? m = hgnd. 2021-11-07。

续表

| 国家 | 2001年 | 2011年 |
| --- | --- | --- |
| OECD平均值 | 15.9 | 15.5 |
| 美国 | 14.7 | 14.4 |
| 意大利 | 15.4 | 13.7 |
| 西班牙 | 12.9 | 13.1 |
| 斯洛伐克 | 16.9 | 13.0 |
| 捷克 | 13.3 | 12.9 |
| 荷兰 | 12.9 | 12.4 |
| 葡萄牙 | 13.5 | 11.5 |
| 土耳其 |  | 10.7 |
| 奥地利 | 12.0 | 10.7 |
| 德国 | 10.9 | 10.6 |
| 巴西 |  | 10.6 |
| 波兰 | 9.6 | 9.7 |
| 瑞士 | 9.9 | 9.7 |
| 新西兰 | 10.1 | 9.7 |
| 智利 | 9.7 | 9.1 |
| 墨西哥 | 11.2 | 9.0 |
| 南非 | 8.9 | 9.0 |
| 希腊 | 6.9 | 7.9 |
| 日本 | 7.8 | 6.7 |
| 韩国 |  | 6.5 |
| 中国 |  | 6.0 |
| 乌克兰 | 5.2 | 5.5 |

资料来源：国际劳工组织数据库（International Labour Organization database）；OECD国家劳动力统计数据库（OECD Labour Force Statistics database）。

注：1. 由于缺乏韩国和土耳其2001年的数据，所以计算OECD平均值时并不包括这两个国家；2. 德国、爱尔兰、挪威、瑞典、英国和乌克兰用2010年的数据代替2011年的；3. 匈牙利、日本、墨西哥、巴西和俄罗斯用2009年的数据代替2011年的；4. 智利、希腊、葡萄牙和瑞士用2008年的数据代替2011年的；5. 法国和南非用2006年的数据代替2011年的；6. 乌克兰用2002年的数据代替2001年的。

从变化趋势来说，图5-1中比较明显的是瑞典、俄罗斯、意大利、斯洛伐克、葡萄牙、奥地利、墨西哥和日本,从 2001 年到 2011 年,公职人员占经济活动人口的比例均出现了比较明显的下降,平均下降了 2% 以上,斯洛伐克的降幅更是达到了 3.9%。其他多数国家也出现了小幅下降,剩余的 14 个国家——挪威、丹麦、芬兰、英国、卢森堡、加拿大、爱尔兰、斯洛文尼亚、澳大利亚、西班牙、波兰、南非、希腊、乌克兰则出现了小幅增长(丹麦、英国、波兰、南非的涨幅都只有 0.1%,几乎可以忽略不计),最大涨幅出现在斯洛文尼亚,为 1.7%。

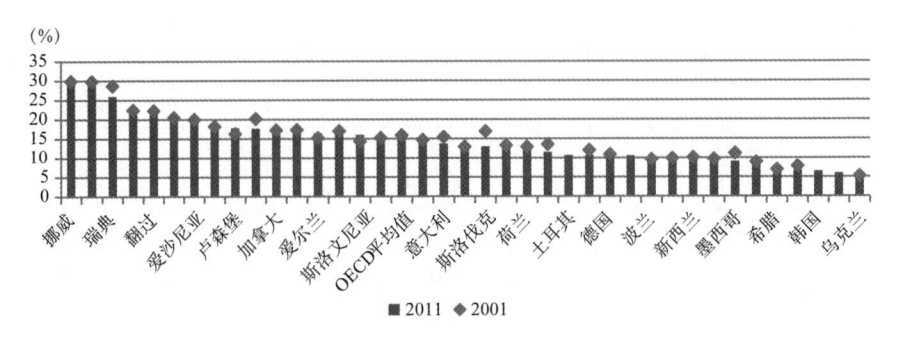

图 5-1 部分国家公职人员占经济活动人口的比例变化

## 第二节 各国/地区公职人员养老保险制度资金筹集

### 一 筹资模式

通常来说,养老保险制度的筹资模式有现收现付制、完全积累制和部分积累制 3 种。公职人员养老保险制度也不例外,但是与基本养老保险制度筹资模式特点不同,从 200 多年前公职人员养老保险制度雏形开始出现,直到 20 世纪 90 年代,大多数的公职人员养老保险制度采取现收现付制。在 Palacios 和 Whitehouse(2006)的研究中(如图 5-2),不到四分之一的国家在公职人员养老保险制度上采取了完全积累或部分积累制。与之相对应的是,超过一半的国家在基本养老保险制度上采取完全积累或部分积累制。

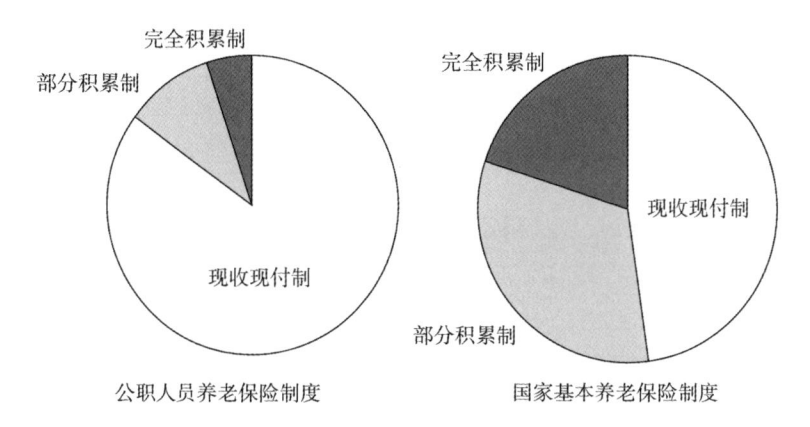

**图 5-2  公职人员养老保险制度与国家基本养老保险制度筹资模式比较**

部分国家/地区筹资模式如表 5-5 所示。具体来说，采用现收现付制的国家较多，比如法国、希腊、韩国、日本、墨西哥和中国（2015年之前）。其优势是便于政府对公职人员养老保险制度的管理且管理成本较低，从缴费（征税）到发放在现期（通常1—2年）完成，所以不存在养老保险基金保值增值的问题。

**表 5-5  部分国家和地区公职人员养老保险制度筹资模式**

| 现收现付制 | 完全积累制 | 部分积累制 | 混合制 |
|---|---|---|---|
| 奥地利<br>比利时<br>芬兰<br>法国<br>希腊<br>韩国<br>日本<br>墨西哥<br>中国内地（2015年之前） | 智利（军人除外）<br>新加坡<br>马来西亚<br>中国香港 | 德国<br>挪威（中央政府公职人员） | 智利：军人采用现收现付制，其他公职人员采取完全积累制 |
| | | | 西班牙：中央政府公职人员同时拥有现收现付制和积累制的养老保险计划 |
| | | | 瑞典：中央政府雇员采取积累制，地方政府雇员采取现收现付制和部分积累制混合 |
| | | | 美国：联邦政府雇员的收益确定型年金计划为现收现付制，节约储蓄计划为积累制；州和地方政府通常采用积累制 |

资料来源：作者根据 Ponds、Severinson 和 Yermo（2011）整理。

但是近年来，随着世界人口老龄化的加深，这样的筹资模式成为各国面临的严峻挑战，越来越多的国家和地区对其基本养老保险制度进行改革，逐步加入一些积累的成分，公职人员养老保险制度也不例外。尤其是主要由政府负担的国家，财政压力增大，德国就逐步过渡到部分积累制，泰国、中国香港、印度、澳大利亚、法国、英国等国家和地区也都在 2000 年前后进行了适当的调整（如延迟退休年龄）。

不过公职人员地位特殊，作为既得利益者，这些改革也导致了公共部门大规模的罢工抗议。规模较大的是英国——英国政府为了削减财政赤字，计划从降低公共部门员工的养老金开始，2011 年 11 月 30 日在英国首都伦敦，超过 200 万公职人员举行大罢工，反对政府养老金改革计划。而后英国政府出台具体改革措施，要求公共部门职员每月多缴纳养老金保险的同时，还计划逐步推后英国人的退休年龄（到 2038 年前把退休年龄提高到 68 岁）。2012 年 5 月 10 日，包括政府公务员、国家医疗卫生系统的工作人员、大学讲师、警察、博物馆工作人员、就业中心和边境以及税务机关的工作人员在内的 40 万公职人员再次举行大罢工，抗议此项改革。此后，2018 年 2 月至 3 月间，出现了英国高等教育史上规模最大的一次罢工。由于高校经费财政赤字增至 61 亿英镑，英国大学联盟（UUK）计划将教师养老金项目（USS）从收益确定模式（DB）改为浮动分配模式，即将教师原本能够确定的养老金变为浮动养老金（与股市行情挂钩）。这一变化可能会导致当前的教师个体出现 1 万英镑/年的养老金损失，而年轻教师未来的养老金则可能损失近半。在超过 30 轮谈判未果后，英国 65 所大学①超过 4.2 万名教师分批参与了为期 1 个月的罢工，逾 100 万学生遭受影响。②

完全积累制的公职人员养老保险从缴费（纳税）到发放都在公职人员本人的生命周期内完成，也就是年轻时工作的自己为年老后退休的自己积累养老保险。其优势在于完全为本人积累，多缴多得，易于调动个人缴费的积极性。此外，公职人员可以较为通畅地在各个就业领域流动。不过这种方式一定程度上违背了社会保险互助共济的原则，与现收现付制相对应，数十年中基金的保值增值压力巨大，抵抗通货膨胀和经济危机能力较弱。从图 5-2 中也能看出，无论是公职人员养老保险制度还是国家基本养老保险制度，采用这种筹资模式的国家都较少（前者更少）——只有

---

① 包括牛津大学、剑桥大学和伦敦帝国理工学院等顶尖高校。
② 《英国高校教师大罢工　逾百万学生受影响》，2021 年 7 月 7 日，中青在线（http://news. yol. om/content/2018-03/11/content_ 17011913. htm）。

少数强调个人义务的"个人储蓄型"国家采用（多数出现在南美和东欧），而这些国家中，大多数已将公职人员与普通国民一起并入国家基本养老保险制度，比如智利（军人除外）。

部分积累制吸收了现收现付制和完全积累制的优势，但也不能避免一些缺点（如管理更加复杂），在近年来仍然反映了一些国家改革的趋势。比如德国公职人员养老保险制度就逐步采取了一些积累的方式，这样在提高个人缴费积极性、抵抗投资风险等方面可以实现兼顾。目前，比较有代表性的是德国和挪威的中央政府公职人员。

除了三种传统的筹资模式，还有部分国家采取了更为复杂的混合制。一种情况是对不同的公职人员采取不同的筹资模式，比如瑞典对中央政府雇员采取积累制，对地方政府雇员则采取现收现付制和部分积累制的混合。另一种情况则是为同一群体的公职人员建立不同的养老保险计划。西班牙就为中央政府公职人员同时建立了现收现付制和积累制的养老保险计划，情况类似的还有美国联邦政府，联邦政府为其雇员提供的收益确定型年金计划为现收现付制，节约储蓄计划则为积累制。相比部分积累制，这样可以更大程度地分散公职人员的收益风险，但不可避免地，也增加了养老保险制度的管理成本。

## 二 缴费比例

基本养老保险制度由国家组织发起，其资金主要来源于国家（政府）、企业（雇主）和个人（雇员），也就是说，需要这三者通过不同的组合方式，共同或独自缴费形成养老保险基金。由于制度设计的不同，可能由国家、企业和个人三方共同负担（如英国），可能由企业和个人共同负担（如新加坡），可能由企业独立负担（如苏联），也有可能由个人独立负担（如智利）（潘锦棠，2012）。

公职人员养老保险制度与国家的基本养老保险制度有相通之处，那就是都需要筹集足够的资金以保证制度的运行。公职人员养老保险制度的特殊之处在于：

第一，由于公职人员是国家（政府）的雇员，所以不存在"企业"这样的雇主，只有政府（雇主）和公职人员（雇员）二者共同或者独自承担资金筹集的责任。

第二，基本养老保险制度强调责任与义务相对等的原则，所以无论采用哪一种模式筹集资金，雇员本人都要承担缴费或纳税的责任。但在公职人员养老保险制度中，部分国家（如德国和2015年改革前的中国）采取由国家财政全额负担的办法，公职人员本人不需要承担资金筹集的责任。Palacios 和 Whitehouse（2006）的研究表明，世界上大约有四分之一的现收现付制公职人员养老保险制度采用了这样的办法，即不需个人缴费，完全由财政负担。

表5-6列举了部分国家公职人员养老保险制度资金筹集（缴费）的情况。

**表5-6　部分国家公职人员养老保险制度资金筹集（缴费）情况**

| 国家 | 制度名称 | 覆盖人群 | 雇主 | 雇员 | 备注 |
|---|---|---|---|---|---|
| 美国 | 文官退休制度（Civil Service Retirement System, CSRS） | 1984年以前受雇于联邦政府的雇员 | DB：配套资金<br>DC：不配套资金 | DB：7%<br>DC：9% | 制度由收益确定型年金计划（DB plan）和缴费确定型节约储蓄计划（Thrift Savings Plan, DC plan）共同组成 |
| | 联邦政府雇员退休制度（Federal Employee Retirement System, FERS） | 1984年以后受雇于联邦政府的雇员 | DB：10%左右（每年根据精算调整）<br>DC：对雇员缴纳的前5%提供配套资金 | DB：0.8%<br>DC：最高14%，上限19500美元（2021年） | |
| | 加利福尼亚州公职人员养老保险制度（California Public Employees' Retirement System, CalPERS） | 加利福尼亚州公职人员 | 州属各部门：13.2%—17%；安全部门：20.8%；维和警察和消防员：23.8%；高速公路巡警33.4%；教师：9.9% | 7%—9% | |

续表

| 国家 | 制度名称 | 覆盖人群 | 雇主 | 雇员 | 备注 |
|---|---|---|---|---|---|
| 英国 | Nuvos 计划 | 2007年7月30日以后加入的公务员 | 根据成本通过精算决定 | 3.5% | 在征得公务员工会同意的前提下，个人缴费可能会随着成本的上升而增长 |
| 加拿大 | 安大略省公职人员养老保险制度（Ontario Municipal Employees Retirement System, OMERS） | 安大略省直辖市的公务员 | 与雇员缴纳数额相匹配 | 65岁退休，根据收入水平可选择6%、7.5%或8.8%；60岁退休，根据收入水平可选择7%、7.3%、8.5%或9.8% | |
| 澳大利亚 | 公共部门养老保险制度（Public Sector Superannuation Scheme, PSS） | 2005年以前入职的公职人员 | 15.4%（名义上） | 2%—10% | 雇员随时可以申请改变自己的缴费率 |
| | 公共部门养老保险累积制度（Public Sector Superannuation Accumulation Plan, PSSAP） | 2005年以后入职的新公职人员 | 15.4% | 自愿缴费（可以不缴费） | 雇员自愿缴费，但少量缴费可能会有较大回报 |
| 德国 | 公职人员养老保险制度 | 国家公职人员 | 国家财政负担 | 不缴费 | |

续表

| 国家 | 制度名称 | 覆盖人群 | 雇主 | 雇员 | 备注 |
|---|---|---|---|---|---|
| 日本 | 国家公务员联合会共济年金（National Public Service Personnel Mutual Aid Associations, FNPSPMAA） | 中央政府公务员 | 7.19% | 7.19% | 自2004年起，缴费率逐步提高 |
| | 地方政府联合会养老保险制度（Pension Fund Association for Local Government Officials, PFALGO） | 地方政府公务员 | 6.48% | 6.57% | |
| 荷兰 | 政府公务员养老保险制度（Pension Fund for Civil Servants of the Dutch Government, ABP） | 国家公职人员 | 17.25% | 6.05% | |
| 中国 | 2015年之前机关事业单位养老保险制度 | 公务员和事业单位工作人员 | 国家财政负担 | 个人不缴费 | |
| | 2015年之后机关事业单位养老保险制度 | 公务员和事业单位工作人员 | 基本养老保险：本单位工资总额的20%；职业年金：本单位工资总额的8% | 基本养老保险：本人缴费工资的8%；职业年金：本人缴费工资的4% | |

资料来源：作者根据各国情况整理，部分参考自 Replies to the OECD Questionnaire on Civil Servants' Pension Funds。

从 8 个国家 12 种公职人员养老保险制度中可以分析出以下特点。

第一，雇员（公职人员）承担较少的义务，不缴纳或者缴纳较少的比例，雇主（政府）则承担较多的责任。德国和中国（2015 年改革之前）是个人不需缴纳养老保险费用的典型代表；美国联邦政府雇员退休制度（Federal Employee Retirement System，FERS）中，联邦政府每年根据精算调整缴费比例，但都维持在 10% 左右，联邦雇员只需缴纳工资的 0.8% 即可。同样是美国，加利福尼亚州的公职人员养老保险制度（California Public Employees' Retirement System，CalPERS），公职人员缴纳工资的 7%—9%，州政府为高速公路巡警缴纳的比例达到 33.4%。

第二，为保证公职人员养老保险制度的可持续性，缴费比例并非一成不变，有可能随成本的增加而提高，也有可能因雇员自己的选择而有所区别。英国 2007 年推行的 Nuvos 计划，在成立之初公职人员的缴费比例为工资的 3.5%，但如果在该计划成本上升时，管理委员会可以向公务员工会提出申请，一旦得到批准，个人缴费比例就会随之提高。在加拿大安大略省的公职人员养老保险制度（Ontario Municipal Employees Retirement System，OMERS）中，如果公职人员选择在 65 岁时退休，就可根据其收入水平选择 6%、7.5% 或 8.8% 三个档次的个人缴费比例；如果公职人员选择在 60 岁时退休，则会根据其收入水平可选 7%、7.3%、8.5% 或 9.8% 四个档次的个人缴费比例。这是根据退休年龄提供的不同选择范围（延迟退休可降低个人缴费比例），鼓励公职人员延迟退休。

第三，为了激励雇员多缴纳，政府可能会提供配套资金。美国联邦政府雇员退休制度中的节约储蓄计划规定，雇员缴纳比例最多为个人报酬的 14%（缴纳金额的上限每年由美国税务总局计算调整，比如 2013 年的上限为 15120 美元，到 2021 年时上限增至 19500 美元[①]），而且雇员缴纳金额的前 5% 可以得到联邦政府部门的配套资金。从表 5-7 中可以看出，联邦雇员缴纳工资的 1% 时，联邦政府提供 2% 的配套；联邦雇员缴纳工资的 5% 或 5% 以上时，联邦政府提供 5% 的配套。

---

① 美国联邦退休计划，2021 年 9 月 3 日，https://www.federalretirement.net/tsp.htm。

表5-7　　美国联邦政府雇员退休制度中联邦政府为
雇员TSP缴纳的配套资金

| 雇员缴纳工资的百分比 | 政府为雇员缴纳雇员工资的百分比 | 总计百分比 |
| --- | --- | --- |
| 0.0 | 1.0 | 1.0 |
| 1.0 | 2.0 | 3.0 |
| 2.0 | 3.0 | 5.0 |
| 3.0 | 4.0 | 7.0 |
| 4.0 | 4.5 | 8.5 |
| >5.0 | 5.0 | 10.0 |

资料来源：Agency Contribution to Thrift Savings Plan for FERS Employees (Automatic 1% and Matching), 2019年2月2日, http://www.myfederalretirement.com/public/123.cfm。

第四，经过多年的发展，多数国家对其公职人员养老保险制度进行了相应的调整。美国在20世纪80年代对联邦政府雇员养老保险制度进行了较大的改革，从CSRS逐步过渡到FERS，从收益确定型年金计划来看，大大降低了联邦政府雇员的缴纳比例，从7%下降到0.8%；节约储蓄计划中，联邦政府从不提供配套资金到提供一定的配套资金，同时联邦政府雇员的缴费更加灵活。澳大利亚也在2005年将公共部门养老保险制度（Public Sector Superannuation Scheme，PSS）改进为公共部门养老保险累积制度（Public Sector Superannuation Accumulation Plan，PSSAP），在资金筹集方面，主要是将以前公职人员2%—10%的弹性缴费改为更为宽松的自愿缴费（公职人员也可以选择个人不缴费），但少量缴费可能会有较大回报。自2004年起，日本为中央政府公务员和地方政府公务员建立的国家公务员联合会共济年金和地方政府联合会养老保险制度也逐步提高其缴费率。中国为统筹城乡社会保障体系建设，建立更加公平、可持续的养老保险制度，同样在2015年1月决定改革机关事业单位工作人员养老保险制度，自2014年10月起，机关事业单位实行社会统筹与个人账户相结合的基本养老保险制度。

## 第三节 各国/地区公职人员养老保险制度待遇确定模式

无论公职人员是否向其参加的养老保险制度缴费（纳税），与基本养老保险制度一样，都需要在退休后领取养老保险。如何确定公职人员领取养老保险的金额呢？各国/地区普遍采用了三种确定模式：给付确定型（Defined Benefit, DB）、缴费确定型（Defined Contribution, DC）及给付确定和缴费确定相结合。

采用给付确定型公职人员养老保险制度的国家和地区较多，特点是"以支定收"，在确定缴费率时需先通过精算考虑未来养老保险金预期达到的水平。各国政府给公职人员更为确定的预期，风险由政府来承担，从而稳定公职人员队伍。

采用缴费确定型公职人员养老保险制度的国家和地区较少，特点是"以收定支"，由缴费的多少确定未来养老保险金的水平，政府不会为公职人员承担基金的风险。通常来说，缴费确定型公职人员养老保险制度采取的筹资模式是部分积累制或完全积累制。

给付确定和缴费确定相结合是各国在实践中探索出来的办法，以便综合二者的优势，使制度运行更为平稳。

从表5-8中看到，36个国家和地区公职人员养老保险制度待遇确定模式中，DB计划仍然占据多数，欧洲大多数国家和东亚国家（中国内地[①]及日韩）都采取了这种模式，接近研究对象的半数（17个国家）。这一点也与之前的研究互为印证。Anderson 和 Brainard（2004）研究指出，美国各层级90%以上的公职人员被DB计划覆盖。由于DC模式通常与部分积累制或完全积累制的筹资模式相联系，所以集中于南美国家。需要指出的是，这种模式的典型代表智利，其军人却采用了DB模式的养老保险制度。采取DB和DC相结合的国家，多在后续改革中产生，比如美国、英国、俄罗斯就分别于1986年、1988年和2004年对原有公职人员养老保险制度进行了改革。前一节提到，美国联邦政府在FERS中就为其雇员

---

[①] 2015年改革之前的情况。

同时建立了收益确定型年金计划和缴费确定型的节约储蓄计划。

**表 5-8　部分国家和地区公职人员养老保险制度待遇确定模式**

| 国家 | DB | DC | DB+DC | 备注 |
|---|---|---|---|---|
| 美国 | | | √ | 联邦政府雇员在 FERS 下拥有 DB+DC 的养老保险计划,多数州和地方政府采用 DB 模式 |
| 英国 | | | √ | |
| 加拿大 | √ | | | |
| 澳大利亚 | | | √ | 2005 年改革之前的 PSS 为 DB 模式,2005 年改革之后的 PPSAP 为 DC 模式。各州公职人员多为 DB 模式或 DB 和 DC 相结合。 |
| 新西兰 | | √ | | |
| 德国 | √ | | | |
| 法国 | | | √ | 第一支柱为 DB 模式,补充养老为 DC 模式 |
| 瑞典 | √ | | | |
| 挪威 | √ | | | |
| 丹麦 | √ | | | |
| 芬兰 | √ | | | 中央政府雇员的 VaEL 计划和地方政府雇员的 KuEL 计划均为 DB 模式 |
| 冰岛 | | √ | | |
| 荷兰 | √ | | | 中央政府雇员和教育系统的 ABP 为 DB 模式,医疗卫生系统的 PfZW 也为 DB 模式 |
| 瑞士 | √ | | | |
| 奥地利 | √ | | | |
| 比利时 | √ | | | |
| 爱尔兰 | √ | | | |
| 捷克 | | | √ | |
| 希腊 | √ | | | |

续表

| 国家 | DB | DC | DB + DC | 备注 |
|---|---|---|---|---|
| 匈牙利 |  | √ |  |  |
| 卢森堡 | √ |  |  |  |
| 西班牙 |  |  | √ | 中央政府公职人员同时拥有 DB 和 DC 计划。部分地方政府（如 Basque Country 和 Catalonia）独自建立 DB 计划 |
| 葡萄牙 |  |  | √ |  |
| 土耳其 | √ |  |  | 军人被 DB 计划（Oyak）覆盖，煤矿工人、教师也有自身的 DB 计划 |
| 波兰 |  | √ |  |  |
| 俄罗斯 |  | √ |  |  |
| 智利 |  | √ |  | 军人除外，军人为 DB 模式 |
| 秘鲁 |  | √ |  |  |
| 墨西哥 |  | √ |  | 2007 年改革之前为 DB 模式，2007 年改革之后采用 DC 模式 |
| 日本 | √ |  |  |  |
| 韩国 | √ |  |  |  |
| 印度 |  | √ |  |  |
| 泰国 |  |  | √ |  |
| 哈萨克斯坦 |  | √ |  |  |
| 中国香港 |  | √ |  |  |
| 中国内地（2015 年改革之前） | √ |  |  |  |

资料来源：作者根据各国情况整理，部分参考自 Palacios & Whitehouse（2006）、OECD（2007）、Ponds, Severinson & Yermo（2011）。

在公职人员养老保险制度建立之初，采用给付确定型无疑是主流，但正如筹资模式中现收现付制遇到的冲击一样，随着各国财政负担的增大，通过改革采用缴费确定型或给付确定和缴费确定相结合的国家逐渐增多。根据 Palacios 和 Whitehouse（2006）的统计，从 1981 年到 2006 年，全世界共有 33 个国家或地区的公职人员养老保险制度引入了 DC 或 DB 和 DC 相结合的养老保险计划。表 5-8 中也可看到，澳大利亚和墨西哥在 2005 年和 2007 年分别对其公职人员养老保险制度进行改革，从 DB 模式改为 DC 模式。

## 第四节 各国/地区公职人员养老保险制度资格条件

### 一 退休年龄

不论是基本养老保险还是公职人员养老保险，满足领取养老保险的第一个条件就是需要达到法定退休年龄。当然，各国也存在一些特殊规定，满足特定条件的人群可以提前退休，不过可能会以牺牲一部分养老保险为代价。

目前世界 170 个国家和地区中，平均退休年龄为男性 60.6 岁，女性 58.8 岁（潘锦棠，2012）。差距主要源于部分国家对男女实行了不同的退休年龄标准（后续章节会详细讨论）。

表 5-9 给出了 28 个国家和地区公职人员与其他国民的退休年龄。

表 5-9　部分国家和地区公职人员与其他国民退休年龄比较

| | 公职人员养老保险制度 | | | 国家基本养老保险制度 | |
|---|---|---|---|---|---|
| | 提前退休 | 正常退休 | 备注 | 提前退休 | 正常退休 |
| 美国 | 55 | 62 | 服务期满 30 年时，55 岁即可退休；服务期满 20 年，60 岁才能退休；服务期满 5 年，62 岁才能退休。服务期不满 30 年，在 62 岁以前提前退休者，养老金会按照每年 5% 的幅度减少 | 62 | 67 |

## 第五章 各国/地区公职人员养老保险制度设计

续表

| | 公职人员养老保险制度 | | | 国家基本养老保险制度 | |
|---|---|---|---|---|---|
| | 提前退休 | 正常退休 | 备注 | 提前退休 | 正常退休 |
| 英国 | 50 | 60—65 | 根据职业不同有所区别。2012年的改革计划将教师和公务员从60岁延至65岁，将警察、消防员和军人从55岁延至60岁。对于普通国民，计划在2016年4月到2018年11月期间，把女性退休年龄提高到65岁，男女统一 | | 65 |
| 加拿大 | 55 | 65 | 2013年1月1日起，公务员退休年龄从60岁提高到65岁 | 60 | 65 |
| 澳大利亚 | | 55—60 | 退休年龄取决于出生日期，1960年7月1日前出生可以55岁退休，1964年7月1日后出生60岁才能退休。1960年至1964年期间出生者，可在56—59岁之间退休 | | 64.5/65 |
| 德国 | 62/63 | 65+ | 2012年1月1日起，用12年的时间把退休年龄延长一年，一年延长一个月；然后再用6年的时间把退休年龄延长一年，一年延长两个月，到2030年把退休年龄从65岁延长到67岁 | 63 | 65+ |
| 法国 | | 60 | 2010年的改革决定在2018年将退休年龄从60岁延迟至62岁 | | 60 |
| 瑞典 | 60 | 65 | | 61 | 65 |
| 丹麦 | 60 | 70 | 2011年的集体谈判将会逐步提高特定人群（警察和军人）的最早退休年龄 | | 65—67 |
| 挪威 | 62 | 67 | | 62 | 67 |
| 比利时 | | 67 | 2009年的改革将公职人员退休年龄从65岁延迟至67岁 | | 65 |
| 西班牙 | | 60 | | | 65 |
| 葡萄牙 | | 65 | 近年的改革将公职人员退休年龄延迟至65岁，最多可工作至70岁 | 55 | 65 |

续表

| | 公职人员养老保险制度 | | | 国家基本养老保险制度 | |
|---|---|---|---|---|---|
| | 提前退休 | 正常退休 | 备注 | 提前退休 | 正常退休 |
| 意大利 | | 66 | 2012年的改革将退休年龄从65岁延迟至66岁 | | 66 |
| 爱尔兰 | | 66 | | | 66 |
| 捷克 | | 67+ | 2011年的改革将1977年后出生的人口退休年龄延至67岁以上（根据出生日期计算增加的月数），但女性可根据生育的子女数提前几年退休 | | 67+ |
| 波兰 | | 67 | 2013年起，逐步延长并统一男女退休年龄至67岁（改革之前女性60岁退休，男性65岁退休） | | 67 |
| 罗马尼亚 | | 63/65 | 2010年的改革分阶段提高退休年龄。2015年，男性提高到65岁；2030年，女性提高到63岁 | | 63/65 |
| 爱沙尼亚 | | 65 | 2010年的改革决定延迟所有国民（包括公职人员）的退休年龄至65岁（2026年之前） | | 65 |
| 智利 | | 60/65 | | | 60/65 |
| 巴西 | | 60/65 | | | 60/65 |
| 阿根廷 | | | | | 60/65 |
| 墨西哥 | | 55 | | 60 | 65 |
| 新加坡 | | 62 | 最多可工作至65岁 | | 62 |
| 马来西亚 | 50 | 55 | | 50 | 55 |
| 日本 | 45 | 60 | 2012年的提案将公职人员提前退休的年龄从原来的50岁降至45岁 | | 60 |
| 韩国 | | 60 | 2013年通过法律，规定从2016年起韩国所有公有企业和大企业都必须将员工的退休年龄延迟到60岁，2017年起扩大到社会全部 | | 60 |

续表

| | 公职人员养老保险制度 | | | 国家基本养老保险制度 | |
|---|---|---|---|---|---|
| | 提前退休 | 正常退休 | 备注 | 提前退休 | 正常退休 |
| 中国香港 | | 55—60 | 2013年，中国香港特区政府拟定延迟香港公务员的退休年龄。截至2013年年底，尚无定论 | | 60/65 |
| 中国 | | 55/60 | 省厅局长及以上干部/少数高级专家可延长退休年龄：担任中央、国家机关部长、副部长，省、市、自治区党委第一书记、书记，省政府省长、副省长，以及省、市、自治区纪律检查委员会和法院、检察院主要负责干部的，正职一般不超过65岁，副职一般不超过60岁。在党政机关、事业单位、群众团体工作的县（处）级女干部，凡能坚持正常工作、本人自愿的，其离休退休年龄可到60周岁。2013年，党的十八届三中全会决定提出，要"研究制定渐进式延迟退休年龄政策"。2020年，《中共中央关于制定国民经济和社会发展第十四个五年规划和二〇三五年远景目标的建议》提出"实施渐进式延迟法定退休年龄"。2021年3月12日公布的《中华人民共和国国民经济和社会发展第十四个五年规划和2035年远景目标纲要》明确提出，按照"小步调整、弹性实施、分类推进、统筹兼顾"等原则，逐步延迟法定退休年龄 | 45/55 | 50/60 |

资料来源：作者根据各国或地区情况整理。

注："/"前后分别代表女性和男性的退休年龄。

从公职人员与其他国民退休年龄的比较、提前退休的设定以及近年来各国或地区的改革趋势，可以总结出以下六个特点。

第一，从公职人员与其他国民的正常退休年龄来看，多数国家并不存在差别。加拿大、德国、挪威等国全体国民的正常退休年龄一致，少数国家（如美国、西班牙）公职人员的正常退休年龄低于普通国民。

第二，从公职人员与其他国民的提前退休年龄来看，公职人员拥有一定的特权。在设有提前退休年龄的国家中，公职人员提前的年限相对更长。美国（公职人员可提前至55岁，普通国民可提前至62岁）、加拿大（公职人员可提前至55岁，普通国民可提前至60岁）、瑞典（公职人员可提前至60岁，普通国民可提前至61岁）都存在这样的情况。日本在2012年的改革提案中提议将公职人员提前退休年龄从50岁提早至45岁。

第三，在公职人员退休年龄上，除了提前退休，部分国家还设定了退休年龄的上限。为了保证公职人员队伍的合理流动，也防止权力过大，葡萄牙（70岁）、新加坡（65岁）和中国（65岁）都做出规定限制"最高"退休年龄。

第四，一些发达国家和地区对公职人员实行了弹性退休年龄，更为人性化，也较为复杂。一部分国家和地区的退休年龄与该公职人员的出生日期相联系，美国联邦政府雇员和澳大利亚公职人员均是如此。另一种情况则是英国和中国香港，对于不同职业特性的公职人员实行不同的退休年龄：在中国香港，截至2013年，公务员公积金计划下的正常退休年龄，分别为55岁（如属一般纪律部队人员）、57岁（如属某些指定的纪律部队职级）及60岁（包括所有纪律部队以外的人员）。

第五，部分国家在退休年龄上存在性别差异，通常女性的退休年龄低于男性。在智利、巴西、中国等国家，女性公职人员的退休年龄都要比男性早5岁。不过在部分国家已经出现松动迹象，英国（2016年4月到2018年11月期间，把女性退休年龄提高到65岁，实行男女统一）和波兰（2013年起，逐步延长并统一男女退休年龄至67岁）计划在未来几年中，在延迟退休的同时，统一男女两性的退休年龄。中国也在近年来探索渐进式延迟法定退休年龄的方案，并于2021年公布的《中华人民共和国国民经济和社会发展第十四个五年规划和2035年远景目标纲要》明确提出，按照"小步调整、弹性实施、分类推进、统筹兼顾"等原则，逐步延迟法定退休年龄。

第六，从近年来各国的改革实践来看，延迟退休年龄成为统一趋势。随着人口老龄化的深化和公职人员退休人员的增多，各国迫于各方压力，纷纷延迟公职人员的退休年龄。在2009—2013年间，在表5-9的28个国家和地区中,就有一半(14个)的国家和地区(英国、德国、法国、丹麦、比利时、葡萄牙、意大利、捷克、波兰、罗马尼亚、爱沙尼亚、韩国、中国香港、中国内地)提出计划延迟本国的退休年龄(主要针对公职人员),其中相当一部分已提出具体方案和年限并着手实施。延迟退休年龄无疑是近年来世界养老保险制度改革中最为夺目的措施、最为统一的趋势。

## 二 缴费年限①

除了退休年龄,领取养老保险的另外一个重要条件就是满足缴费最低年限或工作年限(工龄),一些发达国家(比如北欧福利国家)为了留住本国公民,则可能要求达到一定的居住年限。

表5-10列出了部分国家公职人员与其他国民缴费年限(工作年限或居住年限)的情况。在公职人员方面主要存在两种情况:一种是公职人员可以在特殊情况下(如疾病、裁员等)提前退休并领取养老保险,美国、英国、德国等国家都做出了相关规定;另一种情况则是公职人员需要较长的工作年限才能领取养老保险,比如葡萄牙(36年)、爱尔兰(40年)等。

需要指出的是,在巴西,除了满足最低年限可以领取养老保险之外,如果缴费年限满足一定标准,还可以申请提前退休——巴西人只需缴费15年,就可以在男性65岁、女性60岁的时候领取全额养老保险。如果缴费达到30年,男性可以在53岁时退休。如果缴费达到25年,女性可以在48岁时退休。

表5-10　　　　　部分国家公职人员与其他国民缴费年限比较

| 国家 | 公职人员养老保险制度<br>缴费年限<br>(工作年限或居住年限) | 国家基本养老保险制度<br>缴费年限<br>(工作年限或居住年限) |
|---|---|---|
| 美国 | 至少工作满5年(CSRS) | |
| 英国 | 10 | 30 |

---

① 部分国家为工作年限或居住年限。

续表

| 国家 | 公职人员养老保险制度<br>缴费年限<br>（工作年限或居住年限） | 国家基本养老保险制度<br>缴费年限<br>（工作年限或居住年限） |
|---|---|---|
| 加拿大 | 25 | |
| 澳大利亚 | | 居住年限满10年 |
| 德国 | 至少工作满5年 | |
| 西班牙 | 30 | |
| 葡萄牙 | 36 | |
| 爱尔兰 | 40 | |
| 爱沙尼亚 | 30 | |
| 罗马尼亚 | 2010年的263号法案要求在2011年至2015年期间，最低缴费年限从13年逐步增加到15年 | |
| 巴西 | 15 | 15 |
| 日本 | 25 | |
| 印度尼西亚 | 20 | 5 |
| 泰国 | 10 | 15 |
| 中国 | | 15 |

资料来源：作者根据各国情况整理。

## 第五节 小结

世界各国的经济水平、政治体制、社会制度和文化传承均有差异，养老保险"双轨制"的建立时间、发展阶段、制度设计和制度结果也不相同。

从公职人员养老保险制度覆盖范围来看，覆盖人群主要是政府公务员、军人和警察，其他各类公职人员主要包括教师、科研人员、医护人员以及少数国营企业的职工；覆盖人数在近年有所减少（因为经济危机的影响）；覆盖比例在统计的38个国家中分布在5.5%至30%的区间。

从公职人员养老保险制度资金筹集来看，筹资模式主要采用现收现付制（近四分之三的国家），但近年的改革趋势是引入部分积累制；缴费多数由公职人员和政府共同负担，前者负担的比例可能较少，缴费比例可能随经济发展而调整。但全世界大约有四分之一的现收现付制公职人员养老保险制度不需个人缴费。

从公职人员养老保险制度待遇确定模式来看，多数仍采用 DB 模式，也有部分国家逐步向 DC 模式过渡。

从公职人员养老保险制度资格条件来看，多数国家男女退休年龄相同（可能实行弹性退休制度），但也有部分国家存在差别，总体来看，发达国家的退休年龄普遍高于发展中国家。同时，延迟退休成为各国改革的方向。从缴费年限来看，为了保证留住优秀人才，公职人员一般要求较长的工作年限。

# 第六章 养老保险"双轨制"因素分析

前面章节按照养老保险"单一制"和"双轨制"对各国公职人员养老保险制度进行了分类,在116个国家和地区中,实行养老保险"双轨制"的国家和地区远多于"单一制"。为什么如此多的国家和地区为公职人员建立了或全部独立或部分独立的养老保险制度,而不是为了方便管理、节约成本将其统一起来?这要从养老保险的制度建立说起。

## 第一节 制度的路径依赖

众所周知,最早的现代社会保险制度出现在19世纪80年代的德国,铁血宰相俾斯麦政府于1889年通过了《老年、伤残、遗属养老保险》。然而通常被忽视的事实是,在发达国家,政府为公职人员(通常包括公务员、军人、教育工作者等)建立养老保险制度要远远早于企业职工或者是普通国民,无论是基本养老保险制度还是企业年金计划,最初形式都参考了公职人员的职业年金(Palacios & Whitehouse, 2006;Rothenbacher, 2004;郭磊、徐明,2020;孙守纪、黄晓鹏,2008)。最早的公职人员养老保险制度雏形出现在17—18世纪的欧洲:英国(Raphael, 1964;Cohen, 1965)、法国(Wunder, 1984;Thuillier, 1991;Thuillier, 1992;Thuillier, 1994)和德国(Hattenhauer, 1993;Summer, 1986)。而到了19世纪上半叶,英国、法国和德国(大部分州)已经开始以法律的形式将公职人员(公务员)的养老保险制度固定下来(见表6-1、表6-2和表6-3)。同样的情况也出现在美国,美国联邦政府于1920年就为联邦政府雇员建立了独立的退休金计划,而第一支柱的老年社会保障计划(Old-Age,

Survivors, and Disability Insurance program, OASDI) 直到大萧条以后的1935年才建立。当时因为大多数联邦政府雇员已经被公务员退休金计划所覆盖，就未将其强行并入第一支柱，只是在1986年决定逐步从文官退休制度（CSRS）过渡到联邦政府雇员退休制度（FERS），进行了一些微调。

表6-1　　　　　英国公职人员（公务员）与普通民众
养老保险制度起源时间对比

| 年份 | 为公职人员（公务员）建立养老保险制度 | 为工人建立养老保险制度 |
| --- | --- | --- |
| 1834 | 颁布第一部养老金法案（现阶段文官养老保险制度的雏形） | — |
| 1859 | 颁布文官养老金法案 | — |
| 1908 | — | 建立免缴费和经过家计调查的养老保险 |
| 1925 | — | 为遗属、孤儿和老人建立缴费制的养老保险 |
| 1946 | — | 实行国民养老保险制度 |

资料来源：整理自 Alber (1982)、Flora & Alber (1981)、Palme (1990)、Frerich (1990)、Saint-Jours (1981)。

表6-2　　　　　法国公职人员（公务员）与普通民众
养老保险制度起源时间对比

| 年份 | 为公职人员（公务员）建立养老保险制度 | 为工人建立养老保险制度 |
| --- | --- | --- |
| 1790 | 为国家公务员颁布养老保险法 | — |
| 1924 | 整合国家公务员和士兵的养老保险 | — |
| 1910 | — | 建立强制性养老保险制度 |
| 1942 | — | 建立覆盖全体工人的养老保险制度（没有收入限制） |

资料来源：整理自 Alber (1982)、Flora & Alber (1981)、Palme (1990)、Frerich (1990)、Saint-Jours (1981)。

表6-3　　　　德国公职人员（公务员）与普通民众
养老保险制度起源时间对比

| 年份 | 为公职人员（公务员）建立养老保险制度 | 为工人建立养老保险制度 | 为雇员建立养老保险制度 |
|---|---|---|---|
| 1805 | 巴伐利亚出现公职人员养老保险雏形 | — | — |
| 1825 | 普鲁士为国家公务员颁布养老保险法规 | — | — |
| 1873 | 德国为帝国公务员颁布养老保险法案 | — | — |
| 1889 | — | 为工人和雇员建立强制性的养老保险制度 | — |
| 1911 | — | — | 为雇员建立养老保险制度 |

资料来源：整理自 Alber（1982）、Flora & Alber（1981）、Palme（1990）、Frerich（1990）、Saint-Jours（1981）。

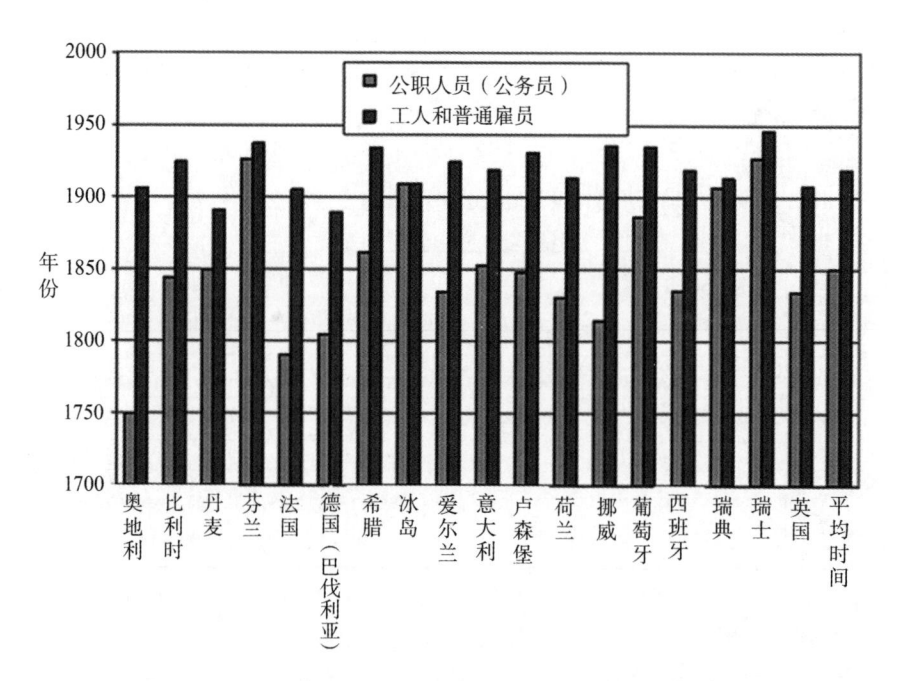

图6-1　18国公职人员与普通民众养老保险制度建立时间比较

图 6-1 列出了 18 个欧洲发达国家公职人员与普通民众养老保险制度建立的时间，除了冰岛同时建立外，其他国家中前者明显要早于后者。图中最后一列显示出，在养老保险制度建立的时间上，从 18 国平均数值来看，公职人员比普通民众大概要早 70 年的时间。这就为养老保险"双轨制"埋下了伏笔，一项制度一旦建立，后续的改革就大大受制于其路径依赖。

## 第二节 模仿效应

整体来看，发展中国家社会保险制度的建立要远远晚于发达国家。大部分的亚非拉国家在第二次世界大战之后才取得民族独立，建立新的国家，也就是说，这些国家的社会保险（养老保险）制度不得不从零开始。半个多世纪前，这些国家在选择自己的养老保险模式时，模仿发达国家的制度无疑是最佳方案（比如当时中国在内的社会主义国家模仿苏联的国家保险型，非洲多数国家模仿德国的社会保险型）。再加上很多国家曾是西方列强的殖民地、半殖民地，哪怕是在独立后，经济、政治、社会等各方面的发展还是受到了之前宗主国或多或少的影响。所以，既然大部分发达国家公职人员的养老保险制度先于普通民众，也就不难理解这些模仿的国家如出一辙（比如本书选取的 35 个非洲国家都采取了养老保险"双轨制"）。

以韩国为例，韩国从 20 世纪 60 年代着手建立养老保险制度，覆盖群体也是逐步扩大，并非一步到位。第二次世界大战后，韩国政府把大力发展经济和建设福利国家定为国政目标，并在随后的半个世纪中逐步建立了包含公立和私立的多重套餐式的养老保险制度（陈凯，2013）。在公立养老保险制度方面（见表 6-4），最早在 1960 年，韩国政府为政府公职人员（公务员、警察和司法人员）建立了养老保险制度；1963 年为军人建立养老保险制度；1973 年和 1975 年，分别为公立学校教师和私立学校教师建立养老保险制度，其中前者虽然颁布的法案为《国民福利养老金法》，却不适用于全体国民，只包括公务员和教师。直到公务员养老保险制度建立的 28 年后，韩国政府才于 1988 年推出了国家养老保险制度（National Pension Scheme，NPS），在当时只覆盖超过 10 个雇员的企业，18 岁至 60 岁的人群。1992 年，该规定变为超过 5 个雇员的企业。1995 和 1999 年，分别推广到农村居民和城镇居民。截至 2012 年年底，超过 2000 万人参加 NPS，超过 350 万人领取养老保险,养老保险基金超过 400 万亿韩元,成为世界第三大公共养老保险基金(National Pension Service, 2014)。另外,在 2007 年韩国政府对 NPS 进行改革时,加入了一项"基本养老金计划"(BOAPS),旨在为家庭收入低于特定税收起征点的老年人提供基本养老保障。图 6-2 更好地反映了 1988 年后 NPS 的覆盖范围逐步扩大,覆盖人数逐步增多。

表 6-4　　韩国公职人员和国民养老保险制度建立时间对比

| 年份 | 为公职人员(公务员)建立养老保险制度 | 为普通国民建立养老保险制度 |
| --- | --- | --- |
| 1960 | 覆盖政府公务员、警察和司法人员 | |
| 1963 | 覆盖军人 | |
| 1973 | 覆盖公立学校教师 | |
| 1975 | | 覆盖私立学校教师 |
| 1988 | | 覆盖超过 10 个雇员的企业职工 |
| 1992 | | 覆盖超过 5 个雇员的企业职工 |
| 1995 | | 覆盖农村居民 |
| 1999 | | 覆盖城镇居民 |
| 2007 | | 为低收入家庭的老年人提供保障 |

资料来源:National Pension Service, 2014, Annual Report 2013 - Fund Management of National Pension, http://www.nps.or.kr/jsppage/english/npf_korea/npf_06_01.jsp.

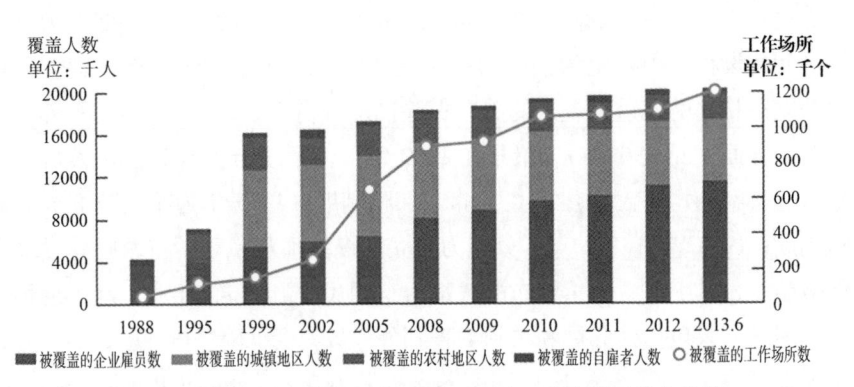

图 6-2　韩国国家养老保险制度(NPS)覆盖范围扩大趋势

资料来源:National Pension Service, 2014, Annual Report 2013 - Fund Management of National Pension, http://www.nps.or.kr/jsppage/english/npf_korea/npf_06_01.jsp.

从 1960 年到 1999 年，经过近 40 年的发展，韩国政府将养老保险制度从仅覆盖公职人员扩大到全体国民，但现阶段仍保持了公职人员和普通国民的养老保险"双轨制"，不同的群体被不同的养老保险制度覆盖。

## 第三节 公职人员的特殊地位

从本书的概念界定中不难看出，公职人员作为政府雇员，其雇主与企业职工不同，是该国的政府。所以相对于私人部门的企业职工，公职人员拥有一些得天独厚的优势，所谓"近水楼台先得月"，公职人员在工资、福利、养老保险等各方面都可能存在一些优势。一方面，在存在养老保险"双轨制"的国家，如果公职人员的养老保险待遇水平较为优厚，为了保证既得利益，公职人员会利用手中的职权，阻挠养老保险制度改革的推进；另一方面，各国政府为了凸显公职人员的特殊地位或是保证公职人员队伍的稳定和高效，也可能尽量保留养老保险"双轨制"，即使是在改革中也会小心翼翼、步步为营。

以中国的机关事业单位为例，1951 年政务院通过的《中华人民共和国劳动保险条例》和 1955 年国务院颁布的《关于国家机关工作人员退休处理暂行办法》标志着机关事业单位与企业职工分开实行不同的退休养老制度。虽然随后的 1956—1978 年间进行了短暂的合并，但国务院于 1978 年颁布了《关于安置老弱病残干部的暂行办法》和《关于工人退休、退职的暂行办法》，将 1958 年统一的企业职工和机关事业单位养老保险制度再次分开。随着 1986 年国务院《国营企业实行劳动合同制暂行规定》中第二十六条"国家对劳动合同制工人退休养老实行社会保险制度"和 1997 年国务院《关于建立统一的企业职工基本养老保险制度的决定》的出台，中国养老保险"双轨制"已逐步定型。虽然在近几年改革呼声很高，国家也进行了一些试点，但总体来看，机关事业单位地位特殊，其工作人员抵触情绪较大（如 2008 年在山西、上海、浙江、广东、重庆五省市先期开展事业单位工作人员养老保险制度改革的试点工作，直至 2013 年年底，进展缓慢），改革不易。直到 2015 年，机关和事业单位的养老保险制度改革才最终得以统一推进。

这种情况普遍存在于世界各国，更有甚者，养老保险制度尚未普及全民——即使在数十年的发展后,孟加拉国、不丹、博茨瓦纳、黎巴嫩和马尔代夫等发展中国家的养老保险制度所覆盖的人群还是限于国家公务员(Palacios & Whitehouse, 2006)。

## 第四节 吸引人才的手段

从雇佣的关系看,企业职工是企业的雇员,公职人员是政府的雇员。在吸引和留住人才方面,企业可以利用高工资、高福利等多种手段,而政府对公职人员的工资一般有严格控制(与市场价值相匹配,以最低工资为计算基础),所以在养老保险方面,公职人员享有较高的待遇水平,在国外通常被视为理所应当。一种合理的解释是公职人员之所以被覆盖在单独的养老保险制度下,并且享有的养老金比私人部门雇员更为丰厚,一方面是为了保证公职人员的独立性,另一方面则是提升公共部门工作职位的吸引力(Palacios & Whitehouse, 2006)。持有类似观点的还有 Anderson 和 Brainard,一个核心观点就是公共部门的雇主(政府)有责任吸引并有能力留住相当数量的优质劳动力,他们需与私人部门雇员有显著差异。由此看来,更为优厚的养老保险金无疑是吸引和留住人才的重要手段。

从具体实践上看,发达国家也一直以这种理念指导着养老保险"双轨制"。历史数据就是最好的证据——早在1983年的英国,根据《职业年金制度调查》(Survey on Occupational Pension Schemes),一位刚退休的私人部门雇员(男性)每周可以领取30英镑的职业年金(补充养老保险),而同期的公共部门雇员则可领取44英镑的职业年金,大约是前者的1.5倍。而如果是女性,将会是15英镑和30英镑的差距(见表6-5)。当然除去补充养老保险,他们还可以领取国家的基本养老保险。

表6-5　　　　英国公共部门与私人部门职业年金
　　　　　　　　　差距(1983年)　　　　　　单位:英镑/周

|  | 公共部门 | 私人部门 |
|---|---|---|
| 男性 | 44 | 30 |
| 女性 | 30 | 15 |

资料来源:Survey on Occupational Pension Schemes (1983)。

而从较新的情况看，德国仍然保留给予公务员更为优厚的养老保险待遇的传统。2018年，德国老年人每月的平均养老金为902欧元，其中男性为1087欧元，女性为688欧元。而单身公务员的每月最低养老金已经达到1761欧元，替代率高达70%以上；已婚公务员的养老金则至少为1856欧元。随着公务员级别的提高，工资和养老金也有明显增加，如国务秘书的最低养老金高达5100欧元。从德国养老金的增长情况看，2000年至2018年间，公务员的增幅31.7%也要高于普通雇员的27.7%。

表6-6　　德国公务员与社会平均（普通雇员）养老金比较（2018年）　　单位：欧元/月

| 身份职业 | 养老金 |
| --- | --- |
| 社会平均（整体） | 902 |
| 社会平均（男性） | 1087 |
| 社会平均（女性） | 688 |
| 公务员（单身） | 1761 |
| 公务员（已婚） | 1856 |
| 高等级官员（见习参议员） | 2000 |
| 高等级官员（部长参议员） | 2700 |
| 高等级官员（国务秘书） | 5100 |

资料来源：《越来越多的德国公务员50多岁就退休》，2021年11月1日，https://www.163.com/dy/article/FJQJ5L8B0514B8ME.html#?spss=adap_pc。

## 第五节　改革之困

前面分析提到，一般而言，各国的公职人员是所有群体中最先被养老保险制度覆盖的，其待遇水平通常也比较高，其地位又较为特殊（政府作为雇主），掌握制定政策的权力。正所谓"冰冻三尺，非一日之寒"，各国的养老保险制度经过多年的推行，各方都在不断地磨合适应，所以任何一个国家的养老保险"双轨制"改革，都需要经过政府部门、公职人员和普通民众的博弈，考虑政治动荡、社会稳定、财政变革等问题，每一个都非常棘手，即使想要改革，也往往需要较长时间的整合。

当然凡事都有例外，多数养老保险"单一制"国家都来自南美和东欧，其背景也很相似。比如，智利是军政府上台，进行彻底的变革；东欧各国经过苏联解体，国内形势剧变。以智利的改革为例，前面提到，20世纪80年代初的智利拥有32个不同的社会保险管理和运营机构、超过100个的养老保险项目，缴费率、待遇计算公式、资格条件和调整标准各不相同，管理混乱，效率低下。再加上贫富差距扩大，经济结构失衡，矛盾不断激化，民怨四起，政局动荡，在旧的养老保险制度难以为继时，强势上台的军政府在1980推行了新的以紧缩国家预算、减轻雇主负担、由私营机构运营管理养老基金的私有化养老保险制度。军政府在10年之后"还政于民"，也保证了该制度初期的正常运行。

智利的养老保险制度改革是全世界的个案，一方面，旧的制度难以为继，民意所向，改革势在必行；另一方面，由军政府集权统治作为政治保障，才没有引发剧烈的社会动荡。具有类似情况的其他拉美国家如墨西哥、阿根廷等，其养老保险制度改革就显得温和得多（陈文辉，2006），制度建立更早、运行更稳定的欧美发达国家更是如此。

# 第七章 破除"双轨制"困境：从收入分配制度出发

前面章节分析了养老保险"双轨制"出现和存在的因素，近年来，部分国家的"双轨制"产生了各种问题（但是仍有部分国家的养老保险"双轨制"运行良好），中国的养老保险"双轨制"也导致了机关事业单位和企业养老保险差距的扩大。① 如何破除这样的困境呢？从文献综述中不难发现，取消"双轨制"得到了众多学者的认同。但是养老保险"双轨制"就是问题的症结所在吗？将机关事业单位养老保险制度和企业职工基本养老保险制度合并，社会各方就会满意吗？取消了养老保险"双轨制"，收入差距过大的问题就会迎刃而解吗？从收入分配制度出发，工资和养老保险的分配效果能够回答这些问题。

## 第一节 工资与养老保险：初次分配与再分配

### 一 收入分配制度及其指标选取

生产、分配、交换、消费是经济运行中资源配置过程的四大环节，其中分配是社会生产与再生产的重要环节。

在分配这一环节，劳动者的收入分配举足轻重。可以说，收入分配制度与一国的经济发展、政治文明以及社会进步紧密联系，体现了劳动价值和财富积累在各个分配主体之间的权力与利益的关系。在现代市场经济中，收入分配的主体通常由三大利益群体组成，即雇员（拥有劳动力所

---

① 本章主要探讨中国机关事业单位养老保险制度在 2015 年改革之前的制度运行情况。

有权）、雇主（拥有生产资料所有权）和政府（拥有公共政治权力）三者共同分割国民收入。公职人员较为特殊，因其雇主就是政府本身。

根据马克思主义政治经济学，产品的初次分配在不同的社会制度中有不同的表现形式：在资本主义社会里，资本家按照劳动力的价值，以货币形式支付给雇佣工人一部分的生活必需品；而在社会主义国家中，国营企业和集体企业里的劳动者则按照按劳分配原则，通过货币形式，取得他们各自所应得的消费资料（宋涛，1982）。中国目前实行的就是按劳分配为主体、多种分配方式并存的分配制度。随着经济的发展，无论是在资本主义社会还是社会主义国家，无论是企业雇员还是公职人员，初次分配的主要形式都是工资。

产品经过初次分配后，还要经历再分配的过程。马克思认为，在资本主义社会，无产者在领取工资之后，国家要征收各种赋税——通过个人所得税进行再分配；在社会主义国家，国家从财政收入中支出一部分，用于兴办文化教育和社会福利事业。随着现代社会的发展，作为一种全新的制度模式，养老保险制度成为大多数国家再分配的重要手段。

由此可见，在收入分配制度中，工资是初次分配的主要形式，养老保险则是再分配的重要手段。无疑，在大多数国家，无论是国家的基本（或私人部门）养老保险制度，还是独立的公职人员养老保险制度，都是收入分配制度的重要一环。所以，正确看待养老保险"双轨制"不能离开整个收入分配制度，也就是说，不能把公职人员的养老保险制度和工资制度割裂开来，而应将二者加以结合，从宏观层面把握养老保险"双轨制"是否合理。

## 二 初次分配和再分配的衡量标准

初次分配是国民总收入（国民生产总值）与生产要素（劳动力、资本、土地和技术等）相联系的分配，需要符合市场机制的运行规律，政府一般不会直接干预（通常通过税收进行调节）；再分配的实质是一种转移支付，是政府通过税收、政策倾斜等手段，在初次分配的基础上，对各收入主体进行收入再次分配的过程（通常是从高收入者往低收入者转移）。

初次分配和再分配的性质决定了二者的衡量标准需要各有侧重。如图7-1所示，从世界各国的情况来看，初次分配由于主要反映市场运行规律，所以侧重效率；而再分配的主要作用是调节不同群体的收入差距，所以侧重平等。

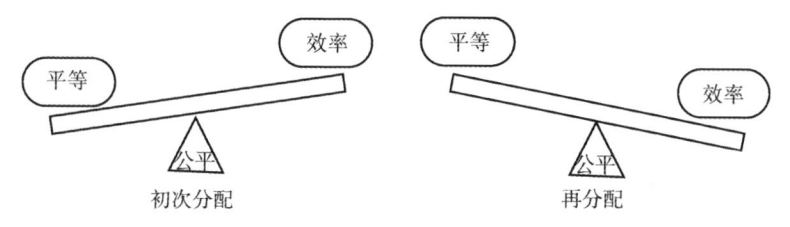

**图 7-1　初次分配和再分配的基本原则**

中国收入分配制度的发展改革过程就是这样一条客观规律的见证（如图 7-2）。在改革开放之前，计划经济时代中国的收入分配制度表现为平均主义，农村通过工分取得报酬，城市由国家统一职工工资，工资水平趋同；改革开放后相当长一段时间内（1978—1992 年）打破"大锅饭"的格局，按照市场规律，"侧重效率，兼顾公平"①，鼓励一部分人先富起来，但同时也指出调节"先富"与"后富"的收入差距，防止贫富

- 1978 年以前 ⇒ 平均主义
- 1978—1992 年 ⇒ 侧重效率，兼顾公平
- 1993—2004 年 ⇒ 效率优先，兼顾公平
- 2004 年至今 ⇒ 初次分配和再分配都要兼顾效率和公平，再分配更加注重公平

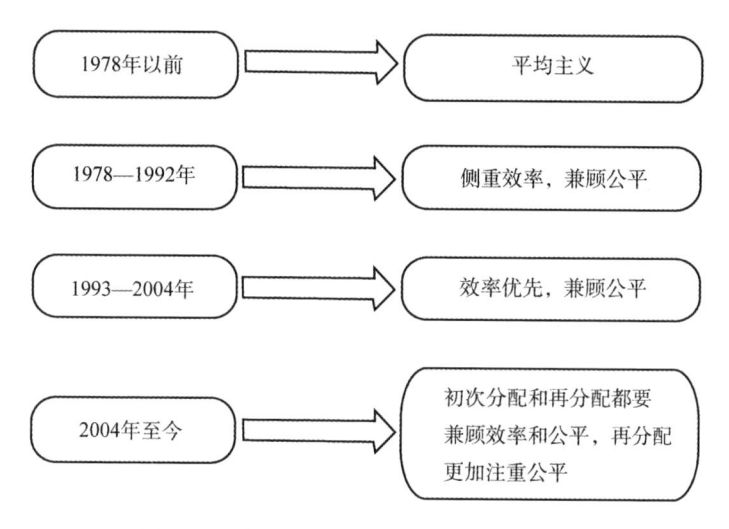

**图 7-2　中国收入分配制度的发展改革过程**

---

① 国家文件中的"公平"应该是"平等"的意思，以下将采用"平等"代替"公平"。关于"公平"与"平等"的讨论，详见潘锦棠《机关事业单位职工与企业职工养老保险待遇既不平等也不公平》，2012 年，http://slhr.ruc.edu.cn/single/renwen/display.asp? id=1141。

悬殊；随后的1993年，《中共中央关于建立社会主义市场经济体制若干问题的决定》中提出"个人收入分配要坚持以按劳分配为主体、多种分配方式并存的制度"，重点是"效率优先，兼顾公平"——"初次分配注重效率，再分配注重公平"；2004年之后的收入分配制度更加强调"公平"，如党的十八大报告提出，"初次分配和再分配都要兼顾效率和公平，再分配更加注重公平"。

由此可见，收入分配制度随着经济社会的进步而完善，公职人员的养老保险制度作为其中的一部分，亦是如此。

## 第二节　公职人员工资与养老保险的制度设计

### 一　公职人员工资制度及其工资水平

公共部门与私人部门的显著区别在于二者的性质不同：以企业为代表的私人部门属于生产部门，追逐利润最大化，其工资与生产经营状况直接挂钩；而以政府为代表的公共部门属于非生产部门，具有非营利性，追求公共利益的最大化，其工资更多的是与国家财政收入相关联。那么，公职人员的工资应该如何确定？需要遵循哪些原则？各国是如何进行制度安排的呢？

关于公职人员工资制度的理论探讨由来已久，大致可以分为三类（毛飞、王梅，2009）：第一类是取消公职人员的工资，代表人物是威廉·葛德文和让·巴蒂斯特·萨伊。前者于1793年在《政治正义论》中提出应当用"资助"的方法取代公职人员工资，因为一方面，为公职人员发放工资会"迫使最有觉悟和最有道德的人非出于自愿地参与社会的非正义行为"；另一方面，公职人员"应该忘记自己或者应该力求忘记自己"，在公共部门设立工资制度会影响利他主义的发挥，"增加人类的自私心"（郑博仁、钱亚旭、王惠，2011）。后者在《政治经济学概论》（1803）中提出部分取消公职人员的工资，因为公职人员的职位本身就是一种荣誉，其"实际价值"大于"金钱报酬"。第二类主张按照公职人员劳动分工的不同确定其工资的多少，代表人物是亚当·斯密。他在《国民财富的性质和原因的研究》（1776）中指出，政府是非生产性部门，由于其追求公共利益,所以为公职人员支付工资是必要的,不过应按照分工不同,在工资水平和支付方式上有所区别。第三类则认为公职人员的工资应当参照私人部门,代表人物包括卡尔·海因里希·马克思和弗里得里希·冯·恩格斯。马克思和恩格斯于1871年和1891年分别在《法兰西内战》及其序言中谈到所有公职人员都只应当领取相当于工人工资的薪金。

在实践中,取消公职人员的工资是不现实的,那么如何确定公共部门的工资水平呢?公职人员的收入可以理解为在私人部门获得收入的机会成本,所以应当是由市场间接决定的均衡收入(赵子忱,2002)。一方面,公共部门由于不直接参与生产经营活动,难以通过市场直接衡量其劳动价值;另一方面,公职人员工资过高(可能造成人员流失)或过低(可能增加运行成本)都不利于人力资源在公私两部门的合理流动。所以,参照私人部门的工资水平进行平衡比较成为多数国家公职人员工资水平确定及调整的准则。

(一)美国公职人员工资水平确定

具体实施过程中,完善的公职人员工资制度安排使初次分配既讲求效率,也不使公职人员和普通国民差距过大。以美国为例,联邦政府雇员工资制度有三个具体措施提供保证。

一是工资"可比性原则"(comparability principle)。最早在1862年,美国海军蓝领工人的工资需要遵循"紧随私人部门"(confirm with those of private establishments in the immediate vicinity)。100年后的1962年,美国的《联邦工资改革法》提出"工资比较原则",规定联邦政府雇员的工资需参照企业雇员的工资水平来制定。随后1970年的《联邦工资比较法》和1978年的《文官改革法》不断完善,规定公职人员的工资除了参照全国私营企业雇员的工资水平,还应参照当地私营企业雇员的具体情况。到了1990年,《联邦政府雇员可比性工资法案》(Federal Employees Pay Comparability Act, FEPCA)颁布,明确规定四项原则(见表7-1),以规范联邦政府雇员的工资水平。

二是工资调整办法。受经济发展、财政预算和通货膨胀等因素影响,美国联邦政府每年都会为其雇员进行年度工资微调(annual adjustments to pay schedules)。微调的基础是美国劳工部公布的私企工资成本指数(Employment Cost Index, ECI),联邦政府雇员工资调整幅度必须比ECI低0.5%。

表7-1　　1990年美国《联邦政府雇员可比性工资法案》指导原则

| 在同一地区 | 同工同酬 |
| --- | --- |
| | 工资等级差别取决于岗位性质和工作表现 |
| | 联邦政府雇员与私营企业同等工作性质的雇员工资标准一致 |
| 彻底消除任何联邦政府雇员与私营企业员工工资不平等的现象 | |

资料来源：USA "Federal Employees Pay Comparability Act of 1990"。

三是工资封顶规定。联邦政府雇员的工资还受到一项特殊规定的限制——工资封顶制度（aggregate limitation on pay）。在任何情况下，其工资总额都不能超过上一级的工资标准。

（二）中国公职人员工资水平确定

中国公职人员的工资可以从公务员的情况出发。1993年《国家公务员暂行条例》规定："国家公务员工资水平与国有企业相当人员的平均工资水平大体持平。"2006年的《中华人民共和国公务员法》规定："公务员的工资水平应当与国民经济发展相协调、与社会进步相适应。国家实行工资调查制度，定期进行公务员和企业相当人员工资水平的调查比较，并将工资调查比较结果作为调整公务员工资水平的依据。"

可以看出，中国公务员工资制度的设计参照了大多数国家的做法，而且从参照国企员工到企业相当人员，从大体持平到将工资调查比较结果作为调整公务员工资水平的依据有了进一步的细化。但与美国等发达国家相比，中国的规定尚显粗糙，具体的实施细则不明，开始时间也较晚——从2009年开始，人力资源和社会保障部才联合国家统计局相关司局组成课题组，分别对公务员和企业相当人员工资水平调查方案展开研究。

从各国公职人员工资制度设计的情况来看，一个重要的原则就是参照私人部门的工资水平进行平衡比较，在此基础上确定公职人员工资水平，并且调整时也会注意保持步调一致。在这样的原则下，才能保证各国在初次分配后公职人员和普通国民的差距保持在合理的范围内，否则就会增加再分配对二者进行调整的难度。从美国和中国公务员工资制度设计上看，美国经过多年探索，更加成熟，更加细化；中国起步较晚，虽然制度设计原则已经走上正轨，但还需要一定的时间对细则进行完善，改革中国收入分配制度，使其跟上经济社会前进的步伐，目前还任重道远。只要初次分配还存在缺陷，就难以保证养老保险的再分配能够完全发挥作用，养老保险"双轨制"的弊端就会被扩大化。

## 二 公职人员养老保险制度及其待遇水平

前面章节对各国公职人员养老保险制度的基本安排进行了总结归纳，本部分重点突出公职人员与普通国民养老保险制度设计中的养老保险水平及调整办法。养老保险水平的设计指标用替代率说明，表7-2给出了部分国家公职人员和基本养老保险替代率的情况。

表7-2　　　部分国家公职人员和基本养老保险替代率比较

| 国家 | 公职人员养老保险 | 国家基本养老保险 | 备注 |
| --- | --- | --- | --- |
| 美国 | 80%以下 | | 公职人员养老保险替代率与工作年限挂钩 |
| 英国 | 67% | 37% | |
| 加拿大 | 90% | 56% | |
| 澳大利亚 | 66%—88% | 52% | |
| 德国 | 75% | 46% | 2010年，将公职人员养老保险的替代率从75%下降到71.75% |
| 法国 | 75% | 71% | |
| 瑞典 | 73% | 76% | |
| 挪威 | 66% | 53% | |
| 芬兰 | 60% | 60% | |
| 冰岛 | 76% | 73% | |
| 瑞士 | 65% | 58% | |
| 奥地利 | 80% | 80% | |
| 比利时 | 75% | 60% | |
| 意大利 | 80% | 66% | |
| 希腊 | 69% | | |

续表

| 国家 | 公职人员养老保险 | 国家基本养老保险 | 备注 |
|---|---|---|---|
| 卢森堡 | 83% | 71% | |
| 西班牙 | 95% | 88% | |
| 葡萄牙 | 80% | | |
| 中国（2015年改革之前） | 50%—90% | 59.2%① | 公职人员养老保险替代率与工作年限挂钩 |

资料来源：作者根据各国情况整理，部分参考自 Palacios 和 Whitehouse（2006）。

从表 7-2 的总体情况来看，部分国家公职人员和基本养老保险替代率差距较小或无差异，代表国家有法国、芬兰、冰岛、奥地利；部分国家公职人员和基本养老保险替代率存在一定的差距且公职人员较高，代表国家有挪威、瑞士、比利时、意大利、卢森堡、西班牙等；还有国家公职人员和基本养老保险替代率差距较大，代表国家有英国、加拿大、德国等。但值得提出的是，部分国家之所以公职人员和基本养老保险的替代率差距较大，是因为私人部门还有自己的企业年金（补充养老保险）以填补替代率的漏洞。

与工资部分的分析对应，仍然选取美国和中国的情况进行比较，以了解更多制度设计的细节。表 7-3 反映了两国公务员养老保险计发标准（替代率）的情况。以连续工作 30 年为例，中国国家机关公务员养老保险的制度设计替代率高达 80% 以上，高于中国养老保险改革②的基本养老保险目标替代率（接近 60%），也高于美国联邦政府雇员的替代率（60%）。

---

① 在发布《国务院关于完善企业职工基本养老保险制度的决定》之际，政府即通过《人民日报》（2005 年 12 月 15 日）披露了养老金的目标替代率："以职工缴费年限 35 年退休为例，改革前基本养老金的目标替代率是 58.5%，其中，20% 为基础养老金，38.5% 为个人账户养老金；改革后目标替代率调整为 59.2%，其中，基础养老金替代率调整为 35%，个人账户养老金替代率调整为 24.2%。"转引自杨再贵《企业职工基本养老保险、养老金替代率和人口增长率》，《统计研究》2008 年第 5 期。

② 建立基本养老保险、企业补充养老保险（企业年金）和个人储蓄性养老保险相结合的多支柱养老保险体系是中国养老保险制度改革的总体思路。

表7-3 中美公务员养老保险计发标准

| 中国国家机关公务员 (2015年改革之前) | | 美国联邦政府雇员 (1987年1月1日以前参加联邦政府工作) | |
| --- | --- | --- | --- |
| 工作年限 | 工资替代率 (职务工资+级别工资) | 工作年限 | 工资替代率 (连续3年最高工资的平均) |
| 10年以下 | 50% | 10年 | 20% |
| 10—20年 | 70% | | |
| 20—30年 | 80% | 30年 | 60% |
| 30—35年 | 85% | | |
| 35年以上 | 90% | 最高不超过 | 80% |

资料来源：中国国家机关公务员（2015年改革之前）信息根据《关于机关事业单位离退休人员计发离退休费等问题的实施办法》（国人部发〔2006〕60号）、《关于公务员工资制度改革和事业单位工作人员收入分配制度改革实施中有关问题的意见》（国人部发〔2006〕88号）整理得出。美国联邦政府雇员信息源自http：//economy.enorth.com.cn/system/2012/07/30/009732467_01.shtml。

2015年改革之前，中国的机关事业单位养老保险制度与企业职工基本养老保险制度是并行的，并不存在法律法规、计算方法或者发放标准的交叉。这样并行的制度如果没有严格的约束机制，就很有可能难以控制制度的协调发展，产生极大的差距——机关事业单位有国家财政作为担保，达到目标替代率相对轻松，而企业虽然拥有59.2%的目标替代率，但在实践中却难以达到。机关单位的养老金替代率1999年为101.61%，此后有小幅上涨，2002年为104.56%。与之相反，中国企业职工养老保险替代率较低且呈现下降的趋势，1999年为69.18%，2002年为59.28%，2005年为47.94%，2009年为47.34%，2011年为42.9%。[1]

美国的联邦政府雇员退休制度虽然也只是针对联邦政府雇员有一定的优惠政策，但不论是联邦政府雇员、州政府雇员、地方政府雇员，还是普通国民，96%的退休者[2]都被美国社会保险的第一支柱——OASDI所覆

---

[1] 《养老金"双轨制"两端渐行渐远》，2021年10月1日，http：//epaper.bjnews.com.cn/html/2012-09/14/content_372347.htm?div=-1。

[2] U.S. Social Security Administration, Social Security Retirement Benefits, SSA Publication No.05-10035, 2012.

盖，联邦雇员的养老金经过计算后，如果超过一定的标准，相应的OASDI制度下的基本养老保险就会被削减，并且高收入、中等收入和低收入群体的替代率不同——退休前收入越高，养老保险的替代率就越低，发挥了社会保险应有的再分配作用，有效缩小了高收入政府雇员和较低收入群体之间的差距（具体数据详见下一部分的分析）。

从中国和发达国家养老保险"双轨制"的设计来看，后者经过更长时间的发展变迁，在细节规定上更为健全。虽然近年来世界各国对此改革不断，但真正取消"双轨制"的并不多见，所以会不会并不是养老保险"双轨制"本身存在问题，而是"双轨制"设计时存在漏洞？带着这个疑问，下一节将进行详细的数据分析。

## 第三节 公职人员工资与养老保险的数据分析

**研究思路**：将公职人员的养老保险放入整个收入分配制度中，以工资作为初次分配的指标，以养老保险作为再分配的指标，通过对公职人员整个收入分配过程的纵向比较和公职人员与普通国民的横向比较，分析养老保险"双轨制"的症结所在。

**衡量标准**：公职人员的工资和养老保险符合初次分配和再分配的基本原则。经过收入再分配的调整，收入差距是否缩小——企业职工（普通国民）和公职人员养老保险之间的差距应该小于二者工资之间的差距，如果养老保险之间的差距大于工资之间的差距，则说明这种制度违反了收入再分配的公平原则，如图7-3所示（潘锦棠，2010）。

用公式进行表达，设公职人员的工资为 $W_P$，普通国民的工资（社会平均工资）为 $W_S$，公职人员的养老保险为 $P_P$，普通国民的养老保险（国家基本养老保险）为 $P_S$，则可推出以下情况是合理的：

$$\frac{P_P}{P_S} \leq \frac{W_P}{W_S} \tag{7.1}$$

如果出现以下情况，则是公职人员养老保险制度违背了收入再分配的公平原则，是不合理的：

$$\frac{P_P}{P_S} > \frac{W_P}{W_S} \tag{7.2}$$

```
┌─────────────────────────────────────────────────────────────┐
│     初次分配                          再分配                 │
│        ↓                                ↓                    │
│  公职人员与普通国民工资        公职人员与普通国民养老保险    │
└──────────────┬──────────────────────────┬───────────────────┘
               ↓                          ↓
         情况一：合理                情况二：不合理
               ↓                          ↓
       养老保险差距≥工资差距      养老保险差距>工资差距
```

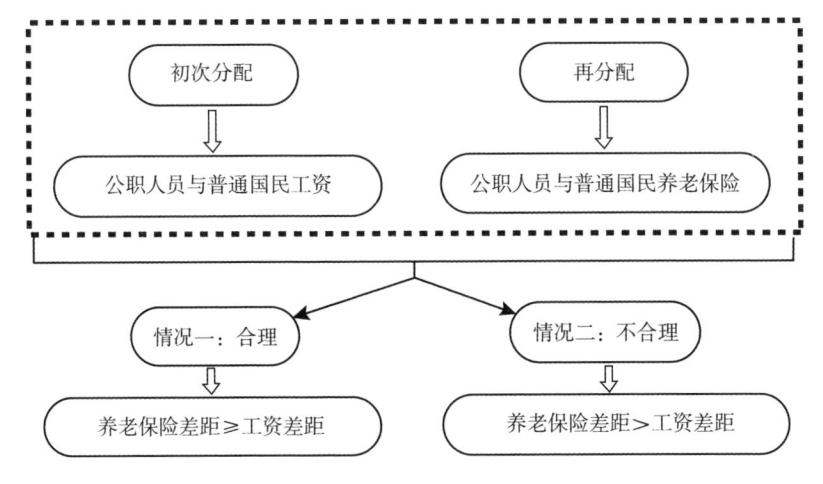

**图 7-3 公职人员养老保险制度衡量办法**

## 一 养老保险"双轨制"运行受阻——中国和韩国

### （一）中国企业职工与公务员、机关事业单位工作人员比较

#### 1. 中国企业职工与公务员比较

表 7-4 说明了从 2002 年到 2007 年企业与机关的工资之比从 1:1.18 发展到 1:1.20，国家机关公务员的工资收入是企业职工的 1.2 倍左右，波动区间较小（始终保持在 1.14 倍至 1.20 倍之间）；而同期，养老保险之比从 1:1.71 发展到 1:1.77，国家机关公务员的养老保险收入是企业职工的 1.7 倍左右，变化也不大（波动区间在 1.58 倍至 1.80 倍之间）。但是问题的关键在于，再分配不但没有缩小反而扩大了两部门职工之间的收入差距，出现了式（7.2）的情况。

从图 7-4 可以更清晰地看到中国企业职工与国家机关公务员工资和养老保险 2002—2007 年间的变化趋势。作为初次分配主要手段的工资存在一定的差距，可以理解为不同职业在社会经济发展中各司其职，劳动价值略有差别；但作为再分配主要手段的养老保险，明显可以看出企业职工与国家机关公务员的养老保险差距大于二者的工资差距，再分配是怎样更加注重公平的呢？虽然二者养老保险的差距在 2005 年有一定程度的下降（从 1.71 倍缩小到 1.58 倍），但从 2006 年到 2007 年，企业职工与国家机关公务员养老保险的差距进一步扩大了，重新上升到 1.77 倍（而且大于同期工资差距的增大幅度)。

表7-4　　中国企业职工与公务员工资比和养老保险比　　单位：元/月

| 年份 | 在岗职工工资比较 | | | 养老保险比较 | | |
|---|---|---|---|---|---|---|
| | 企业职工工资 | 公务员工资 | 企业职工：公务员 | 企业职工养老保险 | 公务员养老保险 | 企业职工：公务员 |
| 2002 | 989 | 1167 | 1:1.18 | 599 | 1022 | 1:1.71 |
| 2003 | 1132 | 1311 | 1:1.16 | 621 | 1069 | 1:1.72 |
| 2004 | 1297 | 1489 | 1:1.15 | 647 | 1162 | 1:1.80 |
| 2005 | 1488 | 1736 | 1:1.17 | 700 | 1196 | 1:1.71 |
| 2006 | 1713 | 1947 | 1:1.14 | 818 | 1294 | 1:1.58 |
| 2007 | 2004 | 2397 | 1:1.20 | 925 | 1639 | 1:1.77 |

资料来源：《中国劳动和社会保障年鉴》(2008)。转引自潘锦棠《机关事业单位职工与企业职工养老保险待遇既不平等也不公平》，http://slhr.ruc.edu.cn/single/renwen/display.asp?id=1141。

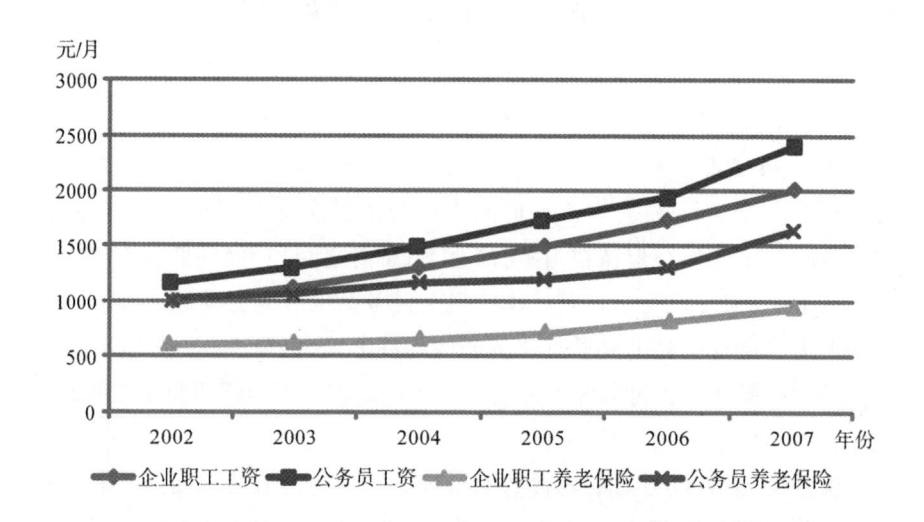

图7-4　中国企业职工与公务员工资和养老保险变化趋势（2002—2007年）

2. 中国企业职工与机关事业单位工作人员比较

单纯地看中国企业职工养老保险与公务员养老保险的差距并不容乐观，那么与国家机关公务员归为一类的事业单位情况如何呢？改革开放后，中国企业职工养老保险制度逐步独立出来，而机关事业单位养老保险制度变化较小。直到2008年，国务院决定配合事业单位的分类改革，在山西、上海、浙江、广东、重庆五省（市）先行试点，改革事业单位的养老保险制度。本部分在公务员的基础上加上事业单位，对比中国企业职工与机关事业单位的工资和养老保险。

基于《中国劳动统计年鉴》的数据，可以计算出中国企业职工和机关事业单位工作人员的情况（见表7-5）。由于统计指标不同，在工资部分采用全国社会平均工资、公共管理和社会组织（代替国家机关公务员）[①] 平均工资和教育行业（代替事业单位）平均工资。

表7-5　　　　中国部分行业平均工资（2003—2012年）　　　　单位：元/月

| 年份 | 全国 | 公共管理和社会组织 | 教育行业 | 全国:公共管理和社会组织 | 全国:教育行业 |
|---|---|---|---|---|---|
| 2003 | 1164.08 | 1279.58 | 1182.42 | 1:1.10 | 1:1.02 |
| 2004 | 1326.67 | 1447.67 | 1340.42 | 1:1.09 | 1:1.01 |
| 2005 | 1516.67 | 1686.17 | 1521.58 | 1:1.11 | 1:1.00 |
| 2006 | 1738.00 | 1878.83 | 1743.17 | 1:1.08 | 1:1.00 |
| 2007 | 2060.08 | 2310.92 | 2159.00 | 1:1.12 | 1:1.05 |
| 2008 | 2408.17 | 2691.33 | 2485.92 | 1:1.12 | 1:1.03 |
| 2009 | 2687.00 | 2943.83 | 2878.58 | 1:1.10 | 1:1.07 |
| 2010 | 3044.92 | 3186.83 | 3247.33 | 1:1.05 | 1:1.07 |
| 2011 | 3483.25 | 3505.17 | 3599.50 | 1:1.01 | 1:1.03 |
| 2012 | 3897.42 | 3839.50 | 3977.83 | 1:0.99 | 1:1.02 |

资料来源：根据2004—2013年《中国统计年鉴》《中国劳动统计年鉴》整理计算。
注：由于统计术语变化，2003—2008年的"平均工资"即为原来的"平均劳动报酬"。

从2003年至2012年间，全国社会平均工资、公共管理和社会组织平均工资和教育行业平均工资增幅趋同且步调基本一致：分别从1164.08元/月上涨到3897.42元/月，从1279.58元/月上涨到3839.50元/月，从1182.42元/月上涨到3977.83元/月。所以，从10年间的数据来看，公共管理和社会组织、教育行业始终只是略微超过全国平均水平，基本保持在

---

[①] 国家统计局对公共管理和社会组织的解释是，包括中国共产党机关、国家机构、人民政协和民主党派、群众团体、社会团体和宗教组织、基层群众自治组织。

1.10倍以内,甚至在2012年公共管理和社会组织略低于全国平均水平。

表7-6则反映了中国1999—2010年企业及其他城镇职工和机关、事业单位城镇职工基本养老保险的情况。十多年间,企业及其他城镇职工离退休人员从2863.7万人增长到5811.6万人,增长了1.03倍,基金支出也从1863.1亿元上涨到9409.9亿元,增长了4.05倍;同期,机关、事业单位城镇职工从119.9万人增长到493.3万人,增长了3.11倍,基金支出则从61.8亿元上涨到1145.0亿元,增长达到17.53倍。

表7-6　　企业职工和机关事业单位城镇职工基本养老保险(1999—2010年)

| 年份 | 企业及其他城镇职工 | | 机关、事业单位城镇职工 | |
| --- | --- | --- | --- | --- |
| | 离退休人员/万人 | 基金支出/亿元 | 离退休人员/万人 | 基金支出/亿元 |
| 1999 | 2863.7 | 1863.1 | 119.9 | 61.8 |
| 2000 | 3016.5 | 1970.0 | 153.4 | 145.4 |
| 2001 | 3171.3 | 2116.5 | 209.3 | 204.4 |
| 2002 | 3349.2 | 2502.8 | 258.6 | 340.1 |
| 2003 | 3556.9 | 2716.2 | 303.3 | 405.9 |
| 2004 | 3775.0 | 3031.2 | 327.6 | 470.9 |
| 2005 | 4005.2 | 3495.3 | 362.3 | 545.0 |
| 2006 | 4238.6 | 4287.3 | 396.8 | 609.4 |
| 2007 | 4544.0 | 5153.6 | 409.7 | 811.3 |
| 2008 | 4868.0 | 6507.6 | 435.6 | 882.0 |
| 2009 | 5348.0 | 7886.6 | 459.0 | 1007.8 |
| 2010 | 5811.6 | 9409.9 | 493.3 | 1145.0 |

资料来源:《中国劳动统计年鉴》(2011)。

根据表7-6的数据,运用"基金支出/离退休人员"公式可以计算出企业及其他城镇职工和机关、事业单位城镇职工的平均养老保险。如表7-7所示,在数据所及的1999年,企业及其他城镇职工的平均养老保险(542.16元)高于机关、事业单位城镇职工的平均养老保险(429.18

元),后者只有前者的79%。但到了2000年,后者却变成前者的1.45倍,随后一路攀升,差距最大时是前者的1.79倍(2004年),此后虽然略有下降,但直到2010年都一直保持在前者的1.40倍以上,再次出现了式(7.2)的情况。

表7-7　　　　企业职工和机关事业单位城镇职工平均
　　　　　　　养老保险(1999—2010年)　　　　　单位:元/月

| 年份 | 企业及其他城镇职工 | 机关、事业单位城镇职工 | 企业及其他城镇职工:机关、事业单位城镇职工 |
| --- | --- | --- | --- |
| 1999 | 542.16 | 429.18 | 1:0.79 |
| 2000 | 544.24 | 790.11 | 1:1.45 |
| 2001 | 556.17 | 813.71 | 1:1.46 |
| 2002 | 622.73 | 1096.06 | 1:1.76 |
| 2003 | 636.37 | 1115.23 | 1:1.75 |
| 2004 | 669.14 | 1197.85 | 1:1.79 |
| 2005 | 727.24 | 1253.57 | 1:1.72 |
| 2006 | 842.91 | 1279.82 | 1:1.52 |
| 2007 | 945.13 | 1650.19 | 1:1.75 |
| 2008 | 1114.01 | 1687.33 | 1:1.52 |
| 2009 | 1228.90 | 1829.77 | 1:1.49 |
| 2010 | 1349.30 | 1934.05 | 1:1.43 |

资料来源:根据表7-6计算得出。

除了《中国劳动和社会保障年鉴》和《中国劳动统计年鉴》中普查的数据外,2013年的一组抽样调查数据也反映了同样的问题——中国养老保险的再分配效果不但没有得到改善,甚至进一步恶化——2013年中国社会科学院发布的《社会保障绿皮书》和《中国社会保障收入再分配状况调查》显示,在参加城镇职工养老保险的退休人员中,75.4%的老人的养老金仅有2000元甚至更低,最低的只有200元,仅有1个城镇职工的养老金高于4000元,仅占城镇企业退休职工的1.8%,类似地,参加城镇居民养老保险的3位老年人领取的养老金均低于2000元;而92.3%的机关事业单位退休老人领取的养老金高于4000元,并且没有一个低于 2000 元的。因此，25% 和 26% 的调查对象认为自己领取的养老金与其他阶层人员领取的养老金"不太公平"和"很不公平"。① 将参加"养老保险险种"和"养老金公平性评价"作交叉分析发现，企业退休职工普遍反映养老金分配不公平，占总数的 59.6%，而机关事业单位退休人员普遍认为相对公平，占总数的 53.9%。②

无论是单独比较中国企业职工与公务员，还是比较企业职工与机关事业单位工作人员，在初次分配后，工资的差距都不大，但在再分配之后，养老保险的差距都显著扩大。虽然企业职工的养老保险持续增长，但与公职人员的差距并没有出现明显的缩小趋势。中国养老保险"双轨制"违背了本书提出的衡量标准，实施效果与社会保障发挥再分配功能的应有之义是相抵触的，不仅没有起到应有的"稳定器"和"减震器"的作用，反而扩大了再分配之后的收入差距，扭曲了初次分配和再分配的功能，偏离了社会经济发展的正常轨道。

因此，自 2014 年 10 月起，中国对养老保险"双轨制"进行了全面改革，力图缩小不同职业群体之间的收入差距，发挥养老保险制度的积极作用。改革的主要内容如表 7-8 所示，机关事业单位养老保险从不缴费到参照企业职工的比例进行缴费，由较为单一的财政拨款变为单位和个人共同缴费、实行社会统筹与个人账户相结合；养老保险的构成也向着多层次多支柱发展，除了第一支柱的基本养老保险，还建立了第二支柱职业年金制度；养老金的计发由过去的根据工作年限适用不同的替代率变为依据缴费金额和年限，参考多种因素进行计算③；改革后还建立了更加科学的基本养老金正常调整机制，根据职工工资增长和物价变动等情况，统筹安排机关事业单位和企业退休人员的基本养老金调整。部分地区赋予企业退

---

① 从不同养老保险制度的参加者对养老保险的主观感受同样可以看出养老保险待遇的差异。《社会保障绿皮书》在对人们对社会养老保险制度的满意度和公平感调查中发现，在领取养老保险的人群中，只有 17% 的认为养老金完全能够满足生活需要，而 39.1% 直接回答不能满足。参加机关事业单位养老保险的人群中却有 53.8% 的认为完全能够满足需要，只有 3.8% 的认为不能满足需要。

② 《中国社会保障收入调查：养老金待遇差别系数达 0.86》，2013 年 2 月 25 日，人民网（http：//society.people.com.cn/n/2013/0225/c1008-20592477.html）。

③ 基本养老金由基础养老金和个人账户养老金组成。退休时的基础养老金月标准以当地上年度在岗职工月平均工资和本人指数化月平均缴费工资的平均值为基数，缴费每满 1 年发给 1%。个人账户养老金月标准为个人账户储存额除以计发月数，计发月数根据本人退休时城镇人口平均预期寿命、本人退休年龄、利息等因素确定。

休人员略高的上调比例以缩小二者之间的养老保险差距（更多改革成效将在后续章节进行详细讨论）。

表7-8　2015年中国机关事业单位养老保险改革的主要内容

| 改革项目 | 2015年改革前 | 2015年改革后 | 改革结果 |
| --- | --- | --- | --- |
| 养老保险缴费 | 不缴费 | 单位20%，个人8% | 参考了企业职工养老保险的缴费标准。实行社会统筹与个人账户相结合的基本养老保险制度 |
| 养老保险构成 | 单一的养老保险 | 基本养老保险+职业年金 | 参照企业年金，建立了职业年金 |
| 养老保险计发办法 | 按"最终工资"的一定比例分档计发退休费 | 按照本人历年缴费多少、缴费期长短来计算养老金标准 | 参考了企业职工养老保险的计发办法。基本养老金由基础养老金和个人账户养老金组成 |
| 养老保险待遇调整 | 与同职级在职职工增长工资直接挂钩 | 根据职工工资增长和物价变动等情况，统筹安排机关事业单位和企业退休人员的基本养老金调整 | 建立了基本养老金正常调整机制。兼顾各类人员的养老保险待遇正常调整机制，分享经济社会发展成果，保障退休人员基本生活 |

资料来源：整理自《关于安置老弱病残干部的暂行办法》和《国务院关于机关事业单位工作人员养老保险制度改革的决定》。

（二）韩国私人部门与公共部门比较

韩国的养老保险制度属于典型的"双轨制"，私人部门和公共部门各自独立。Song（2010）将其具体分为国民养老保险制度（National Pension System，NPS）、政府雇员养老保险制度（Government Employees Pension System，GEPS）、军人养老保险制度（Military Pension System，MPS）、私立学校教师养老保险制度（Private School Teachers Pension System，PSTPS），如图7-5所示。

第二次世界大战后，韩国虽然在经济上得到较快发展，但一些社会问题并未得到妥善解决，其养老保险"双轨制"出现的问题也与中国类似，甚至更为严峻。2009年，韩国已经对其公职人员养老保险进行了改革，包括改变缴费基数、提高缴费标准、降低保险待遇等。然而，人民网首尔

```
私人部门 → 国民养老保        公共部门
              险制度          ├── 政府雇员养老保险制度（GEPS）
              (NPS)           ├── 军人养老保险制度（MPS）
                              └── 私立学校教师养老保险制度（PSTPS）
```

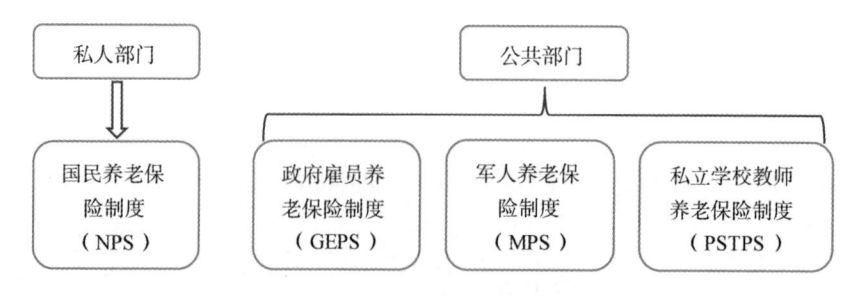

图 7-5 韩国养老保险制度结构

2014年1月9日报道，韩国公务员的正常养老保险仍然比一般国民高出2.61倍（韩国公务员正常平均每月可领取219万韩元的退休金，而一般国民则只能领取84万韩元）。

2.61倍的养老保险差距是如何产生的呢？与工资对比，差距是缩小了吗？以GEPS的改革为例，可以了解到韩国养老保险"双轨制"的问题虽然得到了一定程度的缓解，却仍然不容乐观。

从韩国整体养老保险基金来看（见表7-9），2009年改革之后，GEPS的基金收入将会持续增加，基金支出将会更大幅度地减少，赤字情况也会得到缓解。预计到2070年，改革后的基金收入（373619亿韩元）将会比改革前（295137亿韩元）增加78482亿韩元，基金支出将会减少319970亿韩元，赤字也会从952341亿韩元降低到553389亿韩元。

表 7-9　　　　2009年改革前后GEPS基金情况预测　　　　单位：亿韩元

| 年份 | 基金收入 | | | 基金支出 | | | 赤字 | | |
| --- | --- | --- | --- | --- | --- | --- | --- | --- | --- |
| | 改革前 | 改革后 | 变化 | 改革前 | 改革后 | 变化 | 改革前 | 改革后 | 变化 |
| 2011 | 53501 | 64277 | 10776 | 78587 | 76030 | -2550 | 25086 | 11753 | -13333 |
| 2015 | 61550 | 77747 | 16197 | 116824 | 113809 | -3015 | 55274 | 36062 | -19212 |
| 2020 | 74114 | 93734 | 19620 | 173795 | 170185 | -3610 | 99681 | 76451 | -23230 |
| 2030 | 101859 | 128882 | 27023 | 335962 | 315265 | -20697 | 234103 | 186383 | -47720 |
| 2040 | 140830 | 178226 | 37396 | 530286 | 456536 | -73750 | 389456 | 278310 | -111146 |
| 2050 | 184476 | 233489 | 49013 | 730670 | 533255 | -197415 | 546194 | 299766 | -246428 |
| 2060 | 229927 | 291039 | 61112 | 986249 | 706884 | -279365 | 756322 | 415845 | -340477 |
| 2070 | 295137 | 373619 | 78482 | 1247478 | 927508 | -319970 | 952341 | 553889 | -398452 |

资料来源：Jae-Kyeong & Hyung-Pyo (2011)。

从个体养老保险收入来看（见表7-10），以工作30年后领取养老保险为例，若是1990年参加工作，缴费从改革前的14719.0万韩元增长到16034.1万韩元，增幅为8.9%，养老保险则从62835.4万韩元下降到59086.7万韩元，降幅为6.0%；但如果是2010年新参加工作的政府雇员，缴费从改革前的14388.8万韩元增长到18134.5万韩元，增幅达到26.03%，养老保险则从59200.6万韩元下降到42606.2万韩元，降幅达到28.03%。图7-6能够更清晰地反映这一变化趋势。

表7-10　　　　2009年改革前后GEPS个人缴费与收入比较　　单位：万韩元

| 参加工作时间 | 项目 | 改革前 | 改革后 | 变化率 |
| --- | --- | --- | --- | --- |
| 1990 | 缴费情况 | 14719.0 | 16034.1 | 8.9% |
| | 养老保险 | 62835.4 | 59086.7 | -6.0% |
| 2000 | 缴费情况 | 14405.3 | 17112.8 | 18.8% |
| | 养老保险 | 61925.2 | 57150.7 | -7.7% |
| 2009 | 缴费情况 | 14392.3 | 18066.7 | 25.53% |
| | 养老保险 | 55210.6 | 50785.8 | -8.01% |
| 2010 | 缴费情况 | 14388.8 | 18134.5 | 26.03% |
| | 养老保险 | 59200.6 | 42606.2 | -28.03% |

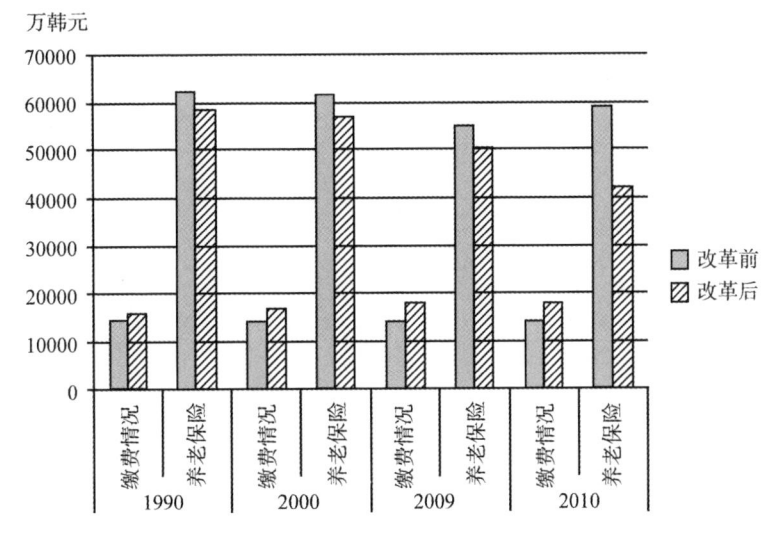

图7-6　2009年改革前后GEPS个人缴费与收入比较

资料来源：整理自Jae-Kyeong & Hyung-Pyo（2011）。

无论是从整体基金情况来看,还是从个体收入出发,韩国公职人员在2009年改革之后的养老保险收入都有了比较明显的下降。但是如本部分开头数据显示,和普通国民的差距是否仍然巨大呢?还是要通过工资的初次分配和养老保险的再分配情况来看。表7-11列出了2009年GEPS改革前后普通国民与公职人员工资收入和养老保险的差距变化。以2010年1月的价格为基数,私人部门的工资总额可达到145977.2万韩元,而公共部门为130211.7万韩元,在初次分配领域,公共部门略低于私人部门,为前者的89%。然而,在再分配领域,私人部门在退休后(工作满30年)可领取养老保险共计15669.7万韩元。对比公共部门,2009年改革之前,其养老保险高达59200.6万韩元,是私人部门的3.78倍之多;改革之后,降为42606.2万韩元,仍然是私人部门的2.72倍,仍然属于式(7.2)的典型代表。私人部门与公共部门养老保险差距巨大,虽然改革之后其差距有所缩小,却仍然难以撼动其根本。

表7-11 2009年改革前后韩国私人部门与公共部门工资和养老保险总额比较(30年工作年限)　　　单位:万韩元

|  | 2009年改革前 | | | 2009年改革后 | | |
| --- | --- | --- | --- | --- | --- | --- |
|  | 私人部门 | 公共部门 | 私人部门:公共部门 | 私人部门 | 公共部门 | 私人部门:公共部门 |
| 工资 | 145977.2 | 130211.7 | 1:0.89 | 145977.2 | 130211.7 | 1:0.89 |
| 养老保险 | 15669.7 | 59200.6 | 1:3.78 | 15669.7 | 42606.2 | 1:2.72 |

资料来源:整理自Jae-Kyeong& Hyung-Pyo(2011)。

韩国在2015年的改革之前,养老保险"双轨制"的问题与中国如出一辙,比中国更加严重——公共部门在初次分配后工资并没有高于私人部门,事实上还低于后者;然而在再分配的作用下,前者的养老保险竟然高于后者数倍之多(两种统计口径分别为2.61倍和2.72倍)。如此养老保险"双轨制"难免争议不断,引发了各种社会问题。再加上政府在公务员养老保险上的支出不断增长,财政压力增大,全面改革在所难免。韩国《首尔新闻》2014年1月13日报道指出,韩国政府决定对公务员养老保险制度进行新一轮的全面改革。

韩国《公务员年金制度改革案》于2014年10月提交国会，2015年5月由国会全体会议审议通过。此次改革主要是对公务员养老保险的缴费率、领取年龄、支付率和内部差距四个方面进行了调整。从表7-12中可以看出，韩国公务员的养老保险缴费率（5年内从7%上调至9%）和领取年龄（从60岁延迟至65岁）都有提高，而养老保险支付率（20年内从1.9%降低到1.7%）和内部养老保险收入差距（公务员级别越高，养老保险降幅越大，5级公务员、7级公务员和9级公务员平均降幅为7%—17%、5%—13%和2%—9%）均有下降。根据此次改革方案，韩国财政能够在2016年至2086年间节约333万亿韩元。①

从韩国2015年的公务员养老保险改革看，提高公务员养老保险缴费率、延迟养老保险的领取年龄和降低养老保险支付率都有利于缩小与其他群体间的养老保险收入差距，也能增强制度的可持续性。缩小不同级别公务员之间的内部养老保险收入差距也是此次改革的一个亮点，兼顾了公务员养老保险的内外差距和平衡。

表7-12　2015年韩国《公务员年金制度改革案》的主要内容

| 改革项目 | 2015年改革前 | | 2015年改革后 | | 改革结果 |
| --- | --- | --- | --- | --- | --- |
| | 比率 | 金额 | 比率 | 金额 | |
| 养老保险缴费 | 7% | 21万韩元/月 | 9% | 27万韩元/月 | 养老保险缴费率上调2%，养老保险月缴费增加28.6% |
| 养老保险领取年龄 | 60岁 | 171万韩元/月 | 65岁 | 153万韩元/月 | 养老保险领取年龄提高5岁，养老保险月收入下降10.5% |
| 养老保险支付 | 1.9% | | 1.7% | | 养老保险支付率下降0.2% |

---

① 《韩国通过公务员养老金改革案》，2021年8月31日，http://www.mohrss.gov.cn/shbxjjds/SHBXJDSguojizixun/201506/t20150626_212445.html。

续表

| 改革项目 | | 2015 年改革前 | | 2015 年改革后 | | 改革结果 |
| --- | --- | --- | --- | --- | --- | --- |
| | | 比率 | 金额 | 比率 | 金额 | |
| 养老保险内部差距 | 5级公务员 | | 205 万韩元/月 | | 177 万韩元/月 | 公务员级别越高，养老保险的降幅越大。本示例中，5级公务员、7级公务员和9级公务员分别下降 13.7%、9.3% 和 2.2% |
| | 7级公务员 | | 173 万韩元/月 | | 157 万韩元/月 | |
| | 9级公务员 | | 137 万韩元/月 | | 134 万韩元/月 | |

注：表中计算结果的前提为假设某公务员 2016 年开始工作，工资 300 万韩元/月，工作年限 30 年。

资料来源：中华人民共和国人力资源和社会保障部基金监督司。

## 二 养老保险"双轨制"运行良好——美国和芬兰

（一）美国联邦政府雇员与普通国民比较

美国公职人员养老保险制度安排众多，以美国联邦政府雇员养老保险制度为例，FERS 与 OASDI 各司其职，虽然制度设计有所差异，但是却共同维护了再分配的应有之义。

表 7-13 说明从 2000 年到 2009 年，普通国民与联邦政府雇员的工资之比从 1:1.30 扩大到 1:1.41（2005 年），又逐步回落至 1:1.23。10 年间，普通国民的平均工资从 3230 美元上涨到 4301 美元，联邦政府雇员的平均工资则从 4202 美元上涨到 5307 美元，虽然增长绝对值有所差异，但增长幅度趋同，联邦政府雇员的工资收入保持在普通国民的 1.2 倍至 1.4 倍。相比较，波动区间略微大于中国国家机关公务员与企业职工。

2006—2011 年间，OASDI 和 FERS 的养老保险之比从 1:1.09 发展到 1:1.13，其中 OASDI 从 1044 美元上涨到 1229 美元，FERS 则从 1137 美元上涨到 1383 美元。6 年间，联邦政府雇员的养老保险收入是普通国民的 1.1 倍左右，波动区间非常小。更重要的是，从美国的情况可以很明显地看出，通过养老保险的再分配，它缩小了联邦政府雇员与普通国民之间的收入差距，符合式（7.1）的要求。

表7-13　　美国普通国民与联邦政府雇员工资比和养老保险比　单位：美元/月

| 年份 | 工资比较 | | | 养老保险比较 | | |
|---|---|---|---|---|---|---|
| | 国内平均工资（domestic industries） | 联邦政府雇员平均工资 | 国内平均：联邦政府雇员 | 老年、遗属和残疾养老保险（OASDI） | 联邦政府雇员养老保险（FERS） | OASDI：FERS |
| 2000 | 3230 | 4202 | 1:1.30 | | | |
| 2001 | 3295 | 4409 | 1:1.34 | | | |
| 2002 | 3355 | 4643 | 1:1.38 | | | |
| 2003 | 3456 | 4790 | 1:1.39 | | | |
| 2004 | 3611 | 5043 | 1:1.40 | | | |
| 2005 | 3734 | 5255 | 1:1.41 | 1002 | | |
| 2006 | 3899 | 5438 | 1:1.40 | 1044 | 1137 | 1:1.09 |
| 2007 | 4070 | 5485 | 1:1.35 | 1079 | 1193 | 1:1.11 |
| 2008 | 4255 | 5755 | 1:1.35 | 1153 | 1217 | 1:1.06 |
| 2009 | 4301 | 5307 | 1:1.23 | 1164 | 1242 | 1:1.07 |
| 2010 | | | | 1176 | 1232 | 1:1.05 |
| 2011 | | | | 1229 | 1383 | 1:1.13 |

资料来源：根据美国人事管理局公布的联邦政府雇员工资结构（2002—2012年）、联邦政府雇员退休金统计摘要（2006—2011年）、美国统计摘要（2002—2012年）、社会保险年度补充通报（2007—2012年）整理计算。

图7-7可以更直观地看出美国普通国民与联邦政府雇员工资和养老保险趋势。从2000年到2009年，普通国民与联邦政府雇员工资的差距在最初略有增大，但经过2008年的经济危机，2009年联邦政府雇员的工资进行了明显的下调，在普通国民平均工资保持增长的同时，联邦政府雇员的工资回调到了三年前的水平。[1] 值得指出的是，代表平均水平的OASDI和FERS的差距非常小，只有10%左右（联邦政府雇员略高）。从2006年至2011年的数据来看，这个差距保持得十分稳定。

---

[1] 美国总统奥巴马于2010年11月29日宣布，因为经济不景气，联邦政府赤字不断攀升，联邦政府的190万文职雇员中的绝大多数人工资冻结两年。

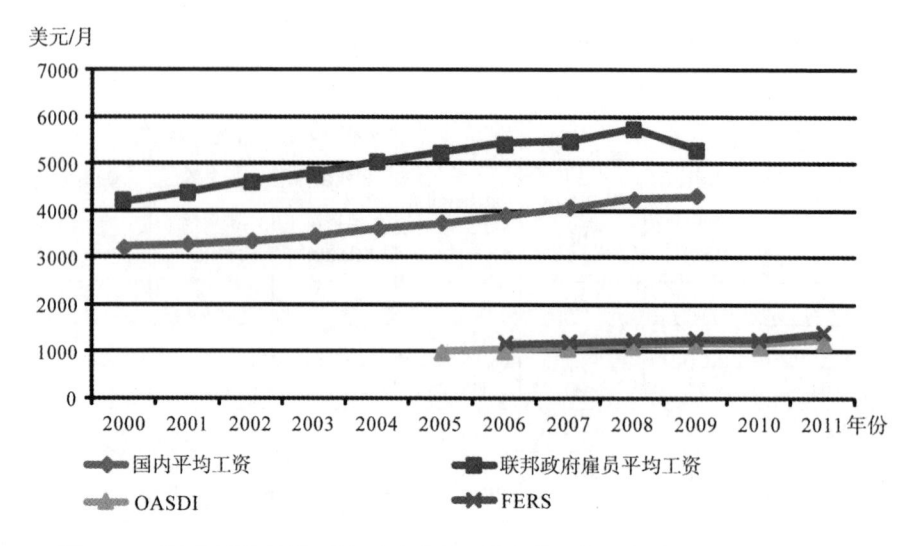

**116** 公职人员养老保险制度：双轨之道与改革之路

**图 7-7　美国普通国民与联邦政府雇员工资和养老保险趋势（2000—2011 年）**

对比图 7-7 和图 7-4，从纵向比较，中国公务员与企业职工养老保险的差距大于工资收入的差距，即经过再分配以后，二者的收入差距不但没有缩小，反而扩大了——以 2006 年为例，从 1.14 倍扩大到了 1.58 倍；而美国的情况恰恰相反，经过养老保险的再分配调整，联邦政府雇员与普通国民的收入差距明显缩小——以 2006 年为例，从 1.40 倍缩小到 1.09 倍。从横向比较，在以工资为衡量标准的初次分配上，美国普通国民与联邦政府雇员的差距大于中国企业职工与公务员之间的差距，以 2007 年为例，美国的差距是 1415 美元（2009 年的最新数据为 1006 美元），而中国为 393 元，但是到了以养老保险为衡量标准的再分配上，美国普通国民与联邦政府雇员的差距小于中国企业职工与公务员之间的差距，从 1415 美元缩小至 114 美元（2011 年的最新数据也仅为 154 美元），而中国则从 393 元扩大至 714 元。更为重要的是，美国通过再分配之后，不同群体间的收入差距明显缩小。

由此可见，美国在初次分配上较为注重效率，符合美国一贯效率至上的作风。但在再分配上，更好地注重了公平，不论是相对于工资而言，还是单独看绝对值，普通国民和联邦政府雇员的养老保险差距都很小，较好地发挥了养老保险再分配的作用，符合本书提出的衡量标准。虽然退休前的职业存在差别，但全体国民仍然较为平等地共享了社会经济发展的成果。

## (二) 芬兰私人部门与公共部门比较

芬兰作为北欧福利国家的典型代表，全体国民不仅享有较高的各项福利待遇，而且公职人员与普通国民的各项差距都很小。虽然其养老保险也实行了"双轨制"，但是运行良好。如果和美国相比，芬兰在初次分配和再分配上都突出了平等。

表 7-14 反映了 2005 年至 2020 年芬兰分部门的平均工资情况。总体来看，全国平均工资略低，中央政府的平均工资较高，私人部门位于二者之间。从 2005 年至 2018 年的工资增长情况看，中央政府的工资增长最快，从 2678 欧元增至 3979 欧元，与私人部门和全国平均水平的差距略有增大，后两者分别从 2605 欧元上涨至 3553 欧元和从 2497 欧元上涨至 3465 欧元。但是相对于美国而言，在初次分配上，三者之间的差距非常小：中央政府的平均工资和私人部门相比，基本保持在 1.10 倍之内，和全国平均水平也处于 1.10 倍左右，差距较大的 2017 年和 2018 年，也只是达到了 1.15 倍。所以相对于大多数国家，芬兰属于少数在初次分配就非常注意平等的代表。

表 7-14　　　　芬兰分部门平均工资（2005—2020 年）　　　单位：欧元/月

| 年份 | 全国 | 私人部门 | 中央政府 | 私人部门：中央政府 | 全国平均：中央政府 |
| --- | --- | --- | --- | --- | --- |
| 2005 | 2497 | 2605 | 2678 | 1∶1.03 | 1∶1.07 |
| 2006 | 2570 | 2678 | 2763 | 1∶1.03 | 1∶1.08 |
| 2007 | 2653 | 2762 | 2853 | 1∶1.03 | 1∶1.08 |
| 2008 | 2814 | 2929 | 3067 | 1∶1.05 | 1∶1.09 |
| 2009 | 2954 | 3087 | 3231 | 1∶1.05 | 1∶1.09 |
| 2010 | 3032 | 3179 | 3357 | 1∶1.06 | 1∶1.11 |
| 2011 | 3111 | 3256 | 3502 | 1∶1.08 | 1∶1.13 |
| 2012 | 3184 | 3254 | 3578 | 1∶1.10 | 1∶1.12 |
| 2013 | — | — | — | — | — |
| 2014 | — | — | — | — | — |
| 2015 | — | — | — | — | — |
| 2016 | — | — | — | — | — |

续表

| 年份 | 全国 | 私人部门 | 中央政府 | 私人部门:中央政府 | 全国平均:中央政府 |
|---|---|---|---|---|---|
| 2017 | 3395 | 3478 | 3909 | 1:1.12 | 1:1.15 |
| 2018 | 3465 | 3553 | 3979 | 1:1.12 | 1:1.15 |
| 2019 | — | — | — | — | — |
| 2020 | — | — | 4064 | — | — |

资料来源：根据 2006—2020 年 Official Statistics of Finland（OSF）工资比较数据整理计算。

表 7-15 列出了 2007—2019 年芬兰分部门收入关联养老保险（earnings-related pensions）的情况。由于私人部门的受益人数远高于公共部门，所以养老保险支出也更多。2019 年，私人部门的养老保险支出达到 182.46 亿欧元，公共部门则为 106.12 亿欧元。

表 7-15　　芬兰分部门收入关联养老保险支出情况（2007—2019 年）　　单位：百万欧元

| 年份 | 私人部门 | 公共部门 |
|---|---|---|
| 2007 | 9912 | 6057 |
| 2008 | 10557 | 6451 |
| 2009 | 11640 | 6995 |
| 2010 | 12245 | 7281 |
| 2011 | 12895 | 7642 |
| 2012 | 13829 | 8160 |
| 2013 | 14715 | 8648 |
| 2014 | 15410 | 9030 |
| 2015 | 15944 | 9321 |
| 2016 | 16442 | 9593 |
| 2017 | 17086 | 9947 |
| 2018 | 17619 | 10246 |
| 2019 | 18246 | 10612 |

资料来源：Official Statistics of Finland（OSF）。

## 第七章 破除"双轨制"困境:从收入分配制度出发

从再分配的情况来看,各年龄段的统计数据显示,随着年龄的增大,公共部门的平均养老保险比私人部门更高一些(见表7-16)。2011年,在59岁以下的人群中,私人部门平均养老保险为2278欧元,公共部门为2328欧元,后者略高于前者,为前者的1.02倍;60—64岁的人群中,私人部门平均养老保险为1538欧元,公共部门为1652欧元,虽然都有较大比例的下降,但二者的差距稍微扩大至1.07倍;65—69岁的人群中,这个差距变为1.12倍(私人部门为1431欧元,公共部门为1595欧元)。从工资和养老保险的情况来看,芬兰公职人员和普通国民基本无差别,属于式(7.1)中较为特殊的情况。如式(7.3)所示,在初次分配和再分配的过程中,始终保持了全体国民一致的原则。

$$\frac{P_P}{P_S} \approx \frac{W_P}{W_S} \qquad (7.3)$$

表7-16 私人部门和公共部门分年龄段的平均养老保险(2011年)  单位:欧元/月

| 年龄 | 私人部门 | | 公共部门 | | 私人部门:公共部门 |
|---|---|---|---|---|---|
| | 受益人数(number of pension recipients) | 平均养老保险(average earnings-related pension) | 受益人数(number of pension recipients) | 平均养老保险(average earnings-related pension) | |
| 59岁以下 | 202 | 2278 | 4048 | 2328 | 1:1.02 |
| 60—64岁 | 88060 | 1538 | 63465 | 1652 | 1:1.07 |
| 65—69岁 | 252898 | 1431 | 150053 | 1595 | 1:1.12 |

资料来源:根据Official Statistics of Finland(OSF)2013年公布的数据整理计算。

芬兰的养老保险"双轨制"较为特殊:一是虽然公职人员和普通国民被不同的制度覆盖,但其制度设计和制度安排非常接近,所以二者的养老保险差异并不大;二是北欧福利国家税收较高,在初次分配上的调节也较为严格,所以公职人员和普通国民工资的差距本身就很小,经过再分配,二者的养老保险也保持了非常微小的差距,几乎达到了绝对的平等。

## 第四节 思考与讨论

将养老保险"双轨制"融入整个收入分配制度中,可以更容易看到本质问题。中国、韩国、美国和芬兰四国都采取了养老保险"双轨制",公职人员和普通国民被不同的制度所覆盖,但是"双轨制"的实施效果却是截然不同的(见表7-17和图7-8):中国和韩国的公职人员和普通国民在初次分配上的工资差距并不大(在韩国,甚至公职人员略低一些),养老保险"双轨制"却使二者的收入差距在再分配后扩大了(公职人员遥遥领先),所以在2015年前后,中、韩两国分别对本国公职人员养老保险制度进行了改革调整;美国的公职人员和普通国民在初次分配后存在一定的差距(联邦政府雇员更高),虽然养老保险实行了"双轨制",但再分配之后二者的差距却显著缩小;芬兰的情况更为特殊一些,初次分配和再分配之后,公职人员和普通国民工资与养老保险的差距都很小。

表7-17 中、韩、美、芬公职人员和普通国民工资与养老保险差距

|  | 中国 | 韩国 | 美国 | 芬兰 |
| --- | --- | --- | --- | --- |
| 工资差距 | 1.1 | 0.9 | 1.3 | 1.1 |
| 养老保险差距 | 1.5 | 2.7 | 1.1 | 1.1 |

资料来源:根据本章数据计算整理。

事实上,养老保险"双轨制"之间也有区别。以美国和中国为例,美国的联邦政府雇员与普通国民拥有不同的养老金计划,但是基本养老保险——OASDI却是统一的制度,不论退休前职业是什么,收入有多少,身份有怎样的差距,都被同一个制度所覆盖,并且在合并养老金计算的条款中,还有对高收入群体的具体数额削减规定。中国的"双轨制"却是完全割裂的制度,甚至连相互影响、相互牵制的规定都不存在,所以养老保险的再分配效果也就难以保证。

在比较四国的情况后,恐怕就不能再将所有争议都归结到养老保险"双轨制"上,造成再分配效果截然不同的关键因素在于一个完善的制度设计,与是否"双轨制"并没有必然联系。世界上近半数的国家采取了

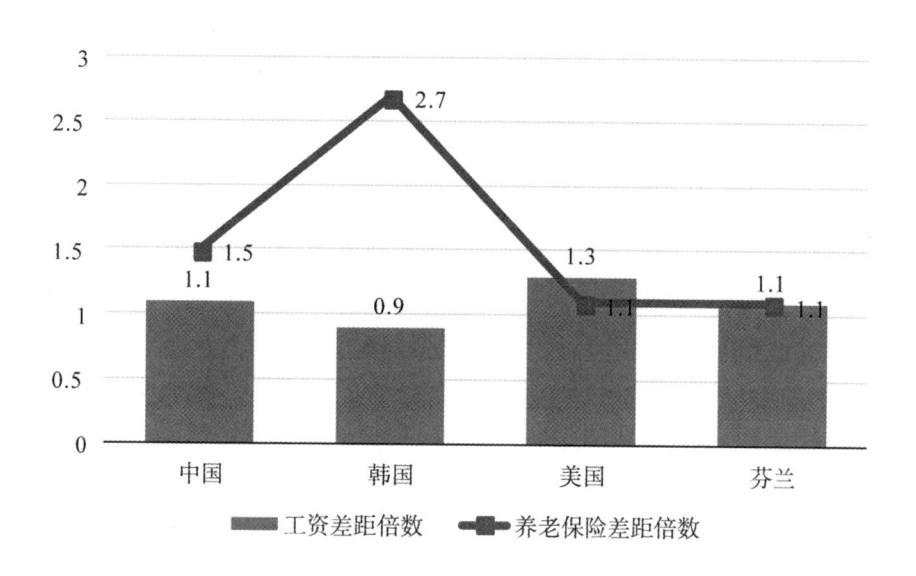

**图 7-8 中、韩、美、芬四国公职人员和普通国民工资与养老保险差距**

养老保险"双轨制",从上述四个国家截然不同的制度分配结果来看,养老保险"双轨制"本身并没有错,但如果在制度方案设计和实施过程中出现偏差,则会导致公职人员和普通国民差距的扩大。

那么,如何能够优化和完善养老保险"双轨制"制度设计?如何能够在制度安排上做出正确合理的选择?如何能保证取得理想的制度效果?从美国的情况中可以更好地梳理它们的关系。美国 FERS 之所以能够取得较好的再分配效果,是因为制度安排上的保障:首先,在工资制度中,通过工资比较、工资调整和工资封顶等办法平衡公职人员和普通国民,使二者在初次分配后差距不会过大,便于再分配的调整;其次,在养老保险制度中,通过削减高收入群体的养老保险、控制最高额度、降低高收入者的养老保险替代率等具体办法,有效地缩小了公职人员和普通民众的收入差距。这又源于其工资和养老保险(OASDI 与 FERS)的制度设计。归根结底,是受到制度理念的影响——作为社会经济发展的"稳定器"和"减震器",作为调节收入差距的有效手段,社会保障(养老保险)应该通过再分配缩小各个群体间的收入差距,而不是扩大收入差距。

也就是说,只有"制度理念—制度设计—制度安排—制度效果"这个链条进入良性运行的轨道,才能保证养老保险制度发挥其应有功能和作用①,取得较好的再分配效果。

需要指出的是,虽然他山之石可以攻玉,但仍以美国为例,从 1935 年的《社会保障法》(Social Security Act)开始计算,这样成熟的制度也是经过了数十年的发展变迁和历史检验,并处在不断的完善中。而且,各国国情(比如中国两千多年封建等级观念的影响)不同,所以不能照搬他国制度的变迁路径和改革方法,也不可能一蹴而就。后续章节将会进一步讨论养老保险"双轨制"的改革问题。

综上所述,根据本章数据分析和制度评价,可以得出以下结论:

第一,养老保险"双轨制"并非群体间收入差距扩大的根本原因,保证再分配效果需要完善的制度设计和正确的制度理念。

第二,工资和养老保险的差距是检验公职人员养老保险制度是否合理、是否公平的有效手段。

第三,在技术手段上,有效控制工资差距是养老保险差距不至于过大的重要保证,公职人员养老保险制度改革应与其工资制度联系起来。

第四,从美国的情况看,让公职人员加入统一的国家基本养老保险并为其建立职业年金制度是一种可行的办法。

第五,公职人员养老保险制度的改革可以选取不同的道路,采取不同的办法,如何改革取决于一国的具体国情。

---

① 党的十八大报告指出:"加大再分配调节力度,着力解决收入分配差距较大问题,使发展成果更多更公平惠及全体人民,朝共同富裕方向稳步前进。"党的十九大报告指出:"履行好政府再分配调节职能,加快推进基本公共服务均等化,缩小收入分配差距。"发挥养老保险的再分配功能,是缩小贫富差距、实现共同富裕之要义。

# 第八章　深入养老保险"双轨制"：性别差异的影响

上一章将养老保险"双轨制"放入收入分配体系中，分析了公职人员与普通国民工资和养老保险的差异，了解了再分配后收入差距是否缩小。如果继续深入，男性和女性之间是否存在性别差异呢？男性公职人员和男性企业员工、女性公职人员和女性企业员工之间的差距又是如何呢？广为关注的退休年龄问题在养老保险"双轨制"中又有哪些方面的表现呢？

## 第一节　"双轨制"、收入分配与性别差异
### ——以芬兰为例

男性和女性的生理结构不同，在劳动力市场的分布情况也有差别，两性工资差异由来已久且广泛存在于世界各国，只是差别大小不尽相同。表8-1反映了部分发达国家两性工资差异以及变化情况，其中OECD平均包括28个成员国的平均情况。从OECD国家平均水平来看，2018年女性的工资平均比男性低11.1%，从2008年到2018年，各国两性工资差异整体呈现出收窄的趋势（匈牙利除外，略有上升）。2018年，从两性工资差距来看，第一阶梯的匈牙利、新西兰、挪威、比利时和瑞典的两性工资差距较小，均在10%以内，低于OECD的平均水平，最低的比利时仅为3.4%；第二阶梯的美国、英国和德国的两性工资差距略高于OECD平均值，但都保持在20%以内；第三类的代表国家是日本和韩国，两性工资差距较大，分别达到23.5%和34.1%。

表8-1　　　　　部分国家男性和女性中位数工资差异　　　　　单位:%

| 国家 | 2008 | 2018 |
| --- | --- | --- |
| 匈牙利 | 2.2 | 5.1 |
| 新西兰 | 8.1 | 7.9 |
| 挪威 | 8.8 | 5.1 |
| 比利时 | 8.9 | 3.4 |
| 瑞典 | 10.6 | 7.1 |
| OECD平均 | 12.6 | 11.1 |
| 美国 | 20.1 | 18.9 |
| 英国 | 21.9 | 16.3 |
| 德国 | 16.7 | 15.3 |
| 日本 | 30.7 | 23.5 |
| 韩国 | 39.0 | 34.1 |

资料来源：OECD employment database。

从两性工资差距来看，是各国普遍存在的情况，那么按性别划分，公职人员和普通国民是否存在差异呢？养老保险有没有发挥再分配的作用，缩小差距呢？本部分以芬兰为例，观察是两性工资差距导致养老保险差距[①]，还是养老保险"双轨制"本身出现了问题。

## 一　两性的工资差异

上一章提到，芬兰作为北欧的福利国家，在初次分配和再分配上都强调平等，所以总体来看，行业之间、性别之间的收入差距都较小。表8-2反映了2018年芬兰分部门、分性别平均工资。从两性平均工资水平来看，中央政府以3979欧元的月收入位列第一，私人部门紧随其后，达到3553欧元，地方政府则处于第三位，为3139欧元。

表8-2　　　　　芬兰分部门、分性别平均工资（2018年）

| | 人数/人 | 男女合计/（欧元/月） | 男性/（欧元/月） | 女性/（欧元/月） | 男性:女性 |
| --- | --- | --- | --- | --- | --- |
| 中央政府 | 67741 | 3979 | 4249 | 3684 | 1.15:1 |

---

[①] 许多国家的性别工资差距会延续到养老保险上，如拉美国家养老保险的性别差距可参见郭磊（2018c）。

续表

|  | 人数/人 | 男女合计/（欧元/月） | 男性/（欧元/月） | 女性/（欧元/月） | 男性:女性 |
| --- | --- | --- | --- | --- | --- |
| 地方政府 | 362790 | 3139 | 3582 | 3022 | 1.19:1 |
| 私人部门 | 959310 | 3553 | 3782 | 3209 | 1.18:1 |
| 合计 | 1389841 | 3465 | 3784 | 3155 | 1.20:1 |

资料来源：Statistics Finland (2018)，Structure of Earnings。

分部门、分性别来看，中央政府的男性公务员达到4249欧元/月，私人部门的男性员工为3782欧元/月，地方政府的男性公务员为3582欧元/月；中央政府的女性公务员达到3684欧元/月，私人部门的女性员工为3209欧元/月，地方政府的女性公务员为3022欧元/月。无论在哪个部门，男性的工资都高于女性，在中央政府、地方政府和私人部门，男性和女性的工资比分别为1.15:1、1.19:1、1.18:1，三者相差无几，中央政府甚至更低一些，也就是说，中央政府男性和女性的工资更为平等一些。

从图8-1可以更清晰地看到，在芬兰的公共部门和私人部门，男性的工资都高于女性，只不过相对于其他国家，男女工资差距较小，基本保持在20%以内。

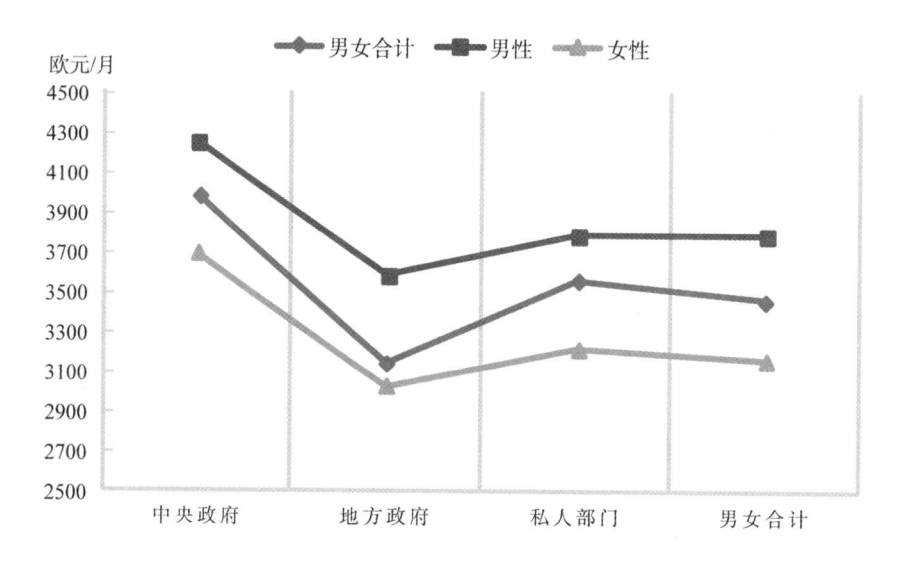

**图8-1 2018年芬兰分部门、分性别平均工资**

那么，男性之间、女性之间的工资差距又如何呢？表8-3和表8-4分别反映了2018年芬兰公共部门和私人部门分性别的平均工资差距。表8-3是男性的情况，在中央政府工作的男性平均工资分别是地方政府和私人部门的1.19倍和1.12倍，在地方政府工作的男性略低于私人部门的男性员工；同样的情况出现在女性群体中，表8-4中，在中央政府工作的女性平均工资分别是地方政府和私人部门的1.22倍和1.15倍，分部门女性之间的工资差距略微大于男性之间。

表8-3　　　　　2018年芬兰公共部门和私人部门平均工资差距（男性）　　　　单位：欧元/月

| | 中央政府 | 地方政府 | 私人部门 | 中央政府：地方政府 | 中央政府：私人部门 | 地方政府：私人部门 |
|---|---|---|---|---|---|---|
| 平均工资 | 4249 | 3582 | 3782 | 1.19:1 | 1.12:1 | 0.95:1 |

资料来源：根据表8-2和作者计算。

表8-4　　　　　2018年芬兰公共部门和私人部门平均工资差距（女性）　　　　单位：欧元/月

| | 中央政府 | 地方政府 | 私人部门 | 中央政府：地方政府 | 中央政府：私人部门 | 地方政府：私人部门 |
|---|---|---|---|---|---|---|
| 平均工资 | 3684 | 3022 | 3209 | 1.22:1 | 1.15:1 | 0.94:1 |

资料来源：根据表8-2和作者计算。

从芬兰初次分配的结果来看，部门内的性别差异表现为男性和女性的平均工资差距保持在1.2倍之内（中央政府1.15倍、地方政府1.19倍、私人部门1.18倍），男性略高。更深入的分析发现，男性公务员和男性职工、女性公务员和女性职工也存在一定的差异，但维持在1.2倍以内。所以从芬兰的情况来看，职业和性别对工资差异存在影响，但并不大。

## 二　两性的养老保险差异

（一）芬兰养老保险基本情况

在芬兰老年人的比重中，女性明显高于男性，因而领取养老保险的人数也是如此。随着全世界人口老龄化的深入，芬兰领取养老保险的人数也持续上涨。但从趋势上看,近年来男性的预期寿命持续提高,领取养老保险人数的增长速度稍快于女性。从表8-5和图8-2中可以看到,从2000年到2020年,男性人数从338421人增加到623839人,女性人数则从531251人增加到773316人,二者的差距也从期初的192830人缩小到期末的149477人。

表8-5　　芬兰2000—2020年分性别领取养老保险人数

| 年份 | 男性 | 女性 |
| --- | --- | --- |
| 2000 | 338421 | 531251 |
| 2001 | 344419 | 531179 |
| 2002 | 352489 | 537140 |
| 2003 | 360825 | 541106 |
| 2004 | 369159 | 548117 |
| 2005 | 381812 | 558225 |
| 2006 | 394864 | 569518 |
| 2007 | 402699 | 575579 |
| 2008 | 417207 | 588070 |
| 2009 | 439936 | 608443 |
| 2010 | 462881 | 630386 |
| 2011 | 484698 | 650244 |
| 2012 | 505669 | 668801 |
| 2013 | 524122 | 685523 |
| 2014 | 539540 | 698001 |
| 2015 | 557143 | 713265 |
| 2016 | 572546 | 727412 |
| 2017 | 593482 | 746509 |
| 2018 | 606600 | 758439 |
| 2019 | 616845 | 767540 |
| 2020 | 623839 | 773316 |

资料来源:Statistical yearbook of pensioners in Finland(2021)。

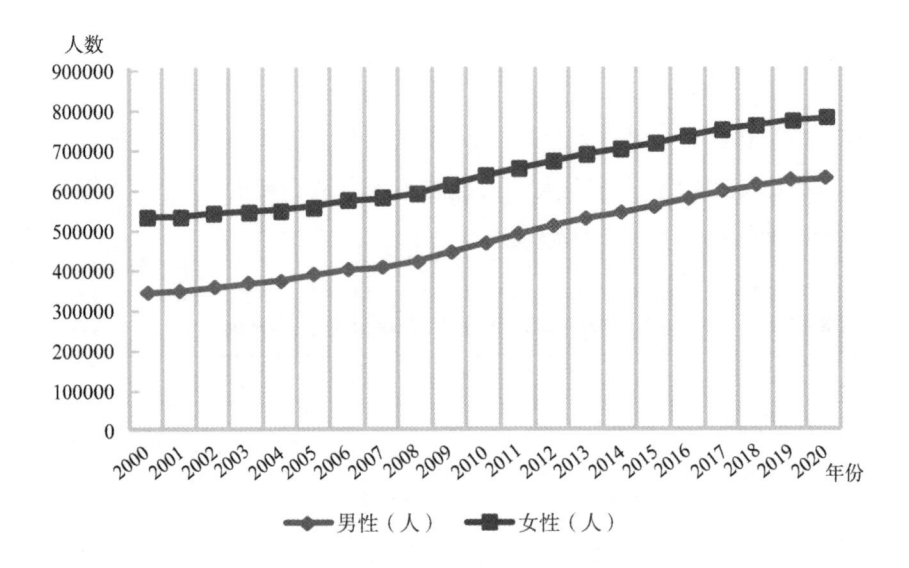

**图 8-2　芬兰 2000—2020 年分性别领取养老保险人数**

图 8-3 中可以更明显地看到芬兰全体国民的年龄结构情况和领取养老保险的人数分布。领取养老保险的人数最多集中于 60—64 岁、65—69 岁和 70—74 岁三个分组。从总人口数来看，80 岁以上的女性明显高于男性（85 岁以上的女性接近 10 万人，而男性尚不足 5 万人），这也是领取养老保险的女性明显多于男性的主要原因。

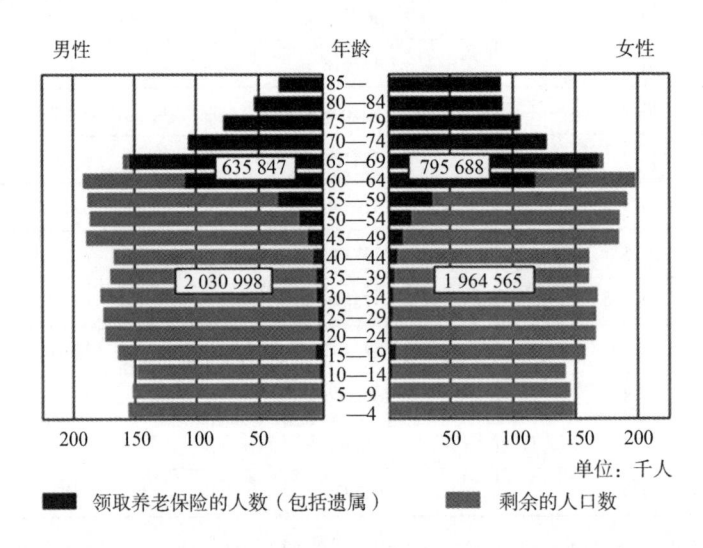

**图 8-3　芬兰全体国民年龄结构和领取养老保险人数分布（2012 年）**

类似的情况出现在领取保障养恤金的比例上,60 岁是明显的分水岭,60 岁以下的人口中,男性相对占优,而 60 岁以上的各年龄段中,女性的占比逐步上升(如图 8-4)。

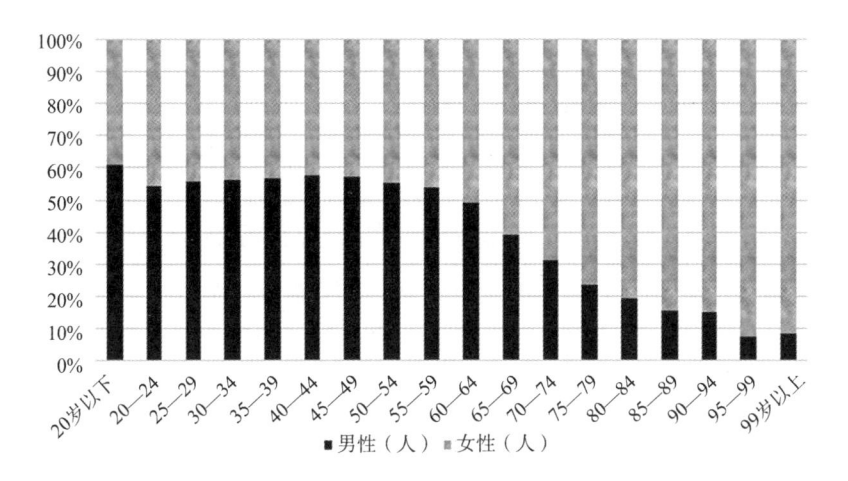

**图 8-4 芬兰分性别领取保障养恤金的比例(2020 年)**

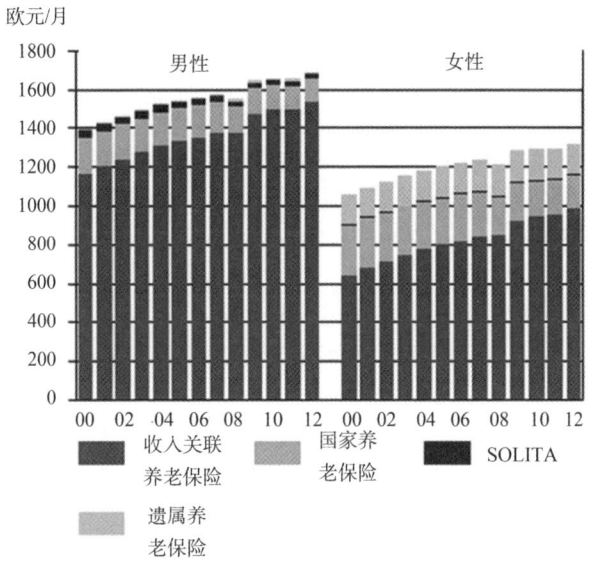

**图 8-5 芬兰分性别平均养老保险情况(2000—2012 年)**

资料来源:Finish Center for Pensions,http://www.etk.fi/en/service/average_pensions/1453/average_pensions#old.

注:SOLITA 指包括军人受伤保险(military injuries insurance)、机动车责任和工人赔偿(motor liability and workers' compensation)等。

图 8-5 反映了 2000—2012 年芬兰分性别的平均养老保险情况。图中包括收入关联养老保险、国家养老保险、SOLITA 和遗属养老保险。从总体的养老保险水平情况来看，男性高于女性；从变化趋势来看，男性和女性的增长幅度接近（2000—2012 年，男性从接近 1400 欧元上涨至略高于 1600 欧元，女性则从略高于 1000 欧元上涨至略高于 1300 欧元）。分项目从养老保险组成来看，收入关联养老保险在两性中都占据主体，国家养老保险其次，SOLITA 在两性中所占比例都很小，但男性略高于女性，而遗属养老保险则构成老年女性的第三个重要收入来源。

（二）性别间的工资差距是养老保险差距的重要影响因素

具体情况如何呢？从 2012 年到 2020 年的数据看（见表 8-6），2012 年时芬兰分性别的平均养老保险，男性为 1690 欧元，女性为 1321 欧元，前者为后者的 1.28 倍，略微高于初次分配后的 1.2 倍左右。此后数年间男性和女性平均养老保险保持大体相当的增速，女性略快，所以到 2020 年时，二者的差距逐步降至 1.26 倍。在性别差异上，经过养老保险的再分配，芬兰并没有明显缩小（也没有扩大）初次分配后工资收入的差距，而是基本持平。

表 8-6　　　芬兰分性别平均养老保险（2012—2020 年）　　单位：欧元/月

| 年份 | 两性合计 | 男性 | 女性 | 男性:女性 |
| --- | --- | --- | --- | --- |
| 2012 | 1486 | 1690 | 1321 | 1.28:1 |
| 2013 | 1549 | 1760 | 1376 | 1.28:1 |
| 2014 | 1588 | 1803 | 1412 | 1.28:1 |
| 2015 | 1613 | 1829 | 1434 | 1.28:1 |
| 2016 | 1632 | 1848 | 1453 | 1.27:1 |
| 2017 | 1656 | 1874 | 1476 | 1.27:1 |
| 2018 | 1680 | 1898 | 1499 | 1.27:1 |
| 2019 | 1716 | 1937 | 1533 | 1.26:1 |
| 2020 | 1762 | 1983 | 1579 | 1.26:1 |

资料来源：Statistics Finland（2021）。

## 第八章 深入养老保险"双轨制":性别差异的影响

芬兰两性养老保险水平的差异又出现在哪里呢?表8-7列出了2019年芬兰分性别养老保险水平的具体分布情况。总体来看,超过六成的芬兰国民领取的养老保险集中于800欧元/月至1999欧元/月之间的四个分组,其中1100—1399欧元/月比例最高,为19.3%。分性别来看,超过一半的男性(53.5%)和近七成的女性(68.9%)领取的养老保险位于800欧元至1999欧元之间,在最集中的1100—1399欧元/月,男性比例(15.2%)低于女性(22.7%)。在更高的区间①(2600欧元/月以上)则是男性远远(12.8%)多于女性(7.4%)。相比之下,在较低的养老保险区间,女性多于男性,比如在0—799欧元/月和800—1099欧元/月两个区间内,分别有11.4%和18.0%的女性,而只有9.6%和11.8%的男性。

表8-7 芬兰分性别养老保险水平分布情况(2019年)

| 分组/<br>(欧元/月) | 总人数/人 | 百分比/% | 男性人数/人 | 百分比/% | 女性人数/人 | 百分比/% |
| --- | --- | --- | --- | --- | --- | --- |
| 0—799 | 158348 | 10.6 | 64960 | 9.6 | 93388 | 11.4 |
| 800—1099 | 226797 | 15.2 | 79645 | 11.8 | 147152 | 18.0 |
| 1100—1399 | 289084 | 19.3 | 103146 | 15.2 | 185938 | 22.7 |
| 1400—1699 | 222787 | 14.9 | 91643 | 13.5 | 131144 | 16.0 |
| 1700—1999 | 187821 | 12.6 | 87943 | 13.0 | 99878 | 12.2 |
| 2000—2299 | 133143 | 8.9 | 70616 | 10.4 | 62527 | 7.6 |
| 2300—2599 | 87586 | 5.9 | 50328 | 7.4 | 37258 | 4.6 |
| 2600— | 190298 | 12.8 | 129159 | 19.1 | 61139 | 7.4 |
| 总计 | 1495864 | 100 | 677440 | 100 | 818424 | 100 |

资料来源:Statistics Finland(2021)。

---

① 图8-7有更为具体的2012年数据,在3000欧元甚至4000欧元以上,男性还有相当的比例,而几乎见不到女性的身影。

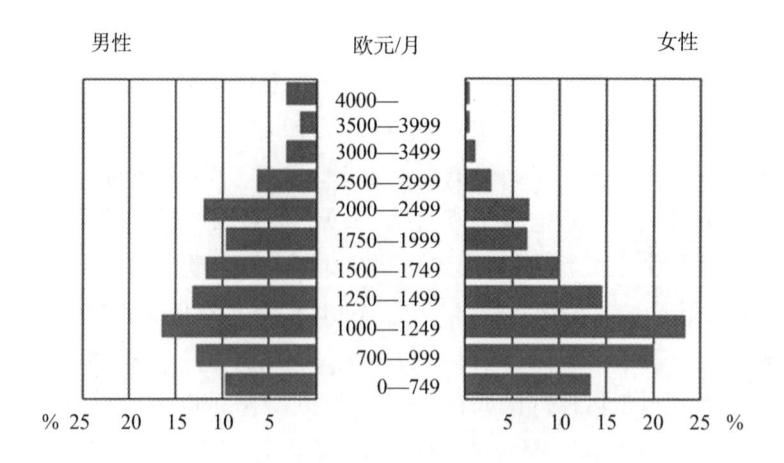

```
                男性                欧元/月                    女性
                              4000—
                              3500—3999
                              3000—3499
                              2500—2999
                              2000—2499
                              1750—1999
                              1500—1749
                              1250—1499
                              1000—1249
                              700—999
                              0—749
         % 25  20   15   10   5          5   10   15   20   25 %
```

**图8-6　2012年芬兰分性别养老保险水平分布情况**

由于芬兰实行的是弹性退休制度，两性可以在较大的年龄区间内选择提前退休、正常退休或者延迟退休，所以作为新的退休者，在不同的年龄中也存在性别差异，如图8-7所示。2020年，60—64岁、65—69岁新退休的女性平均养老保险分别为1695欧元/月和1761欧元/月，男性则达到2187欧元/月和2304欧元/月，和之前的整体情况（男性平均养老保险为女性的1.26倍）一样，女性和男性养老保险的差异原因主要是工作年限相对较短，工资水平相对较低。在2020年，芬兰选择60—64岁、65—69岁两个区间退休的男性少于女性，但是决定在70—74岁和75岁以上这两个区间退休的，则是男性略多。

为了进一步验证这个结论，采取对分部门进行性别差异研究的办法。以芬兰的收入关联养老保险为例，在制度设计时，分部门分性别的退休年龄、养老保险计算方法、养老保险累计办法①以及养老保险目标替代率水平等重要因素都一致（见表8-8），并不存在性别差异。所以芬兰虽然实行了养老保险"双轨制"，但从制度设计上来说，公职人员和普通国民之间、男性公务员和男性职工之间、女性公务员和女性职工之间都是平等的。那么，养老保险的性别差距来自何处？和"双轨制"有什么关联？

---

① 在2005年之前，公共部门养老保险的累计办法与私人部门略有不同，但在2005年的改革之后，两个部门的养老保险累计办法实质上是完全相同的（更多资料可参见Finnish Center For Pensions对计算公式的说明）。所以在本节对养老保险进行分部门计算时，二者使用相同的计算公式和工具。

## 第八章 深入养老保险"双轨制":性别差异的影响

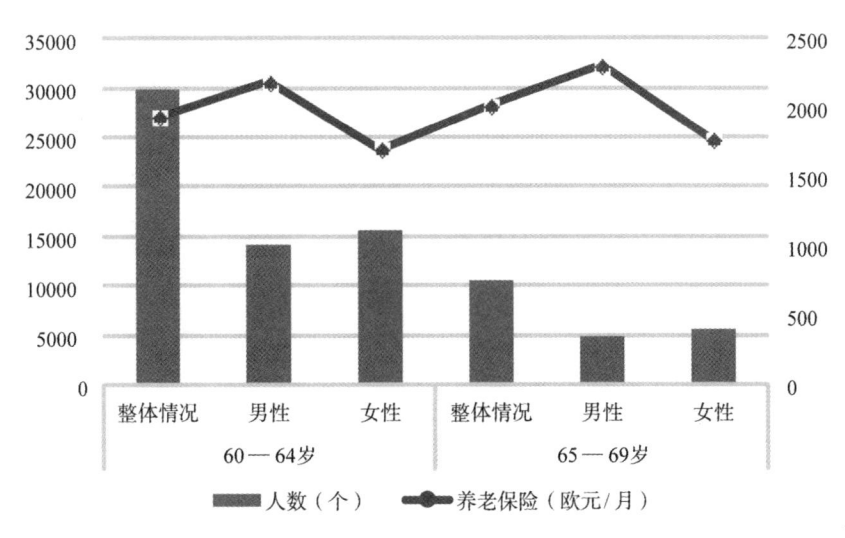

**图 8-7　2020 年芬兰分性别和分年龄新退休者平均养老保险水平**

资料来源:Statistics Finland (2021)。

**表 8-8　芬兰收入关联养老保险制度设计**

| | 公共部门 | | 私人部门 | |
| --- | --- | --- | --- | --- |
| | 男性 | 女性 | 男性 | 女性 |
| 退休年龄/岁 | 63—68 | 63—68 | 63—68 | 63—68 |
| 计算方法 | 2005 年以前按照最后 10 年的平均工资计算养老保险,2005 年改革以后和工作年限以及一生的养老保险累积金额挂钩 | | | |
| 累积办法 | 采取分段进行累积的办法:18—52 岁之间,养老保险在工资中所占比例每年增加 1.5%;53—62 岁之间,养老保险在工资中所占比例每年增加 1.9%;养老保险在工资中所占比例每年增加 4.5%。 | | | |
| 目标替代率/% | 60 | 60 | 60 | 60 |

资料来源:根据芬兰养老保险中心(Finnish Center For Pension)公布资料整理。

根据芬兰养老保险中心公布的计算公式和计算工具,将前一部分分部门分性别的平均工资代入其中(为了便于观察,假设六种情况下的出生年月为 1986 年 1 月,平均于 25 岁进入劳动力市场工作①,均为 63 岁时选择退休),可以发现如下情况(见表 8-9 和表 8-10)。

---

① 因此选取 2011 年的平均工资水平作为计算基础。

首先，在男性之间，在中央政府工作的男性平均养老保险分别是地方政府和私人部门的1.14倍和1.11倍，在地方政府工作的男性略低于私人部门的男性员工。

其次，在女性之间，在中央政府工作的女性平均养老保险分别是地方政府和私人部门的1.18倍和1.13倍，分部门女性之间的养老保险差距略微大于男性之间。

最后，在两性之间，部门内的性别差异分别为1.18倍（中央政府）、1.21倍（地方政府）和1.22倍（私人部门），都是男性更高。

由此可以得出结论：由于养老保险制度设计得平等，芬兰的养老保险"双轨制"理论上[①]不会扩大部门之间、两性之间的收入差距，养老保险再分配之后的收入差距主要是初次分配时工资的差距引起的。这一结论不但验证了之前对芬兰全体国民平均养老保险的比较，也与芬兰养老保险制度的最新研究（Järnefelt et al., 2014）互为印证。

表8-9　　芬兰公共部门和私人部门平均养老保险差距
（男性，63岁退休）　　　　　单位：欧元/月

|  | 中央政府 | 地方政府 | 私人部门 |
| --- | --- | --- | --- |
| 平均工资（2011年） | 3788 | 3333 | 3411 |
| 养老保险累积基数 | 56.82 | 50.00 | 51.17 |
| 53岁之前养老保险累积利息 | 1105 | 972 | 995 |
| 53—62岁养老保险累积利息 | 558 | 491 | 503 |
| 63岁之后养老保险累积利息 | 0 | 0 | 0 |
| 可领取养老保险 | 1720 | 1513 | 1549 |

注：以2011年平均工资为计算依据。在计算中，预期寿命系数为0.821。

---

① 然而，研究（Järnefelt et al., 2014）还发现，虽然不论职业，不论性别，在养老保险制度设计的实质上是一致的，但养老保险收入水平却表现为性别差距大于职业差距。这是因为从平均水平来看，女性选择退休的时间大约要早于男性两年，养老保险的累积和实际的养老保险水平就会受到影响（下一节将详细分析退休年龄不同造成养老保险收入水平上怎样的性别差异）。所以，造成性别差距扩大的原因并非养老保险"双轨制"，更大意义上是女性对自由生活的选择。这也就解释了为什么图8-6中在养老保险较高收入的人数上男性多于女性。

表8-10 芬兰公共部门和私人部门平均养老保险差距
（女性，63岁退休） 单位：欧元/月

| | 中央政府 | 地方政府 | 私人部门 |
|---|---|---|---|
| 平均工资（2011年） | 3209 | 2729 | 2832 |
| 养老保险累积基数 | 48.14 | 40.94 | 42.48 |
| 53岁之前养老保险累积利息 | 936 | 796 | 826 |
| 53—62岁养老保险累积利息 | 473 | 402 | 417 |
| 63岁之后养老保险累积利息 | 0 | 0 | 0 |
| 可领取养老保险 | 1457 | 1239 | 1285 |

注：以2011年平均工资为计算依据。

和中国一样，芬兰也是以工资为基础的收入关联养老保险占主体地位，初次分配后男性和女性的工资差距已经产生，再分配后的两性养老保险之间的差距基本保持了工资的差距水平。所以一定程度上可以说，工资收入差距是养老保险收入差距的一个来源，如果初次分配的工资差距过大，再分配的养老保险想要缩小收入差距就会有相当的难度。养老保险"双轨制"如果存在问题，就要放到收入分配制度中观察工资制度是否存在不合理之处。

## 第二节 "双轨制"、退休年龄与性别差异

近年来，随着中国养老保险问题探讨的深入，退休年龄之争愈演愈烈，对于中国两性之间退休年龄差异的批评也不绝于耳。事实上，早有学者对世界各国情况进行了归纳比较（潘锦棠，2003）：在1999年，有数据统计的165个国家中，有98个国家男女退休年龄相同，占59.4%；有67个国家男女退休年龄不相同，均为男性高于女性。近年来，部分国家进行了改革，通过不同的手段（如延迟退休年龄），逐步统一男女的退休年龄（如英国计划在2016年4月到2018年11月期间，把女性退休年龄提高到65岁，男女统一）。

## 一 "双轨制"与两性退休年龄的关系分析

养老保险"双轨制"是否对退休年龄存在影响？公职人员和普通国民在退休年龄上是否存在性别差异？和两性的预期寿命相比，退休年龄在各国的表现如何？

表 8-11 统计了部分国家和地区（包括养老保险"双轨制"和"单一制"）分部门、分性别的退休年龄与预期寿命。从总体情况来看，部分国家和地区公职人员和普通国民（或企业雇员）男女两性退休年龄完全一致，如挪威、芬兰和新加坡，但更多的情况是公职人员和普通国民（或企业员工）男女两性退休年龄存在差异。这又可以分为两个小类：第一类是男性公职人员和男性企业雇员退休年龄相同，女性公职人员和女性企业雇员退休年龄相同，但是男性和女性之间存在差异，比如巴西、智利；第二类是公职人员和企业雇员之间退休年龄不同，多数国家公职人员男女退休年龄相同、企业雇员男女也相同，如美国，少数国家男性公职人员和女性公职人员、男性企业雇员和女性企业雇员内部也存在差别，如中国[①]。

表 8-11　部分国家和地区分部门、分性别退休年龄与预期寿命　　单位：岁

|  | 公职人员退休年龄 | | 普通国民退休年龄 | | 预期寿命 | |
| --- | --- | --- | --- | --- | --- | --- |
|  | 男性 | 女性 | 男性 | 女性 | 男性 | 女性 |
| 美国 | 55+ | 55+ | 62—67 | 62—67 | 75.6 | 80.8 |
| 英国 | 65 | 60（65） | 65 | 60（65） | 78.1 | 82.1 |
| 加拿大 | 65 | 65 | 65（67） | 65（67） | 78.3 | 82.9 |
| 德国 | 65+（67） | 65+（67） | 67 | 67 | 76.5 | 82.1 |
| 挪威 | 62 | 62 | 62 | 62 | 77.8 | 82.5 |
| 芬兰 | 63—68 | 63—68 | 63—68 | 63—68 | 76.1 | 82.4 |
| 俄罗斯 | 65—70 | 65—70 | 60 | 55 | 64.3 | 76.4 |
| 罗马尼亚 | 65 | 63 | 65 | 63 | 69.0 | 76.1 |

---

① 2021 年 3 月，《中华人民共和国国民经济和社会发展第十四个五年规划和 2035 年远景目标纲要》明确提出，按照"小步调整、弹性实施、分类推进、统筹兼顾"等原则，逐步延迟法定退休年龄。但截至书稿修改时，暂未出台具体方案，故本部分仍暂按既有规定对中国的情况进行归类分析。

续表

|  | 公职人员退休年龄 | | 普通国民退休年龄 | | 预期寿命 | |
|---|---|---|---|---|---|---|
|  | 男性 | 女性 | 男性 | 女性 | 男性 | 女性 |
| 巴西 | 65 | 60 | 65 | 60 | 68.8 | 76.1 |
| 智利 | 65 | 60 | 65 | 60 | 75.5 | 81.5 |
| 新加坡 | 62 | 62 | 62 | 62 | 79.0 | 83.0 |
| 韩国 | 57—60（60） | 57—60（60） | 56—57（60） | 56—57（60） | 77.4 | 82.0 |
| 中国香港 | 55—60 | 55—60 | 65 | 60 | 79.4 | 85.1 |
| 中国内地 | 60—65 | 55 | 60 | 50 | 71.3 | 74.8 |

资料来源：根据各国和地区公布数据整理。

注：1. 括号中数据表示政府已经决定逐步延迟至的退休年龄，但截至 2014 年 1 月 1 日尚未实施。2. 预期寿命源于"联合国世界人口前景报告对 2005 年至 2012 年各国预期寿命的估计"。

具体来说，可以分为以下几类。

（一）不论职业、性别，男女退休年龄相同

代表国家为挪威、芬兰和新加坡，法定退休年龄分别为 62 岁、63—68 岁、62 岁。

（二）不同职业之间同性的退休年龄相同，但存在性别差异

代表国家为巴西、智利和罗马尼亚，三国都规定男性公职人员和男性企业雇员退休年龄为 65 岁，但女性公职人员和女性企业雇员退休年龄都为 60 岁（罗马尼亚的女性退休年龄为 63 岁）。

（三）不同职业之间退休年龄不同，但无性别差异

代表国家为美国，美国联邦政府雇员在达到一定工作年限后，最早可以在 55 岁领取养老保险（根据出生年月的不同逐步往后推迟），普通国民的正常退休年龄在 62—65 岁。

（四）不同职业之间、两性之间退休年龄不同

代表国家为俄罗斯和中国。俄罗斯总统普京于 2013 年 1 月 2 日签署法令，决定俄公职人员年满 60 岁后，经本人同意和供职部门批准，工龄可延长 5 年；俄联邦高级官员，经本人同意和总统批准，退休年龄可延长至 70 岁。该国普通民众男性和女性的退休年龄分别为 60 岁和 55 岁。中国的情况与俄罗斯类似，男性干部和女性干部退休年龄分别为 60 岁（部分高级别人员可延迟至 65 岁）和 55 岁，而男职工和女职工退休年龄分别

为 60 岁和 50 岁。

（五）现有规定在职业之间或两性之间存在差异，但改革趋势是消除部门和性别之间的差异，统一退休年龄

代表国家为英国、德国和韩国。英国 2012 年的改革计划将教师和公务员从 60 岁延至 65 岁，将警察、消防员和军人从 55 岁延至 60 岁。对于普通国民，在 2016 年 4 月到 2018 年 11 月期间，把女性退休年龄提高到 65 岁，男女统一。德国则计划自 2012 年 1 月 1 日起，用 12 年的时间把退休年龄延长一年，一年延长一个月；然后再用 6 年的时间把退休年龄延长一年，一年延长两个月，到 2030 年把退休年龄从 65 岁延长到 67 岁。韩国 6 级以下公务员 57 岁退休，5 级以上公务员退休年龄为 60 岁，普通国民没有具体的退休年龄规定，但集中于 56—57 岁（300 人以上企业），近期出台政策准备统一延迟全体国民包括公职人员的退休年龄至 60 岁。

此外，加拿大目前公职人员和普通国民均为 65 岁退休，但该国计划于 2023 年起逐步将普通国民的退休年龄从 65 岁提高至 67 岁，到 2029 年前全面实施。

根据表 8-11 的具体分类可以推断，养老保险"双轨制"和男女退休年龄差异并无直接联系——智利是养老保险"单一制"国家，但男性公职人员和女性公职人员退休年龄不同，男性企业雇员和女性企业雇员退休年龄也不同；芬兰是养老保险"双轨制"国家，但全体国民不分职业、不分性别，退休年龄都一样。

更进一步看，根据表 8-12 和图 8-8 计算各国/地区两性退休年龄和预期寿命的差值发现，差异在男性之间和女性之间较小，两性之间较大。不论职业如何，女性由于预期寿命高于男性（加上部分国家和地区女性退休年龄低于男性），所以领取养老保险的平均年限大于男性，可以领取更多的养老保险。这个结论也符合已有研究（潘锦棠，2002）的判断，即当退休年龄男高女低时，养老保险的分配对女性有积极的影响。

表8-12  部分国家和地区分部门、分性别领取养老保险的年限    单位：年

| 国家和地区 | 公职人员养老保险 | | 国家基本（企业）养老保险 | |
|---|---|---|---|---|
| | 男性 | 女性 | 男性 | 女性 |
| 美国 | 20.6 | 25.8 | 8.6—13.6 | 13.8—18.8 |
| 英国 | 13.1 | 22.1 | 13.1 | 22.1 |
| 加拿大 | 13.3 | 17.9 | 13.3 | 17.9 |
| 德国 | 11.5 | 17.1 | 9.5 | 15.1 |
| 挪威 | 15.8 | 20.5 | 15.8 | 20.5 |
| 芬兰 | 8.1—13.1 | 14.4—19.4 | 8.1—13.1 | 14.4—19.4 |
| 俄罗斯 | -5.7— -0.7 | 6.4—11.4 | 4.3 | 21.4 |
| 罗马尼亚 | 4 | 13.1 | 4 | 13.1 |
| 巴西 | 3.8 | 16.1 | 3.8 | 16.1 |
| 智利 | 10.5 | 21.5 | 10.5 | 21.5 |
| 新加坡 | 17 | 21 | 17 | 21 |
| 韩国 | 17.4—20.4 | 22—25 | 20.4—21.4 | 25—26 |
| 中国香港 | 19.4—24.4 | 25.1—30.1 | 14.4 | 25.1 |
| 中国内地 | 6.3—11.3 | 19.8 | 11.3 | 24.8 |

资料来源：根据表8-11计算得出。

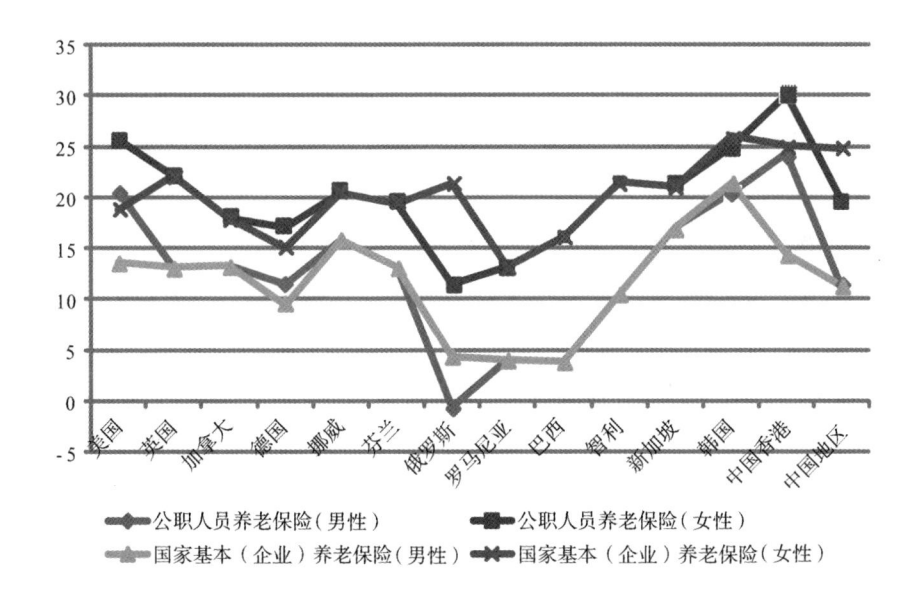

图8-8  部分国家和地区分部门、分性别领取养老保险的年限

## 二 退休年龄对两性收入水平的影响——以中国[①]为例

两性退休年龄不同对女性也有消极影响,比如缴费年限和工资基数等方面。以中国机关事业单位养老保险制度和企业职工养老保险制度为例:假设女性工资为男性的70%[②],各项工资以当年统计数据为准,如果同一年退休,那么分部门、分性别会出现什么情况呢?具体如表8-13所示。

表8-13 中国分部门、分性别养老保险差异

| | 机关事业单位 | | 企业 | |
|---|---|---|---|---|
| | 男性 | 女性 | 男性 | 女性 |
| 参加工作时间(假设)/年 | 1970 | 1975 | 1970 | 1980 |
| 退休年龄/岁 | 60 | 55 | 60 | 50 |
| 退休年份/年 | 2010 | 2010 | 2010 | 2010 |
| 工作年限/年 | 40 | 35 | 40 | 30 |
| 养老保险计算基础 | 本人职务工资和级别工资 | | 上年度在岗职工月平均工资和本人指数化月平均缴费工资 | |
| 个人账户计发月数/月 | | | 139 | 195 |
| 退休时上年度在岗职工月平均工资/元 | 2943.83 | 2649.45 | 2728.00 | 2728.00 |
| 2010年退休时的月平均养老保险/元 | 2649.45 | 1854.62 | 1450.91 | 997.89 |

资料来源:根据《中国统计年鉴(2013)》及国家规定计算。

(一)机关事业单位男性(1950年出生,1970年20岁时参加工作,2010年60岁时退休)

工作40年,退休时可领取的养老保险达到最后职务工资和级别工资的90%。以2009年公共管理和社会组织2943.83元[③]的平均工资计算,

---

[①] 本小节探讨的是中国机关事业单位养老保险制度在2015年改革之前的情况,因而暂不考虑渐进式延迟退休年龄的影响。

[②] 2011年10月21日,国务院新闻办公室召开发布会。全国妇联副主席宋秀岩指出,中国妇女社会地位调查发现,我国男女两性的劳动收入差距比较大。城镇和农村在业女性年均劳动收入分别是男性的67.3%和56%。

[③] 数据来源为《中国统计年鉴(2013)》。

可以领取 2943.83×90%≈2649.45（元）。

（二）机关事业单位女性（1955年出生，1975年20岁时参加工作，2010年55岁时退休）

工作35年，退休时可领取的养老保险达到最后职务工资和级别工资的90%。如果工资基础是男性的70%，那么可领取养老保险为 2649.45×70%≈1854.62（元）。

（三）企业男性（1950年出生，1970年20岁时参加工作，2010年60岁时退休）

工作40年，退休时可领取的养老保险按2009年在岗职工月平均工资水平和本人指数化月平均缴费工资计算（为简化计算，按养老保险"新人"算）。假设缴费工资指数是1，即本人的缴费工资与上一年在岗职工月平均工资相同。

2009年在岗职工月平均工资水平为32736[①]/12=2728（元），假设个人账户为50000元，国家规定60岁退休个人账户计发月数为139，那么：

月领基本养老金＝基础养老金＋个人账户养老金＝（退休时上年度在岗职工月平均工资＋本人指数化月平均缴费工资）/2×累计缴费年限×1%＋个人账户总额/计发月数＝（2728＋2728）/2×40×1%＋50000/139≈1450.91（元）。

（四）企业女性（1960年出生，1980年20岁时参加工作，2010年50岁时退休）

工作30年，退休时可领取的养老保险按2009年在岗职工月平均工资水平和本人指数化月平均缴费工资计算（为简化计算，按养老保险"新人"算）。假设缴费工资指数是1，即本人的缴费工资与上一年在岗职工月平均工资相同。

已知2009年在岗职工月平均工资水平为2728元，个人账户由本人工资的8%形成，由于假设女性工资是男性的70%，则个人账户也为50000元的70%，即35000元，国家规定50岁退休个人账户计发月数为195，那么：

月领基本养老金＝基础养老金＋个人账户养老金＝（退休时上年度在岗职工月平均工资＋本人指数化月平均缴费工资）/2×累计缴费年

---

① 数据来源为《中国统计年鉴（2013）》。

限×1% + 个人账户总额/计发月数 = （2728 + 2728）/2 × 30 × 1% + 35000/195 ≈ 997.89（元）。

从表 8-13 中的制度安排和计算结果来看，可以得出以下几点结论。

一是部门之间、部门内部两性的退休年龄差异（其他因素包括两性的工资差别）导致了两性在缴费年限和资金积累上的差别，进而导致养老保险水平出现差别。从总体情况来看，男性公职人员的养老保险水平最高，女性公职人员次之，男性企业职工第三，女性企业职工最低。

二是两性之间的养老保险水平差距和工资差距相比，没有明显的缩小。经过计算，女性职工的养老保险水平为 997.89 元，男性职工为 1450.91 元，前者仅为后者的 68.78%，和工资差距基本持平。

三是部门之间的同性养老保险水平差距和全体平均工资差距相比，有了明显的扩大趋势。根据上一章的计算，初次分配后不分性别的平均工资差距只有 1.1 倍左右，但养老保险再分配后，男性公职人员和男性企业职工的养老保险差距为 1.83 倍，女性公职人员和女性企业职工的养老保险差距则达到了 1.86 倍。

四是正如潘锦棠（2002）的分析一样，中国男女退休不同龄对女性有消极的一面（对女性公职人员来说，工龄可能不足导致替代率档次较低；对女性职工而言，计算养老保险的工资基数较低），但也存在积极的一面（女性预期寿命高于男性，更早退休可以领取更多年的养老保险）。

五是还有一些特殊的情况出现会导致男女两性之间的养老保险差距扩大。比如高学历的劳动力——中国从 7 岁开始上小学，经过小学、初中、高中、大学和研究生阶段的学习，获得博士学位至少要 28 岁左右。如果是男性公职人员和男性企业职工，到 60 岁退休还可工作 32 年。但如果是女性，进入机关事业单位，需 55 岁退休，只能工作 27 年，达不到 30 年的工作年限，养老保险替代率达不到 90% 将直接降低养老保险水平；进入企业则需 50 岁退休，只能工作 22 年，缴费时间的缩短也会影响其养老保险收入。

需注意的是，本部分假设男性公职人员、女性公职人员、男性企业职工和女性企业职工都在同一时间退休，以此计算养老保险水平的差距，但如果四者是同时参加工作，却在不同年份退休，养老保险差距可能会更大（受通货膨胀率、工资增长率等因素影响）。

## 第三节 思考与讨论

本章讨论了养老保险"双轨制"涉及的性别差异的两个方面，实则为一个问题，即养老保险"双轨制"是否使得两性之间的养老保险差距大于两性之间的工资差距。

由于养老保险"双轨制"的存在，需要分部门看待性别差异问题，的确较为复杂，但却不影响结论的得出：即使是存在性别差异，养老保险"双轨制"本身并不是导致收入差距、退休年龄差异的主要因素。

以芬兰为例，在上一章的基础上更进一步探讨了工资和养老保险的差距，在分性别进行比较的基础上，养老保险"双轨制"没有缩小（也没有扩大）初次分配后的工资差距。养老保险收入水平上的性别差距（男性高于女性）主要源于工资差距（男性普遍高于女性）和对工作年限的自由选择（女性选择退休的时间普遍早于男性），所以即使实行了养老保险"双轨制"，也不会必然导致两性收入差距扩大。

以中国为例，计算了个体之间（男性公职人员、女性公职人员、男性企业职工和女性企业职工）在同一时间退休的养老保险差距，由于退休年龄不同，缴费年限和个人积累受到一定程度的影响。中国部门之间、性别之间的养老保险差距都较大，而且大于工资的差距，所以养老保险"双轨制"如果安排不当，确实会扩大部门之间、性别之间的收入差距，使情况更复杂、更加难以调控。

根据本章和上一章的分析，同为养老保险"双轨制"，中国和发达国家却产生了不同的收入分配结果，可见问题并不出在养老保险"双轨制"本身，对于如何改革，是否需要取消"双轨制"，都有待进一步的比较和分析。

# 第九章 各国/地区公职人员养老保险制度的规律与启示

前面章节详细分析了养老保险"双轨制"的形成原因,纵观世界各国/地区公职人员养老保险制度的起源,不难发现,从公职人员养老保险制度的建立时间来看,它普遍早于覆盖全民的国家(或企业)基本养老保险制度(比如德国、英国、法国、美国和韩国),后者多是在总结前者经验的基础上逐步模仿推广的。但在近年来的养老保险改革中,无论是否实行了养老保险"双轨制",公职人员的养老保险制度都首当其冲。在改革变迁的过程中,各国/地区大致尝试了以下两种办法(Quinby, Sanzenbacher, 2021; Jaaidane, Gary-Bobo, 2018; Ponds, Severinson, & Yermo, 2011)。

一是普遍降低公职人员养老保险制度的慷慨程度(lowering the generosity of public-sector pension schemes),采取这种办法的国家有德国、法国、瑞典、芬兰、意大利和葡萄牙。

二是将公职人员全部或者部分并入国家的基本养老保险制度(public sector workers have been transferred to the main public pension system),采取这种办法的国家有奥地利、西班牙、捷克、希腊、匈牙利、波兰、墨西哥和智利。

也就是说,一种办法是直接降低公职人员的养老保险水平,但仍然维持养老保险"双轨制";另一种办法则是全部或部分取消养老保险"双轨制",让公职人员和普通国民的养老保险水平一致或接近一致,其实质也还是养老保险待遇问题。所以,不论是否取消养老保险"双轨制",改革的方向仍然和本书分析的出发点一致——把养老保险"双轨制"放入收入分配制度中,关键问题是养老保险差距小于或等于工资差距,而非更大。只有在保证这个原则的前提下讨论养老保险"双轨制"改革才是有意义的,至于是否保留养老保险"双轨制"似乎并不是第一位的。

本书对世界各国/地区公职人员养老保险制度进行了分类和介绍,不论是养老保险"双轨制"还是"单一制",都在发展和变化中。在2015年之前,不论中国的改革趋势是保留还是取消养老保险"双轨制",都需要厘清几个关键问题①:各国的养老保险"双轨制"有什么异同?其发展阶段和现阶段国情又是怎样的?养老保险"双轨制"对劳动力市场有什么影响?是否阻碍了人力资源的合理配置,影响了公共部门和私人部门之间的人才流动?

## 第一节 各国/地区养老保险"双轨制"的异同

全世界近一半的国家/地区实行养老保险"双轨制",在制度起源、制度原则、覆盖范围、资金筹集、资格条件、待遇水平、退休年龄等各个方面都有一些共通之处,但各自的实施方案都参考了本国的国情,各项改革的措施也都考虑了制度的变迁发展阶段。总结各国/地区的共同经验教训,分析制度背景和发展阶段的差异,了解制度间千丝万缕的联系和当前制度的来龙去脉,是中国养老保险"双轨制"改革和完善的必修课。

从发达国家和发展中国家的区别切入,有利于宏观看待养老保险"双轨制"。前者在经济、社会、政治等各方面领先于后者,各项探索包括养老保险"双轨制"的实施和改革也走在最前,所以养老保险"双轨制"发展阶段不同,如表9-1所示。从第四章的分类可以清楚看到,公职人员养老保险制度最早出现于德国、英国、法国、美国等发达资本主义国家。当这些国家逐步建立起覆盖全体国民的基本养老保险制度时(20世纪三四十年代),许多发展中国家还在为其民族独立、国家独立而奋斗(包括中国在内的多数东南亚、非洲、拉丁美洲国家)。当发达国家的养老保险制度(包括公职人员养老保险制度)出现财政问题、老龄化问题,需要探索改革方向时,发展中国家才逐步在模仿和学习的基础上建立起各自的养老保险制度,甚至在少数国家②尚未覆盖全体国民,只为公职人员

---

① 在2015年改革之后,这些讨论对于中国机关事业单位养老保险制度的完善仍有意义。
② 孟加拉国、不丹、马尔代夫、博茨瓦纳、埃塞俄比亚、厄立特里亚、马拉维、纳米比亚。

建立了养老保险制度。当发展中国家遇到问题,诸如养老保险"双轨制"需要完善时,发达国家早已研究和改革了多年。而当发达国家广泛担忧公职人员养老保险带来的财政负担加大时①(如同养老保险"双轨制"的问题都源于收入分配差距过大一样,国外进行的一系列改革,包括延迟退休年龄、降低待遇水平、将公职人员并入国家基本养老保险等都源于政府遇到的财政压力),发展中国家才开始觉察。所以,在养老保险"双轨制"的发展阶段上,包括中国在内的众多发展中国家远远落后于发达国家:一方面,制度变革不能同步进行;另一方面,发达国家所遇到的问题正是发展中国家可以并且需要提前准备的。

表9-1　　　　发达国家和发展中国家养老保险发展阶段差异

|  | 发达国家 | 发展中国家 |
| --- | --- | --- |
| 18世纪末至19世纪初 | 英国、德国、法国出现公职人员养老保险制度的雏形 | 多数沦为殖民地或半殖民地 |
| 19世纪末至20世纪三四十年代 | 多数发达国家已为全体国民建立基本养老保险制度 | 为民族独立、国家独立而奋斗 |
| 20世纪70年代至90年代 | 养老保险制度(包括公职人员)财政负担过大,纷纷变革 | 在模仿和学习的基础上建立起各自的养老保险制度 |
| 20世纪90年代至今 | 养老保险制度经过变革继续发展,持续改革调整中 | 开始察觉养老保险制度的各种问题,着手进行改革 |

资料来源:根据历史情况归纳。

除了养老保险"双轨制"发展阶段上的差异,各国的国情也千差万别。以中国为例,养老保险"双轨制"的发展与机关事业单位工资制度、人事管理制度有着千丝万缕的联系,如果将它们割裂开来,就难以了解事件的全貌,掌握问题的根源。表9-2给出了中国机关事业单位工资和养老保险制度演变的概况。新中国成立后,政府首先对机关事业单位的工资

---

① Müller、Raffelhüschen & Weddige (2009) 和 Yermo (2008) 以及 Rothenbacher (2004) 等学者对 OECD 或 EU 国家的公职人员养老保险的财政支出、基金状况进行了比较研究;Ponds、Severinson & Yermo (2011) 及 Palacios & Whitehouse (2006) 等学者则把比较研究的范围扩大到全世界。

做出规定,从基本保留新中国成立前遗留的供给制①逐步向单一的工资制过渡(包括"工资分"的探索),而养老方面,1951 年确立了企业职工的制度,1955 年才规范了国家机关工作人员的退休问题;1956 年,国家初步建立了以按劳分配为基础的职务等级工资制度,之后于 1958 年统一了机关事业单位和企业职工的养老保险制度;"文化大革命"之后,由于之前许多达到退休年龄的人员并未得到妥善安置,国家首先调整了机关事业单位的退休养老制度,再次与企业职工分开,而后 1985 年机关事业单位等级工资制向以职务工资为主的结构工资制转变,1993 年改为职务级别工资制与职务(岗位)等级工资制并行,2006 年改为职级工资制与岗位绩效工资制并行,在这些变革中,虽然机关事业单位养老保险的计算基础(工资)有了变化,但养老保险"双轨制"却随着企业职工养老保险制度的不断完善而逐步定型下来。直至 2015 年 1 月,国务院印发《关于机关事业单位工作人员养老保险制度改革的决定》,决定从 2014 年 10 月 1 日起对机关事业单位工作人员养老保险制度进行改革。

表 9-2　　　中国机关事业单位工资和养老保险制度演变

| 机关事业单位工资制度演变 | | 机关事业单位养老保险制度演变 | |
| --- | --- | --- | --- |
| 1949—1956 年 | 从供给制到逐步确立工资制阶段 | 1949—1958 年 | "双轨制"出现:机关事业单位与企业职工分开实行不同的退休制度 |
| 1956—1985 年 | 建立了以按劳分配为基础的职务等级工资制度 | 1958—1978 年 | "双轨制"合并:机关事业单位和企业职工养老保险制度并为一体 |
| 1985—1993 年 | 等级工资制向以职务工资为主的结构工资制转变 | 1978—2014 年 | "双轨制"再现:机关事业单位和企业职工养老保险制度再次分开 |
| 1993—2006 年 | 职务级别工资制与职务(岗位)等级工资制并行阶段 | | |

---

① 供给制是革命时期和新中国成立初期对部分革命工作者和工作人员实行的,根据生活和工作客观需要免费供给生活必需品的一种分配制度。供给范围包括个人的衣、食(分大、中、小灶)、住、行、学习等必需用品和一些零用津贴,以及生育子女的生活费和保育费等。

续表

| 机关事业单位工资制度演变 | | 机关事业单位养老保险制度演变 | |
|---|---|---|---|
| 2006年至今 | 职级工资制与岗位绩效工资制并行阶段 | 2014年至今 | "双轨制"调整：参照企业职工养老保险制度设计，从2014年10月1日起对机关事业单位工作人员养老保险制度进行改革 |

资料来源：根据中国改革实践整理。

  中国机关事业单位的工资制度和养老保险制度在很大程度上受到两千多年的封建历史和文化传承的影响，保留了一定的特权。若要彻底解决中国养老保险"双轨制"的种种问题，就需要将机关事业单位的养老保险制度连同工资制度、人事管理制度一并改革——当然，评判标准仍是养老保险待遇水平的差距是否小于或等于工资分配的差距。所以，虽然各国养老保险"双轨制"发展阶段不同、建立背景有别，但制度建立的原则、制度评价的标准却是一致的。

  从本书比较的四个主要国家（中国、韩国、美国、芬兰）来看，美国虽然崇尚自由主义和效率，却有着值得称道的平衡调整办法（见表9-3）。美国首先从初次分配的工资制度上入手：在平衡办法上，公职人员工资参照私人部门，且不能超过私人部门类似职位的工资；在调整办法上，一是公职人员的工资涨幅需要低于私人部门，二是没有国会的批准，公职人员工资标准不能调整；在控制上限上，实行工资封顶制度。此外，全体公职人员工资透明，公民随时可以查询公职人员的工资标准。其次，在再分配的养老保险制度上，以联邦政府雇员为例，养老保险收入由OASDI和FERS共同组成，会进行内部平衡，削减过高部分；在调整办法上，根据通货膨胀率等因素调整，公职人员不能超过全体国民的涨幅（2021年的收入上限为19500美元）；在控制上限方面，规定公职人员封顶养老保险是其工资基数的80%。这样一套完整的调控制度，从初次分配到再分配、从收入水平到调整办法都进行了有效的平衡调整，所以即使实行养老保险"双轨制"，也可保证公职人员和普通国民的收入差距不会继续增大。

表9-3　　　　　美国公职人员工资和养老保险平衡调控机制

| | 工资 | 养老保险（以联邦政府雇员为例） |
|---|---|---|
| 平衡办法 | 工资标准参照私企，不得高于同类地区私企同等职位职工工资 | 养老保险收入由 OASDI 和 FERS 共同组成，如果二者合并计算过高，就会进行削减 |
| 调整办法 | 工资每年的微调增幅不得超过工资成本指数（Employment Cost Index, ECI），涨幅必须低于私人部门。只有总统有权动议调整公职人员工资标准，但必须报国会批准。调整工资标准的前提是：发生全国性突发事件或严重经济情况而影响普遍生活水准 | 与工资一样，公职人员养老保险如需调整，也要报国会批准。养老保险待遇水平根据通货膨胀率等因素调整，2021年全体国民的平均养老保险收入上限为19500 美元，公职人员也不能超过此数目 |
| 控制上限 | 实行工资封顶制度，在任何情况下，其工资总额都不能超过上一级的工资标准 | 封顶养老保险是其工资基数的80%。公职人员养老保险如果超过上限，就会受到削减 |
| 其他要求 | 工资必须透明，并且保证任何公民随时可以查阅公务员的工资标准 | |

资料来源：根据美国公职人员工资和养老保险规定整理。

各国/地区的养老保险"双轨制"发展阶段不同，变革步调难以一致。"双轨制"背后的影响因素和制度关联也存在差别，如中国机关事业单位养老保险制度的改革需要连同工资制度、人事管理制度一起。但公职人员和普通国民养老保险待遇水平的差距小于或等于他们工资收入的差距这个原则却是相同的，美国在两次分配中合理地控制了收入差距是值得我们肯定和学习的。

## 第二节　理顺初次分配和再分配的关系

从理论上说，养老保险是在职时工资的延期支付，与工资关系密切。故而，判断养老保险待遇水平的合理性，要与工资收入一起通盘考虑。工资属于初次分配范畴，注重效率因素；养老保险属于再分配范畴，更加偏重平等因素。

第七章和第八章分部门和分性别研究了公职人员与普通国民的工资和养老保险收入差距。从美国的情况来看,有效地控制公职人员和企业雇员的工资差距是养老保险差距不大的重要保证。事实上,作为养老保险的计算基础,如果工资的差距不合理,就会为养老保险的再分配效果带来负面影响。

对于这种扭曲的分配机制需要进行调整。在设计公务员养老保险制度时,首先要规范其工资收入制度,使其与其他群体的差距保持在一个适当区间,进而确定其养老保险水平,本着缩小不同社会群体养老收入差距的原则进行规划。

## 第三节 "双轨制"对劳动力市场的冲击
### ——如何保证流动性?

前面章节提到,各国/地区政府之所以为公职人员建立单独的养老保险制度,一个重要原因是吸引人才到公共部门工作。也就是说,公职人员的养老保险可以被视作一个留住人才的手段,所以多数国家/地区也较为慷慨。但这也衍生出一个棘手的问题,如何保证人才在公共部门和私人部门的流动呢?

### 一 国外公共部门和私人部门的人员流动

相关研究讨论了英国(McCormick & Hughes, 1984)、美国(Wolf & Levy, 1984; Allen, Clark & McDermed, 1988, 1993; Gustman & Steinmeier, 1989, 1993, 1995; Clark, Morrill & Vanderweide, 2014)和意大利(Ferrari, 2019)的情况,可以得出结论:如果公职人员的养老保险是以"公职人员的最后工资"作为计算依据的DB计划,那么这样的公职人员养老保险制度会对人才在两部门之间的流动产生比较强的冲击。

那么,养老保险"双轨制"是否阻碍了人力资源在市场的合理配置?还需从各国/地区公职人员养老保险制度安排出发。总体来看,从私人部门向公共部门流动较为容易,从公共部门向私人部门流动相对困难(Ferrari, 2019; Kings, Turkisch & Manning, 2007), 有两项具体规定可能会阻碍劳动者从公共部门向私人部门自由流动 (Whitehouse, 2016; Palacios & Whitehouse, 2006)。

第一项规定是关于最低服务年限的。在部分国家，为了留住人才，不论是公共部门还是私人部门，都会有类似的最低服务年限限制，如果在最低服务年限之内离职，就可能全部或者部分影响未来的养老保险收入。如表9-4所示，各国/地区的规定差别很大，在英国、加拿大、瑞典、芬兰、荷兰、瑞士、伊朗、摩洛哥等国，只需在公共部门服务1年，甚至不足1年，就可以获得公职人员养老保险的资格；而在德国、意大利、比利时、爱尔兰等国需要至少5年，在法国、奥地利、西班牙、葡萄牙至少需要15年，在印度则需服务满20年方可足额领取养老保险（服务期满10年不足20年离职的，可以得到部分养老保险）。

表9-4　　　　　　　部分国家或地区公职人员最低服务年限

| 最低服务年限 | 发达国家和地区 | 发展中国家 |
| --- | --- | --- |
| 1年或1年以下 | 英国、加拿大、瑞典、芬兰、荷兰、瑞士 | 伊朗、摩洛哥 |
| 5年 | 德国、意大利、比利时、爱尔兰 | |
| 10年 | 中国香港 | 佛得角 |
| 15年 | 法国、奥地利、西班牙、葡萄牙 | 菲律宾、也门、突尼斯、毛里求斯 |
| 20年 | | 印度 |
| 25年 | | 黎巴嫩 |

资料来源：Palacios & Whitehouse (2006)。

注：在印度，公职人员服务期满10年不足20年离职的，可以得到部分养老保险；在中国香港，公职人员服务期不足10年离职的，可以获得一笔小额的短期服务养老保险。

第二项规定则是关于养老保险的可转移性，涉及养老保险待遇保留和计算。表9-5中列出了部分国家公职人员养老保险可转移性和权利保留情况。第一类是当公职人员转入私人部门工作时，可以完全转移其已有积累到私人部门养老保险（或国家基本养老保险），包括芬兰、瑞典、荷兰和德国。需注意的是，芬兰、瑞典、荷兰公职人员养老保险和私人部门养老保险的各项条款规定更为接近，待遇水平也基本相同，所以流转非常容易；而德国情况不同，虽然公职人员养老保险可以完全转入国家基本养老保险，但后者的待遇水平明显更低，这就一定程度上阻碍了人才在两部门之间的顺畅流动。第二类是公职人员转入私人部门工作时，之前在公共部门积累的养老保险可以全部保留（法国）或部分保留（英国），不同之处在于法国可以继续按公职人员的工资处理之前积累的养老保险，英国则按照物价水平进行处理。

表9-5　部分国家公职人员养老保险可转移性和权利保留情况

| 国家 | 可转移性/权利保留 | 备注 |
| --- | --- | --- |
| 芬兰<br>瑞典<br>荷兰 | 公职人员养老保险转移为国家基本养老保险 | 公职人员养老保险累积情况全部转入私人部门，两部门养老保险收入基本相当 |
| 德国 | 公职人员养老保险转移为国家基本养老保险 | 公职人员养老保险累积情况全部转入私人部门，但后者的收入水平不如前者优厚 |
| 法国 | 公共部门养老保险全部可保留 | 公职人员在离职和退休期间可以继续按公职人员的工资处理之前积累的养老保险 |
| 英国 | 公共部门养老保险部分可保留 | 公职人员在离职和退休期间按照物价水平处理之前积累的养老保险 |

资料来源：整理节选自 Palacios & Whitehouse（2006）。

## 二　中国机关事业单位和企业的人员流动

2015年之前，中国机关事业单位和企业的养老保险关系转移接续的主要依据是《关于职工在机关事业单位与企业之间流动时社会保险关系处理意见的通知》（劳社部发〔2001〕13号），对三种情况（从机关事业单位向企业流动、从企业向机关事业单位流动、在机关事业单位和企业间多次流动）进行了具体规定，详见表9-6。相比国外的情况，中国的安排不存在最低工作年限的限制，不论是从机关事业单位向企业流动，还是从企业向机关事业单位流动，之前的工作年限（工龄）都可以视同缴费年限（或与之后的工作合并计算）；关于养老保险转移时涉及的待遇问题，中国与德国相似，都可以直接转入机关事业单位养老保险或企业职工养老保险，虽然中国多了一项关于个人账户的管理（从机关事业单位向企业流动时，给予一次性补贴，转入本人新建立的基本养老保险个人账户；从企业向机关事业单位流动时，保留已建立的个人账户，退休时每月按1/120计发，并抵减按机关事业单位的养老保险），但如果机关事业单位养老保险和企业职工养老保险在待遇水平上仍然存在较大差距（第六章和第七章的分析），那么中国人力资源在两部门间的流动性仍将受到养老保险"双轨制"的影响。

表9-6 中国机关事业单位和企业养老保险关系转移接续（2015年之前）

|  | 从机关事业单位向企业流动 | 从企业向机关事业单位流动 | 在机关事业单位和企业间多次流动 |
|---|---|---|---|
| 养老保险关系 | 职工由机关事业单位进入企业工作之月起，参加企业职工的基本养老保险，单位和个人按规定缴纳基本养老保险费，建立基本养老保险个人账户 | 职工由企业进入机关事业单位工作之月起，转入机关事业单位养老保险制度，不需继续缴费 | 按最后一次转入的部门实行 |
| 离职前工作年限 | 在机关事业单位的原有工作年限视同缴费年限 | 在企业原有的连续工龄与进入机关事业单位后的工作年限合并计算 | 合并计算 |
| 退休时领取何种养老保险 | 企业职工养老保险 | 机关事业单位养老保险 | 按最后一次转入的部门实行 |

续表

| | 从机关事业单位向企业流动 | 从企业向机关事业单位流动 | 在机关事业单位和企业间多次流动 |
|---|---|---|---|
| 个人账户管理 | 公务员及参照和依照公务员制度管理的单位工作人员，在进入企业并按规定参加企业职工基本养老保险后，根据本人在机关（或单位）工作的年限给予一次性补贴，由其原所在单位通过当地社会保险经办机构转入本人的基本养老保险个人账户，所需资金由同级财政安排 | 进入机关事业单位前已建立的个人账户继续由社会保险经办机构管理，退休时，其个人账户储存额每月按1/120计发，并相应抵减按机关事业单位办法计发的养老金 | 公务员进入企业工作后再次转入机关事业单位工作的，原给予的一次性补贴的本金和利息要上缴同级财政 |
| 备注 | 补贴的标准为：本人离开机关上年度月平均基本工资×在机关工作年限×0.3%×120个月 | | 个人账户管理、退休后养老金计发等，比照由企业进入机关事业单位工作职工的相关政策办理 |

资料来源：《关于职工在机关事业单位与企业之间流动时社会保险关系处理意见的通知》（劳社部发〔2001〕13号）。

2015年之后，根据《关于机关事业单位工作人员养老保险制度改革的决定》（国发〔2015〕2号）的规定，"参保人员在同一统筹范围内的机关事业单位之间流动，只转移养老保险关系，不转移基金。参保人员跨统筹范围流动或在机关事业单位与企业之间流动，在转移养老保险关系的同时，基本养老保险个人账户储存额随同转移，并以本人改革后各年度实际缴费工资为基数，按12%的总和转移基金，参保缴费不足1年的，按实际缴费月数计算转移基金。转移后基本养老保险缴费年限（含视同缴费年限）、个人账户储存额累计计算"。由于机关事业单位养老保险制度参照企业职工养老保险的制度设计进行了改革（基本养老保险缴费比例大致相同），所以根据新的规定，有利于劳动者在机关事业单位内部或在机关事业单位与企业之间流动，但同时也需要注意目前职业年金和企业年金覆盖水平的差距可能会成为潜在的自由流动阻碍。

从国外和中国养老保险"双轨制"与劳动力合理流动的关系来看，国外的影响因素集中在最低服务年限（获取公职人员养老保险资格）和养老保险转移时待遇计算两个方面，而中国的规定并不受到这两个因素的限制。但不论是从早期对英美两国的研究发现，还是国外现阶段的实践情况证明，抑或是中国的相关规定出发，都指向一个事实——公职人员和普通国民最终的养老保险待遇水平是决定两部门间流动性的核心问题。这其实又回到了本书研究的基本假设，如果养老保险"双轨制"设计合理，公职人员和普通国民的养老保险待遇水平差距不大，那么"双轨制"对流动性的影响就不大（比如芬兰、瑞典和荷兰），否则，哪怕消除了其他影响因素（如最低服务年限的限制、转移手续等），也可能使公职人员为了更高的养老保险水平，放弃合理的流动，进而使劳动力资源不易在部门间进行合理配置（比如德国）。

# 第十章 中国养老保险"双轨制"改革前的思考[*]

## 第一节 关于中国养老保险"双轨制"的讨论（2015年之前）

较多国内外学者赞同将公职人员的养老保险制度逐步并入国家基本养老保险制度（Palacios & Whitehouse，2006；郑功成，2012，2013，2014；郑秉文等，2009；何文炯，2010；关信平，2013），也有学者认为继续采取提高企业养老金标准的办法来弥合和机关事业单位过大的差距也许更好（唐钧，2009），还有学者指出中国的机关事业单位养老保险有其自身的特殊性和独特发展路径，可以另辟蹊径，借鉴南非的"政府雇员基金"，把原制度改造成"一只完全积累的、中央集中管理的、缴费确定型的主权养老基金"（唐俊，2010）。更多观点参见表10-1。

### 一 养老保险"双轨制"需并轨

第一种观点明确提出中国的养老保险"双轨制"应当并轨，建立全国统一的制度。比如郑功成（2012）提出三步走打破双轨制——分三步实现机关事业单位养老保险制度与职工基本养老保险制度并轨。何文炯（2010）提出逐步将各项制度统一归并，方向是基本养老保障制度

---

[*] 本章的学术争鸣和思考讨论均在2015年1月国务院发布《关于机关事业单位工作人员养老保险制度改革的决定》之前。

一体化。在"建立全国统一的养老保险制度"这一观点上，关信平（2013）、郑秉文（2009）、王晓军和康博威（2009）、孙守纪和周志凯（2012）达成了一致的看法。此外，谢光永（2000）认为应当借鉴国外制度（按照年龄、投保年限或工龄的组合决定退休条件），实行单一制。

表 10-1　部分关于中国养老保险"双轨制"改革的观点

| 保留养老保险"双轨制" | 取消养老保险"双轨制" | 其他观点 |
| --- | --- | --- |
| 中国没有统一的基本养老保险制度，而且企业职工养老保险的个人账户并未做实，在通胀风险下保值增值压力巨大。并轨只是把财政未来将要支付的数额提前按月缴纳进入社会保险基金，后果只是增大社保基金的保值增值压力 | 从新入职人员开始，逐步把机关事业单位工作人员纳入全国统一的基本养老保险制度，同时建立职业年金，避免待遇过快下降（郑秉文、孙守纪、齐传君，2009） | 目前的企业职工基本养老保险制度不尽合理，将公务员强行并入未必是最优选择。虽然制度的整合是必然，但现阶段可以先建立单独的制度，并为不同制度的转移接续留出通道 |
| 机关事业单位养老保险由国家财政负担，如果让其并入企业职工养老保险，为了维持已有的待遇水平，财政需要进行补贴，既然都是财政负责，并轨只是把财政资金"从这兜进那兜，再拿出来"，只会增加成本 | 将公职人员并入基本养老保险，绝非让财政资金从"左口袋"到"右口袋"。公职人员加入基本养老保险后，履行缴费义务，就从财政的资金进入社会保险基金中，前者没有投资收益，后者可以保值增值 | 中国多项社会制度的改革都是先做后修，社会保险制度也是这样，在推行多年之后才出台了社会保险法，公务员社保制度也可以参考这一做法，先试点再推广（潘锦棠，2011） |
| 直接提高企业职工养老保险待遇水平，缩小与机关事业单位的差距即可（唐钧，2011） | 实行"三个联动"（郑秉文，2010），事业单位与公务员改革、事业单位的三个类别改革、事业单位改革与建立职业年金均同步进行 | 把现有机关事业单位养老保险建立为一只完全积累的、中央集中管理的、缴费确定型的主权养老基金（唐俊，2010） |

续表

| 保留养老保险"双轨制" | 取消养老保险"双轨制" | 其他观点 |
| --- | --- | --- |
| | 根据中央精神,褚福灵(2010)针对事业单位,提出建立体现事业单位工作人员特征的社会养老保险制度。具体是指与企业职工养老保险相衔接、与机关工作人员养老保险制度相协调 | 建立社会养老保险制度,无论是为机关事业单位单独建立制度,还是并入企业职工养老保险制度,都要让二者实质相同,比如承担同样的缴费义务、享受平等的养老保险权益(郑功成,2014) |

资料来源:《中国养老金并轨启动公务员担心退休金将削减一半》,2011年3月4日,凤凰网-财经（http://finance.ifeng.com/news/20110304/3564962.shtml）;《中国将试点公务员社保制度大众含泪仰望》,2011年2月23日,教育中国-中国网（http://www.china.com.cn/education/2011-02/23/content_21987194.htm）。

## 二 机关事业单位应建立职业年金

第二种观点是机关事业单位养老保险应当与企业职工养老保险制度合理衔接（宋晓梧、高书生,2001）,同时建立职业年金制度,保证其待遇水平。比如,王晓军通过分析改革对个人和财政支出的影响等方法,一贯认为公职人员应采取"基本养老保险+职业年金"（王晓军、乔杨,2013;王晓军,2012;王晓军、乔杨,2007）;桂世勋（2004）提出为公务员建立基本养老保险与补充养老保险（职业年金）,前者要与当地城镇企业职工的基本养老保险一样[①]。持有类似观点的学者还有孙守纪和周志凯（2012）、杨燕绥等（2011）。

## 三 机关和事业单位需同步改革

第三种观点是机关和事业单位的养老保险改革应当同步进行。多数[②]研究中国养老保险"双轨制"改革的学者建议机关（公务员）不能落后于事业单位,比如郑功成（2014）提出宜采取机关事业单位一体联动、全国同步推进而不再局部试点的改革策略,同时也要注意"新老分离"的原则

---

[①] 除了机关缴纳的基本养老保险费是由各级政府财政转移支付的。
[②] 也有学者（张伟,2004）在较早之前认为事业单位养老保险改革比较迫切且条件相对成熟,可以先行改革,公务员则随后进行。

(郑功成，2010)。赞成机关和事业单位养老保险同步改革的学者还有郑秉文（2009，2010，2013）、王延中和龙玉其（2009）、桂世勋（2010）。

### 四 事业单位养老保险需分类改革

第四种观点是事业单位养老保险改革应当分类进行。一部分学者提出，在对事业单位养老保险制度进行改革时，应注意失业单位本身的复杂性，注意分类改革，但具体改革思路可能存在不同。华迎放（2006）将现有的事业单位分为两类，转制为企业的参加企业职工养老保险，而公益性事业单位可与国家机关实行统一的机关事业单位养老保险。王延中和龙玉其（2009）也认为事业单位养老保险改革应分类进行，但可单独为事业单位考虑，也可以连同公务员考虑在内制定公职人员养老保险。

### 五 企业职工养老保险需完善

第五种观点是改革机关事业单位养老保险的同时，应当完善企业职工养老保险，并提高其待遇水平。比如封进（2013）指出，在并轨的过程中，完善企业养老保险制度也很有必要。杨立雄（2010）在分析了机关事业单位和企业职工养老保险差距拉大的趋势与原因后，提出应当提高城镇企业职工养老保险水平。同样认为应提高企业职工待遇的还有王晓军和乔杨（2007）。

除此之外，还有一些学者关注养老保险"双轨制"的其他细节问题。陆明涛（2013）通过对转轨成本进行测算，认为虽然两部门并轨的总体成本可控，但仍需注意消除转轨成本。蔡向东和蒲新微（2009）认为并轨最好在企业养老保险制度定型后进行。张伟（2004）则提出应为公务员建立法定基本养老保险、政府年金补贴、个人储蓄养老保险三个层次的保障。

## 第二节 中国养老保险"双轨制"改革建议
### ——一个框架设计

### 一 中国养老保险"双轨制"改革应遵循的原则

总结中国学者对养老保险"双轨制"的讨论，多数认为应当并轨，建立统一的养老保险制度，或者保留职业年金制度的差别。取消和保留养老保险"双轨制"分别有什么优势和劣势？改革需维护的制度原则和遵循的客观规律是什么？这些都是改革之前需要明确的。

从本书的数据分析来看，工资和养老保险的差距是解释公职人员养老保险制度是否合理的关键，同时也是改革需重点考虑的问题。一个合理的框架设计应当考虑以下四个方面的因素。

（一）机关事业单位养老保险制度改革的核心问题在于使机关事业单位与企业职工养老保险待遇水平的差距小于二者的工资差距

从中国、韩国、芬兰和美国的分部门工资和养老保险差距来看，中国和韩国公职人员和普通国民的养老保险差距都大于二者工资的差距，而芬兰和美国的情况正好相反，养老保险的再分配有效缩小了初次分配后的收入差距，体现了养老保险的应有之义。所以，从养老保险乃至整个社会保障应遵循的基本原则来说，中国的养老保险"双轨制"改革应当把缩小职业间收入差距作为重中之重。

（二）机关事业单位养老保险制度改革还需注意缩小由制度设计造成的性别差异

从芬兰和中国分部门分性别的养老保险待遇水平差距上可以总结出，虽然性别的差异客观存在（人力资本投资、社会观念或个人选择等各种因素造成），但是制度设计上可以规避不必要的性别差异。养老保险"双轨制"是否设计得当，直接影响部门之间、性别之间的收入差距是否合理。

（三）机关事业单位养老保险应与工资制度、人事管理制度等一同改革

根据本书分部门工资和养老保险的比较以及本章第一小节的分析，机关事业单位养老保险只是整个公职人员制度建设的一个组成部分，改革需视全局而动。这一建议得到了封铁英和戴超（2010）的印证。该研究基于制度参数优化设计的政策仿真结果，发现加快事业单位人事和工资制度改革，可以促进事业单位养老保险的改革。虽然这一研究与本书的研究方法和研究指标不同，却得出了非常接近的结论。

（四）机关事业单位养老保险制度改革需与中国国情相结合，是否并轨、如何并轨还需更多研究论证

机关事业单位养老保险改革需要借鉴而不是照搬国外经验，还需考虑

中国的国情，是否完全并轨还需慎重决定。如郑功成（2013）论述，改革的核心任务是解决二者养老权益不平等的问题，是否将制度运行合并为一体，需要考虑财政体制、转轨成本及管理效率各方面的情况。

在遵循这四条原则的前提下，将养老保险融入整个收入分配体系中，改革的全框架见图10-1。

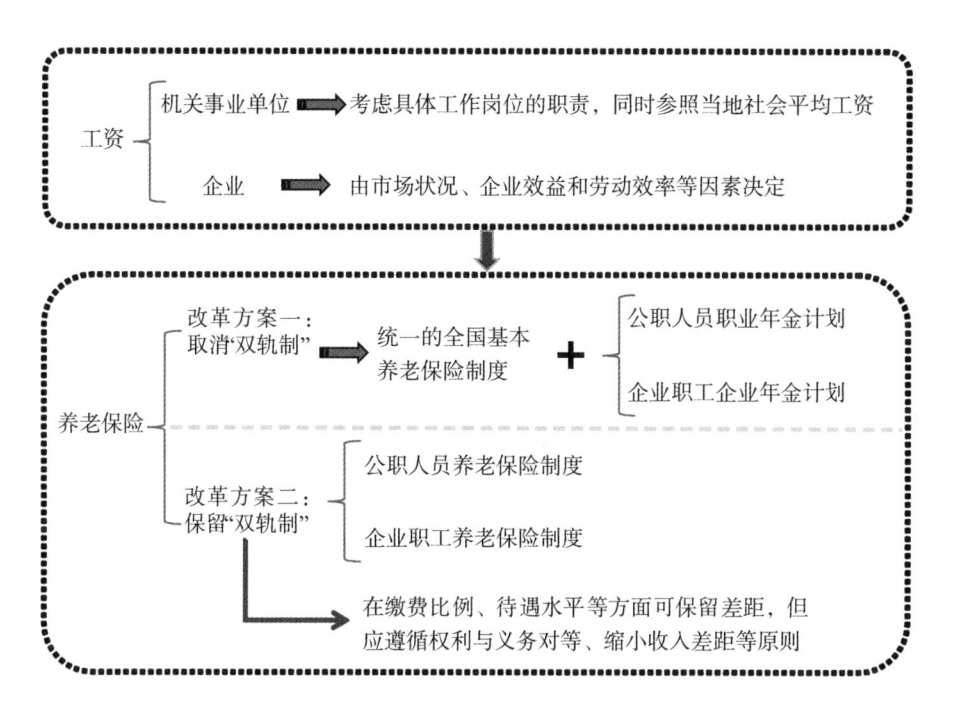

**图10-1 中国养老保险"双轨制"改革框架示意图**

## 二 中国养老保险"双轨制"改革需注意的细节

事实上，在国外的探索实践中，有并轨[1]，有延退[2]，有冻结或降低

---

[1] 并轨的影响因素在于并轨客观条件的成熟度、并轨的成本（保留"双轨制"在技术上是节约成本的）和代价（比如社会动荡）。并轨的形式也有多种，可以完全合二为一，也可以在基本养老保险上合并，但在职业年金上存在区别（比如美国联邦政府雇员参加OASDI，但在FERS下第二支柱职业年金非常发达）。

[2] 由于发达国家更多的是面临财政资金上的压力，所以在英国、澳大利亚、德国、法国、比利时、意大利、葡萄牙、捷克、波兰、韩国等国普遍采取了延迟退休的办法。

养老保险水平①,也有建立公职人员职业年金进行补充②。各国的改革都遇到了一些问题,包括处理公职人员内部的代际公平问题、与基本养老保险制度接续的资金问题等,也为中国的改革提供了一些思路。无论最终是否并轨③,都需注意几个问题。

(一) 制度的理性

回归本书的宗旨,无论是养老保险"双轨制"还是"单一制",建立养老保险的应有之义都是缩小群体间的收入差距;无论改革向何处去,都不要偏离制度的理性选择。

(二) 制度的刚性

正所谓"由俭入奢易,由奢入俭难",虽然养老保险要缩小收入差距,但平衡公职人员和普通国民的最优决策绝不是简单地削减前者的已有收入,因为社会保障制度"能上不能下"的制度刚性决定了不论是为公职人员建立职业年金④,还是采取其他改革办法,调整其养老保险的待遇水平都需慎之又慎。再则,既然中国的国家财富获得了极大的增长,为什么不能在养老保险上多分"一杯羹"给全体国民?

(三) 制度的黏性

既然是对机关事业单位的养老保险制度进行改革,就应当是机关和事业单位(包括三个类别)同步进行(郑功成,2014;郑秉文,2010),而且作为公共部门,不应在制度变革中人为分出三六九等,否则就可能出现相互掣肘的情况。

中国机关事业单位养老保险制度的改革,从现实情况看,刻不容缓;

---

① 比如为改变国家公务员的退休金比社会企业平均水平高的现状,日本政府于2012年8月7日决定取消把国家公务员退休金上调4%的计划,改为阶段性(2013年1月至2014年7月之间)下调13%。

② 中国也进行了试点。2008年2月21日,国务院常务会议决定在山西、上海、浙江、广东、重庆五省市先期开展事业单位工作人员养老保险制度改革试点工作,其中就包括"建立职业年金制度"。

③ 中国有部分地方开展了试点工作。2010年2月,深圳率先实行全市行政机关公务员分类管理改革,新进入行政机关人员一律实行聘任制,签订劳动合同并购买社会保险。2012年8月,深圳的事业单位也实现了聘任制改革。"并轨"之后,深圳机关事业单位"新人"购买养老保险的标准为每月工资的21%,其中单位缴13%,个人缴8%。单位还支付地方补充养老保险金,占工资的1%。深圳户籍企业职工的养老保险构成为企业缴纳11%,个人缴纳8%。

④ 关于建立职业年金的国外(美国)经验,可以参见郑秉文《事业单位养老金改革试点受挫的原因——关于"三个联动"的政策建议》,2010年3月3日,人民网-社会(http://society.people.com.cn/GB/11064554.html)。

从理论上分析，路径不一；在实践中操作，困难重重。总之，中国机关事业单位的养老保险改革牵一发而动全身，既牵涉社会公平、平等问题，又涉及千万公务员和事业单位员工的切身利益，改革时需慎重行事，妥善处理好改革前后退休人员待遇水平的平稳衔接。

# 第十一章 中国养老保险"双轨制"改革后的展望

2014年12月，时任国务院副总理马凯代表国务院作关于统筹推进城乡社会保障体系建设工作情况的报告①时表示，党政机关、事业单位建立与企业相同的基本养老保险制度，实行单位和个人缴费，从制度和机制上化解"双轨制"矛盾。2015年1月，国务院发布《关于机关事业单位工作人员养老保险制度改革的决定》，机关事业单位工作人员养老保险制度与企业职工一样开始实行"社会统筹与个人账户相结合"制度。

至此，中央的养老保险制度改革思路已经明晰，近年来早已讨论得沸沸扬扬的养老保险"双轨制"并轨问题看似初步化解，但有关公职人员与其他职工养老保险"双轨制"的一些知识和"并轨"后的问题，依然值得探索和讨论。

## 第一节 关于中国养老保险"双轨制"的讨论（2015年之后）②

2015年中国养老保险"双轨制"改革之后，相关研究涉及了改革的目标定位（郑秉文，2021；王延中、龙玉其、宁亚芳，2020；韩烨，

---

① 报告指出，改革的基本思路是一个统一、五个同步。"一个统一"，即党政机关、事业单位建立与企业相同的基本养老保险制度，实行单位和个人缴费，改革退休费计发办法。"五个同步"，即机关与事业单位同步改革，职业年金与基本养老保险制度同步建立，养老保险制度改革与完善工资制度同步推进，待遇调整机制与计发办法同步改革，改革在全国同步实施。

② 本部分内容主要摘自郭磊、徐明《中美公务员养老保险制度的变迁——再分配效果的检验》，《人口与经济》2020年第6期。

2016）及价值取向（童素娟、郭林，2016；高和荣，2015）、改革前的制度历史演进和发展回顾（张盈华，2016；柯龙山，2016；林晓洁，2015；金赟，2015）、改革需重视工资和养老保险制度的相互影响（郭磊，2018a）、制度的公平性与效率性（龙玉其，2017；刘仁春、陈秋静，2016）、改革对财政和单位支出的影响（王翠琴、王雅、薛惠元，2018）以及改革后财务的可持续性（李俊、安立波，2016）等方面，其中又以关注财政可持续性、养老金替代率和职业年金三个方面的研究较为集中。

在财政可持续性方面，多数研究关心机关事业单位养老保险制度改革后的财政负担和财政压力（杨再贵、许鼎，2017；许鼎，2017；董振廷，2016），比如减税降费或降低缴费率是否会影响机关事业单位养老保险的财政支付压力（杨再贵、陈肖华，2020；陈洋、张霁雯、穆怀中，2020），从精算公平、转制成本、统筹基金等方面讨论财务可持续性（许鼎、敖小波，2016；曾益、刘倩、虞斌，2015；王雅、薛惠元，2020）。

在养老金替代率方面，多数研究对2032年至2052年间退休的机关事业单位"中人"（王翠琴、王雅、薛惠元，2018；金刚、闫天娃，2018）和"新人"（张雪、薛惠元，2019；曹园、杨再贵，2016；薛惠元、宋君，2015）的养老金替代率的波动区间进行了预测，认为未来替代率的弹性会更大（薛惠元、宋君，2015）。其中部分学者还关注到改革后的制度设计会导致两性之间养老金替代率差距拉大（王翠琴、王雅、薛惠元，2018；郭磊、毛畅果，2018；王亚柯、李羽翔，2016）。

在职业年金方面，一类研究分析了职业年金的积极作用，比如推动养老金制度的可持续发展（张盈华、卢昱昕，2021；王亚柯、李羽翔，2015）、保障事业单位养老待遇不降低（刘艺戈，2016；韩艳、朱火云，2015）和促进企业年金制度的完善（刘桂莲，2021；郭剑平、黄健元、缪俊花，2016；黄健元、刘彧美、王欢，2016）；另一类研究则关注职业年金可能面临的问题和发展建议，比如美国过于重视职业年金单一支柱导致债务规模扩大（孙守纪、房连泉，2016）、中国目前的职业年金制度设计不能灵活选择缴费比例（张留禄、姜柯戎，2016），为此，学者们提出的建议包括建立科学的职业年金治理机制（杨洋，2016；龙玉其，2015）以及职业年金总体适度缴费率应在 9.75%—12.91% 之间（陈洋、穆怀中、边恕，2015）。

从近年的研究看，学者们较为重视中国机关事业单位养老保险制度改革后的制度设计细节和实施效果。现有研究对机关事业单位养老保险制度和养老保险制度的再分配效应两个问题进行了较为详细的阐述和分析,讨论了未来制度优化和完善的路径。

## 第二节 中国养老保险"双轨制"未来发展[①]

无论是机关事业单位的工资制度,还是养老保险制度,一定程度上都反映出中国2000多年封建历史和文化传承的影响,保留了一定的等级差别和相应特权。然而,经过数十年的探索后,制度的发展方向逐步明朗,尤其是养老保险"双轨制"的改革提出机关事业单位的"基本养老保险费由单位和个人共同负担",说明改革思想最终得到转变,遵从了养老保险权利与义务对等的原则,体现了社会保险的应有之义。

需要说明的是,养老保险"双轨制"并轨,机关事业单位的工作人员个人开始缴纳基本养老保险费和职业年金,同时改革基本养老金计发办法,个人缴费年限出现"15年"的门槛。改革后的新政对刚刚参加工作或即将参加工作的"新人",以及即将退休或退休前缴费期不能达到15年的"中人"影响较大。一方面,对于"新人"而言,机关事业单位和企业相比,工资收入本就不高,改革后还需同时缴纳基本养老保险和职业年金两部分费用,如果没有行之有效的工资制度变化相匹配,其应享有的福利待遇将难以得到保障;另一方面,对于"中人"而言,养老金的计发办法改变时他们已难以调整,如果改革前与改革后的待遇水平不能平稳衔接,就可能出现改革矫枉过正的情况。

### 一 中国养老保险"双轨制"完善的核心问题

(一)不同部门间初次分配工资收入和再分配养老保险收入的差距

中国养老保险"双轨制"备受诟病,问题的关键并不在于"双轨制"本身,而是机关事业单位和企业之间养老保险收入高低的差距,所以"双轨制"改革完善的核心问题应该是缩小收入差距。根据本书梳理,

---

[①] 本部分内容主要摘自郭磊、潘锦棠《养老保险"双轨制"的起源与改革》,《探索与争鸣》2015年第5期。

"双轨制"在世界上是一种常态,其本身没有什么值得批评的;中国养老保险"双轨制"也不是一开始就引起社会不满,主要是因为机关事业单位的工资制度和养老保险制度并没有随着中国经济体制转型后企业工资制度和养老制度的变化而变化,导致收入差距不断扩大。

从国家权威部门发布的统计数据来看(见表11-1),在养老保险"双轨制"改革前的12年时间里(2002—2013年),两部门的工资和养老金并没有出现极大的差距,机关职工的工资相当于企业职工的1—1.2倍,养老金差距相对比较大,机关职工相当于企业职工的1.4—1.8倍。养老金差距较大的原因主要是养老金支付办法不同,使两部门养老金替代率有较大的差距,即机关职工的养老金替代率一般为70%,而企业职工约为40%(杨燕绥,2014),高出30%。

表11-1    企业职工与机关职工工资比和养老金比
(2002—2013年)    单位:元/月

| | 在岗职工工资比较 | | | 退休金比较 | | |
|---|---|---|---|---|---|---|
| | 企业 | 机关 | 企业:机关 | 企业 | 机关 | 企业:机关 |
| 2002 | 989 | 1167 | 1:1.18 | 618 | 1077 | 1:1.74 |
| 2003 | 1132 | 1311 | 1:1.16 | 640 | 1124 | 1:1.76 |
| 2004 | 1297 | 1489 | 1:1.15 | 667 | 1223 | 1:1.83 |
| 2005 | 1488 | 1736 | 1:1.17 | 716 | 1257 | 1:1.76 |
| 2006 | 1713 | 1947 | 1:1.14 | 832 | 1364 | 1:1.64 |
| 2007 | 2004 | 2397 | 1:1.20 | 947 | 1711 | 1:1.81 |
| 2008 | 2363 | 2822 | 1:1.19 | 1121 | 1822 | 1:1.63 |
| 2009 | 2635 | 3116 | 1:1.18 | 1246 | 1959 | 1:1.57 |
| 2010 | 3021 | 3376 | 1:1.12 | 1380 | 2055 | 1:1.49 |
| 2011 | 3502 | 3692 | 1:1.05 | 1528 | 2241 | 1:1.47 |
| 2012 | 3940 | 4043 | 1:1.03 | 1700 | 2352 | 1:1.38 |
| 2013 | 4356 | 4325 | 1:0.99 | 1869 | 2587 | 1:1.38 |

资料来源:根据《中国人力资源和社会保障年鉴2014》整理计算。《中国人力资源和社会保障年鉴2014》,中国劳动社会保障出版社、中国人事出版社2014年版。

在这样的情况下,2015年的机关事业单位养老保险改革从制度设计上阻断了不同部门间再分配养老保险的收入差距扩大。从整体制度安排上看，改革后的机关事业单位养老保险变为第一支柱的基本养老金（与企业职工相同）和第二支柱的职业年金（对照企业的企业年金）；从基本养老金的计发办法看，机关事业单位也和企业一样，以当地上年度在岗职工月平均工资和本人指数化月平均缴费工资为计算依据，兼顾了社会平均水平和个人贡献；从基本养老金和企业/职业年金的缴费比例看，机关事业单位也尽可能与企业职工保持一致（见表11-2）。

表11-2 企业职工和机关事业单位养老保险制度比较（2015年改革后）

| 制度内容 | 企业职工养老保险 | 机关事业单位养老保险 |
| --- | --- | --- |
| 第一支柱基本养老金 | 基础养老金+个人账户养老金 | |
| 基本养老金计发办法 | 退休时的基础养老金月标准以当地上年度在岗职工月平均工资和本人指数化月平均缴费工资的平均值为基数。个人账户养老金月标准为个人账户储存额除以计发月数 | |
| 基本养老金缴费比例 | 企业缴纳比例一般不超过企业工资总额的20%，个人缴纳比例为本人缴费工资的8% | 单位缴纳比例为本单位工资总额的20%，个人缴纳比例为本人缴费工资的8% |
| 第二支柱企业/职业年金 | 企业年金 | 职业年金 |
| 企业/职业年金缴费比例 | 企业缴费每年不超过本企业职工工资总额的8%。企业和职工个人缴费合计不超过本企业职工工资总额的12% | 单位按本单位工资总额的8%缴费，个人按本人缴费工资的4%缴费 |

资料来源：《国务院关于建立统一的企业职工基本养老保险制度的决定》（国发〔1997〕26号）、《企业年金办法》（中华人民共和国人力资源和社会保障部、中华人民共和国财政部令第36号）、《国务院关于机关事业单位工作人员养老保险制度改革的决定》（国发〔2015〕2号）。

（二）不同部门间基本养老保险上调比例的选择

2005年，国家公布了《关于完善企业职工基本养老保险制度的决定》，制定出台新的基本养老金计算办法，同时明确建立基本养老金正常调整机制。

2005年至2021年，中国的养老金经历了"十七连涨"（见表11-3）。在经历了2005年至2015年的快速增长期后（2005年增长约714元，2006年增幅为23.7%，其他年份均为10%左右），2016年至2021年的增速逐步有所回落（2016年为6.5%，2017年为5.5%，2018年至2020年为5%，2021年为4.5%），但整体仍保持了良好的稳步上升趋势。

表11-3　　　　中国基本养老金上涨情况（2005—2021年）

| 年份 | 增长情况 |
| --- | --- |
| 2005 | 约714元 |
| 2006 | 23.70% |
| 2007 | 9.10% |
| 2008 | 约10% |
| 2009 | 约10% |
| 2010 | 约10% |
| 2011 | 约10% |
| 2012 | 约10% |
| 2013 | 10% |
| 2014 | 10% |
| 2015 | 10% |
| 2016 | 6.50% |
| 2017 | 5.50% |
| 2018 | 5% |
| 2019 | 5% |
| 2020 | 5% |
| 2021 | 4.50% |

资料来源：作者根据各年情况整理。

从2015年的时间节点出发，2015年之前10余年的快速上涨有利于保证城镇企业职工养老金的充足性，一定程度上减缓了城镇企业职工和机关事业单位养老保险的差距扩大（如图11-1）。2015年养老保险"双轨制"改革后，多数省份的企业职工和机关事业单位养老保险保持了一致的上涨幅度。部分省份向企业职工养老保险倾斜，也能够逐步缩小不同部门间养老保险的收入差距。以2021年山西省的养老金调整方案[①]为例，企业退休人员按本人缴费年限（含视同缴费年限、不含折算工龄）每满1

---

[①] 详见《关于2021年调整退休人员基本养老金的通知》（晋人社厅发〔2021〕32号）。

年（不满1年的计为1年）每月增加2元；机关事业单位退休人员按本人缴费年限（含视同缴费年限、不含折算工龄）每满1年（不满1年的计为1年）每月增加1.1元。企业退休人员的上调金额更多，有利于长期部门间养老保险收入的差距缩小。

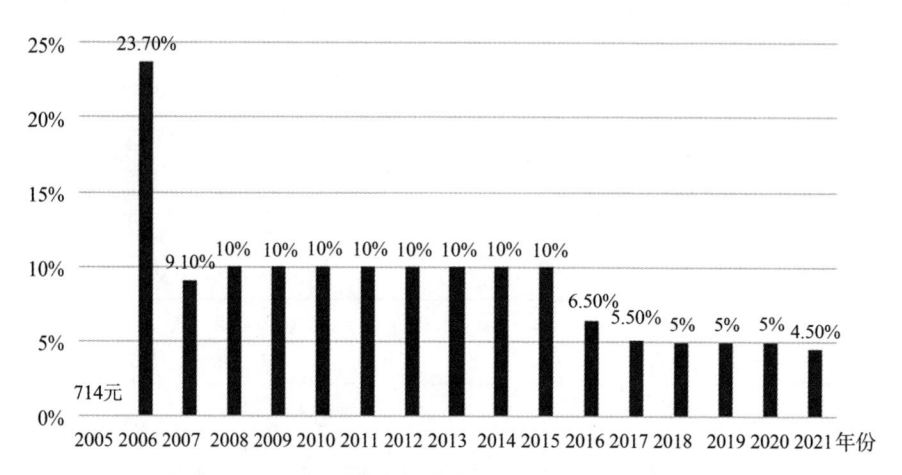

**图 11-1 中国基本养老金上涨情况（2005—2021年）**

资料来源：作者根据历年数据整理。

（三）不同部门间养老保险第二支柱（企业年金和职业年金）的差异

2021年，中国已初步构建起以基本养老保险为基础、以企业（职业）年金为补充、与个人储蓄性养老保险和商业养老保险相衔接的"三支柱"养老保险体系。企业年金和职业年金作为养老保险的第二支柱，在多层次多支柱社会保障体系中有着十分重要的作用。截至2020年年底，全国6953万人参加企业（职业）年金，积累基金3.6万亿元。[①] 但是从目前的发展情况看，面向企业的企业年金和面向机关事业单位的职业年金虽然制度内容相类似，但发展情况却存在显著差异。

从中国企业年金的制度发展看，2004年原劳动和社会保障部颁布《企业年金试行办法》，2016年人力资源社会保障部审议通过《企业年金办法》，并于2018年2月起施行。《企业年金办法》第二条提出："企业年金，是指企业及其职工在依法参加基本养老保险的基础上，自主建立的

---

① 《健全多层次养老保险体系》，2021年9月6日，http://www.mohrss.gov.cn/xxgk2020/fdzdgknr/zcjd/zcjdwz/202107/t20210713_418347.html。

补充养老保险制度。国家鼓励企业建立企业年金。"企业按规定可以自愿建立"企业年金",国家也给予相关措施进行鼓励,但在中国,大多数企业及其职工尚未得到第二支柱的支持。

从中国企业年金的基本数据看(见表11-4),2021年3月人力资源社会保障部社会保险基金监管局发布《全国企业年金基金业务数据摘要(2020年度)》,可以摘出近五年(2016—2020年)的企业年金基本情况。

表11-4　　　　中国企业年金基本情况(2007—2020年)

| 年份 | 企业数/百个 | 职工数/万人 | 积累基金/亿元 |
| --- | --- | --- | --- |
| 2007 | 320 | 929 | 1519 |
| 2008 | 331 | 1038 | 1911 |
| 2009 | 335 | 1179 | 2533 |
| 2010 | 371 | 1335 | 2809 |
| 2011 | 449 | 1577 | 3570 |
| 2012 | 547 | 1847 | 4821 |
| 2013 | 661 | 2056 | 6035 |
| 2014 | 733 | 2293 | 7689 |
| 2015 | 755 | 2316 | 9526 |
| 2016 | 763 | 2325 | 11075 |
| 2017 | 804 | 2331 | 12880 |
| 2018 | 874 | 2388 | 14770 |
| 2019 | 960 | 2548 | 17985 |
| 2020 | 1052 | 2718 | 22497 |

注:2007—2009年为各省及在人社部备案企业上报汇总数据,2010年及以后年份为企业年金基金管理机构上报汇总数据。

资料来源:《全国企业年金基金业务数据摘要(2020年度)》。

2016年,约76300个企业建立了自己的企业年金计划(年增长率1.06%),参与职工2325万人(年增长率0.39%),积累基金11075亿元(年增长率16.26%)。

2017年,约80400个企业建立了自己的企业年金计划(年增长率5.37%),参与职工2331万人(年增长率0.26%),积累基金12880亿元(年增长率16.30%)。

2018年,约87400个企业建立了自己的企业年金计划(年增长率8.71%),参与职工2388万人(年增长率2.45%),积累基金14770亿元(年增长率14.67%)。

2019年,约96000个企业建立了自己的企业年金计划(年增长率9.84%),参与职工2548万人(年增长率6.70%),积累基金17985亿元(年增长率21.77%)。

2020年,约105200个企业建立了自己的企业年金计划(年增长率9.58%),参与职工2718万人(年增长率6.67%),积累基金22497亿元(年增长率25.09%)。

整体来看,从2007年至2020年,建立企业年金计划的企业数从约32000个增长到105200个,参与职工数从929万人增长到2718万人,积累基金从1519亿元增长到22497亿元。

从建立企业年金计划的企业数增长趋势看(如图11-2),2007年至2009年、2014年至2017年两个阶段增长较为平缓,最低值出现在2016年,平均增速不足5%,只有1.06%。2010年至2014年、2018年至2020年增长较为明显,平均增速超过10%,最高的2012年达到21.83%。

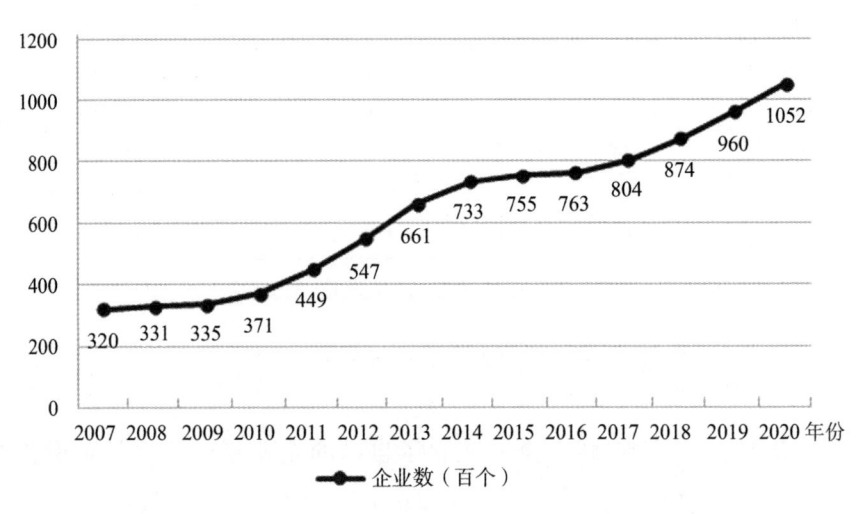

**图11-2 中国建立企业年金的企业数(2007—2020年)**

资料来源:《全国企业年金基金业务数据摘要(2020年度)》。

从参与企业年金的职工数增长趋势看(如图11-3),2015年至2018

年的增速较为平缓，均为 3% 以内，最低的 2016 年和 2017 年只增长了 0.39% 和 0.26%。2007 年至 2014 年、2019 年和 2020 年的增速相对较快，最高值出现在 2011 年的 18.13%。

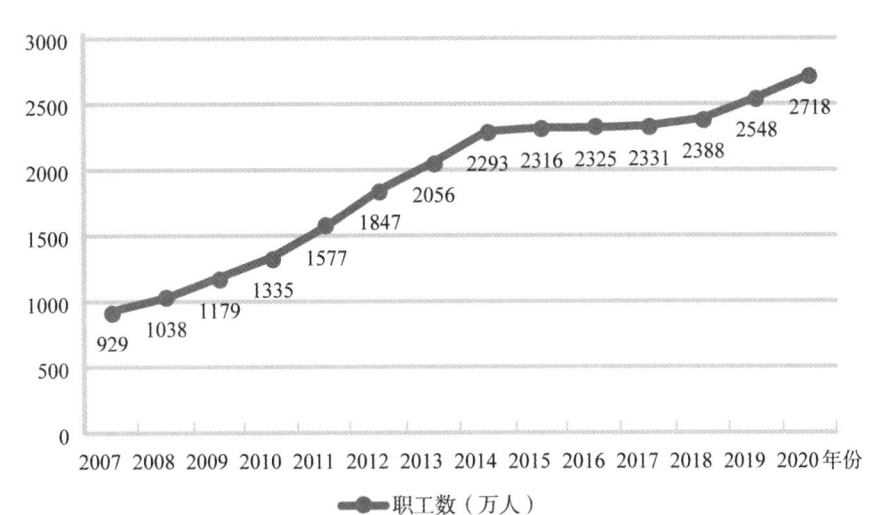

**图 11-3　中国参与企业年金的职工数（2007—2020 年）**

资料来源：《全国企业年金基金业务数据摘要（2020 年度）》。

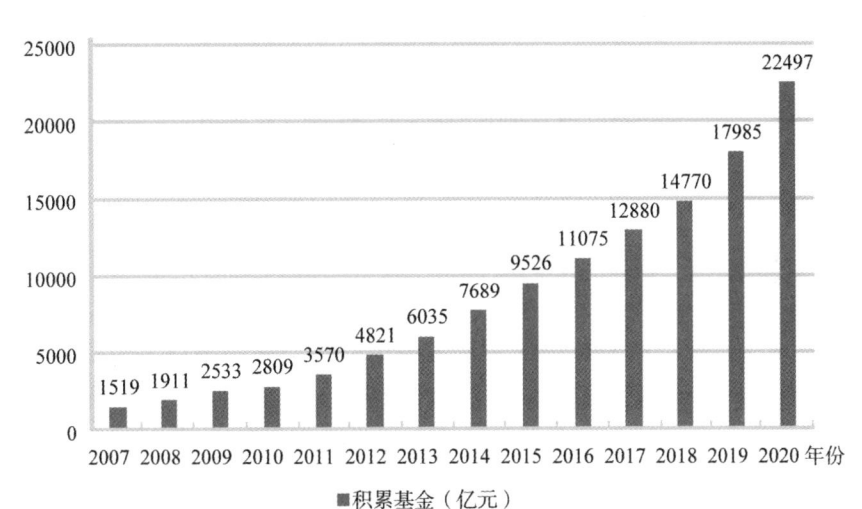

**图 11-4　中国企业年金的积累基金（2007—2020 年）**

资料来源：《全国企业年金基金业务数据摘要（2020 年度）》。

从企业年金的积累基金增长趋势看（如图 11-4），2007 年至 2020 年间的平均增速超过20%，明显高于建立企业年金计划的企业数和参与企业年金的职工数二者的增速，最高值为2009年的32.55%，最低值为2010年的10.90%，多数年份达到了20%以上，只有2010年、2016年至2018年这四年处于10%—20%之间。

从以上三组数据的绝对值和增速上看，企业年金发展情况良好。但如果观察企业年金的覆盖面（参与的企业比例和职工比例），则会得出不同的结论。经过十几年的发展，企业年金的覆盖面仍然不尽如人意。根据《中国养老金融发展报告（2016）》，2015年参加企业年金的企业数和职工人数增幅分别仅为2.94%和1.01%，创下历史新低；参加企业年金的75454家企业，占企业总数的0.35%，覆盖职工2316万人，职工参与率仅有5.73%，积累基金9526万元，占GDP的1.41%。此外，企业年金3/4的缴费额来自国有企业，主要集中于大型和垄断性国企，中小企业为主的民营企业占比很小。

相较于企业年金，职业年金的情况相对简单清晰。2015年1月，《关于机关事业单位工作人员养老保险制度改革的决定》颁布实施，机关事业单位与企业一样开始实行"社会统筹与个人账户相结合"的养老保险制度模式，采取同样的缴费和同样的支付公式。从形式上看，机关职工基本养老保险工资替代率会有所下降，但机关事业单位养老保险制度中有一个能保证的"职业年金"（单位按本单位工资总额的8%缴费，个人按本人缴费工资的4%缴费）来弥补"损失"，两部门养老金收入差距并不会有太大的改变。

对比中国企业年金和职业年金的基本情况，主要区别为以下几个方面（见表11-5）：从基本要求来看，目前企业年金为自愿建立，国家予以鼓励，而职业年金自养老保险"双轨制"改革以来，机关事业单位都要求建立；从缴费情况来看，企业年金为单位和个人在12%以内自愿选择，而职业年金虽然规定类似，但大多数是按照12%的比例进行缴费的；从制度发展的情况看，企业年金运营了15年后，2020年的覆盖面为2718万人，但覆盖比例仍然只有6%左右①，不足10%，基金规模为2.25万亿

---

① 截至2021年5月底，我国基本养老保险覆盖10.12亿人，其中职工养老保险参保人数达到4.6亿人。见《社会保障制度改革向纵深发展》，2021年9月5日，https://m.gmw.cn/baijia/2021-06/30/34961580.html。

元，而职业年金建立不到 7 年的时间①，2020 年的覆盖面已经超过 3000 万人，覆盖面大于 80%②，基金规模达到 1.29 万亿元。从企业年金和职业年金的覆盖面出发，如果综合衡量养老保险的第一支柱和第二支柱，企业职工的养老金水平仍然会落后于公务员，养老保险保留了"隐性双轨制"（姜玉贞，2016；薛惠元、宋君，2015）。

表 11-5　　中国企业年金和职业年金基本情况比较（2020 年）

|  | 企业年金 | 职业年金 |
| --- | --- | --- |
| 基本要求 | 自愿建立 | 强制建立 |
| 缴费情况 | 在 12% 以内自愿选择 | 大多数按照 12% 的比例缴费 |
| 运营时间 | 15 年 | 不足 7 年 |
| 覆盖人数 | 2718 万 | 超过 3000 万 |
| 覆盖比例 | 小于 10% | 大于 80% |
| 基金规模 | 2.25 万亿 | 1.29 万亿 |

资料来源：作者整理。

因此，所谓"并轨"虽然尘埃落定，但两部门养老金分配公平问题将会继续讨论下去。首先，两部门工资比例是否应该有一个固定的比值，还有就是比值的确定程序、相关统计数据公开等。由于中国养老金与工资密切相关，工资高退休金也高，所以收入的第一次分配就应该先公平起来。其次，再分配能否缩小收入差距。养老金是一种收入再分配，按照养老保险分配原则，经过收入再分配，两部门的养老金收入差距应该小于退休前工资收入差距，高工资者向低工资者转移收入，即所谓"正向分配"。

## 二　中国养老保险"双轨制"完善的关键要点

2015 年，中国机关事业单位养老保险制度的改革已经迈出一大步，

---

① 中国虽然在 2015 年年初下发了建立职业年金的文件，但实际上是 2016 年 9 月发布《职业年金基金管理暂行办法》以后才开始筹集资金。

② 2019 年时已经达到 82%。2019 年，参加基本养老保险的机关事业单位工作人员达 3612 万人，截至 2019 年 5 月底，加入职业年金的职工人数为 2970 万人，覆盖达到 82%，其中实际缴费人数占比 96.5%。

日趋完善。中国的养老保险"双轨制"改革完善过程中需重点关注以下几点。

(一) 健全多层次、多支柱养老保险体系

党的十九大报告提出："全面建成覆盖全民、城乡统筹、权责清晰、保障适度、可持续的多层次社会保障体系"。党的十九届五中全会进一步明确要"发展多层次、多支柱养老保险体系"。《中华人民共和国国民经济和社会发展第十四个五年规划和2035年远景目标纲要》提出："发展多层次、多支柱养老保险体系,提高企业年金覆盖率,规范发展第三支柱养老保险。"所以在养老保险"双轨制"的完善过程中,需将其发展更好地融入以基本养老保险为基础、企业(职业)年金为补充、个人储蓄性养老保险和商业养老保险相衔接的"三支柱"社会养老保险体系。尤其是中国第一层次(支柱)的基本养老保险长期占据比较优势,第二和第三层次(支柱)发展较弱(高庆波,2021),未来需要在个人账户的发展、税收优惠政策的完善、第三支柱的探索等方面加强发力(郑秉文,2021;齐传钧,2021)。

(二) 保障两部门初次分配的公平

初次分配即工资收入,是计算养老保险的依据,在养老保险"双轨制"改革持续推进的同时,需要降低初次分配时两部门之间过大的收入差距,建立企业职工和机关事业单位两部门工资收入的平衡协调机制,比如确定比值。可以讨论的问题有:如何动态调整两部门的工资收入?工资比例是否应该有一个固定的比值?比值的依据是什么?比值合理的确定程序是什么?等等。这样不仅能够保护公职人员的合法权益,也为养老保险缩小收入差距打下基础。

(三) 调控再分配的养老保险收入

养老保险的重要作用之一就是缩小不同部门间和群体间的收入差距,所以对其进行调控尤为关键。中国养老保险"双轨制"的改革思路是为公职人员建立基本养老金和职业年金制度,在保证体现工作人员贡献差别的基础上,注意对部门间和群体间养老保险收入差距的宏观调控,其中包括积极推动和完善企业年金制度,着力解决企业年金和职业年金的不平衡问题。注重从初次分配的工资到再分配的养老保险的协同发展(郭磊,2021,2013),避免进入"隐性双轨制"。

### (四) 建立和完善正常增长机制

无论是企业职工还是公职人员，无论是工资还是养老保险，都应该根据经济增长水平和通货膨胀等因素建立正常的增长机制（如美国采用 ECI 指标），而不是随意的调整。截至 2021 年 6 月，中国企业职工养老金已经连续上调 17 次，机关事业单位养老保险业已与企业职工养老保险同步上调 6 次，但均为人力资源和社会保障部、财政部发布通知，各省市自治区根据实际情况调整，尚需进行制度化的完善。除了养老保险，还需关注企业和机关事业单位平均工资增长率的差异（呙玉红、彭浩然，2017）。

### (五) 形成透明公开的监督机制

健全的监督机制是制度良性运行的重要保证，也是前述各项政策和措施切实落地的有力推手。可以通过合法程序公开公职人员的工资和养老保险数据，这样有利于建立互信机制，让普通民众拥有知情权，监督制度的运行。同时，合理控制养老保险制度的管理费用（郭磊、胡雨薇，2021），优化养老保险的管理体制与治理体系（王延中，2018），也需要监督机制发挥积极作用。

# 参考文献

ABP, *ABP Annual Report* 2006, ABP Investments, Heerlen, 2006.

Alber, J., *Vom Armenhaus zum Wohlfahrtsstaat*, Frankfurt a. M. and New York: Campus, 1982.

Albrecht, W. G., & Hingorani, V. L., "Effects of Governance Practices and Investment Strategies on State and Local Government Pension Fund Financial Performance", *International Journal of Public Administration*, Vol. 27, No. 8 – 9, 2004.

Allen, S. G., Clark, R. & McDermed, A., "Job Mobility, Older Workers and the Role of Pensions", *Research on Aging*, Vol. 10, No. 4, 1988.

Allen, S. G., Clark, R. & McDermed, A., "Pensions, Bonding and Lifetime Jobs", *Journal of Human Resources*, Vol. 28, No. 3, 1993.

Anderson, G. W., Brainard, K., *Profitable Prudence: The Case for Public Employer Defined Benefit Plans*, Pension Research Council, Wharton School, University of Pennsylvania, 2004.

Andoh, P., *Perceived Benefits and Effectiveness of Tier 2 of the 3 Tier Pension Scheme among Public Sector Staff in Central Region*, 2020.

Asch B., Haider S. J. and Zissimopoulos J., "Financial Incentives and Retirement: Evidence from Federal Civil Service Workers Original Research Article", *Journal of Public Economics*, Vol. 89, No. 2, 2005.

Asher, M., *Governance and Investment of Provident and Pension Funds: The Case of Singapore and India*, Presentation prepared for the Second Public Pension Fund Management Conference, World Bank, Washington, May 5 – 7, 2003.

Aubry, J. P., Crawford, C. V., *Impact of Public Sector Assumed Returns on In-*

vestment Choices, State and Local Pension Plans Briefs ibslp63, Center for Retirement Research, 2019.

Bagchi, S. , "The Effects of Political Competition on the Generosity of Public-sector Pension Plans", *Journal of Economic Behavior & Organization*, Vol. 164, No. 8, 2018.

Bagchi, Sutirtha. , "The Effects of Political Competition on the Generosity of Public-sector Pension Plans", *Journal of Economic Behavior & Organization*, Vol. 164, 2019.

Bagchi, S. , NaughtonJ, "Public-sector Pension Plans and the Discount Rate Assumption: The Role of Political Incentives ", *Economics Letters*, Vol. 204, 2021.

Bixby, A. K. , "Benefits and Beneficiaries under Public Employee Retirement Systems, Fiscal Year 1989", *Social Security Bulletin*, Washington Vol. 55, No. 2, 1992.

Borella, M. , "The Distributional Impact of Pension System Reforms: An Application to the Italian Case", *Fiscal Studies*, Vol. 25, No. 4, 2004.

Brown, K. M. , "The Link between Pensions and Retirement Timing: Lessons from California Teachers ", *Journal of Public Economics*, Vol. 98, No. 2, 2013.

Brugiavini, A. , & Peracchi, F. , *Fiscal Implications of Pension Reforms in Italy*, In Social Security Programs and Retirement around the World: Fiscal Implications of Reform (pp. 253 – 294), University of Chicago Press, 2007.

Bureau of Labor Statistics, *Employee Benefits in Medium and Large Private Establishments*, Washington, D. C. : U. S. Government Printing Office, 1997.

Bureaucratus, "FERS Not a Better Deal than CSRS", *Federal Computer Week*, Vol. 12, No. 26, 1998.

Cavalcanti, T. , & Santos, M. D. , *(Mis) allocation Effects of an Overpaid Public Sector*, CEPR Discussion Papers 15173, C. E. P. R. Discussion Papers, 2020.

Cerda, R. A. , "The Chilean Pension Reform: A Model to Follow?", *Journal of Policy Modeling*, Vol. 30, No. 3, 2008.

Chen, D. , & Wijnbergen, S. V. , "Redistributive Consequences of Abolishing

Uniform Contribution Policies in Pension Funds", *De Economist*, Springer, Vol. 168, No. 3, 2020.

Chen, G., Kriz, K., & Ebdon, C., "The Effect of Board Composition on Public Sector Pension Funding", *Journal of Public Budgeting Accounting &Financial Management*, Vol. 27, No. 3, 2015.

Chi, W., & Li, B., "Trends in China's Gender Employment and Pay gap: Estimating Gender Pay Gaps with Employment Selection", *Journal of Comparative Economics*, Vol. 42, No. 3, 2014.

Chingos, M. M., West M. R., "Which Teachers Choose a Defined Contribution Pension Plan? Evidence from the Florida Retirement System", *Education Finance and Policy*, Vol. 10, No. 2, 2015.

Clark, R. L., Hammond, R. G., & Vanderweide, D., "Navigating Complex Financial Decisions at Retirement: Evidence from Annuity Choices in Public Sector Pensions", *Journal of Pension Economics and Finance*, Vol. 18, No. 4, 2019.

Clark, R. L., Morrill, M. S., & Vanderweide, D., "Defined Benefit Pension Plan Distribution Decisions by Public Sector Employees", *Journal of Public Economics*, Vol. 116, 2014.

Cohen, E. W., *The Growth of the British Civil Service* 1780 – 1939, London: Frank Cass & Co, 1965.

Coile, C., Stewart, S., "Retirement Incentives and Behavior of Private and Public Sector Workers", *Journal of Pension Economics and Finance*, Vol. 20, No. 3, 2021.

Costrell, R. M., Podgursky, M., "Peaks, Cliffs, and Valleys: The Peculiar Incentives in Teacher Retirement Systems and Their Consequences for School Staffing", *Education Finance and Policy*, Vol. 4, No. 2, 2009.

Craig. L. A., "The Political Economy of Public-Private Compensation Differentials: The Case of Federal Pensions", *The Journal of Economic History*, Vol. 55, No. 2, 1995.

Cui J., Jong F. de & Ponds, E. H. M., "Intergenerational Risk Sharing within Funded Pension Schemes", *Journal of Pension Economics and Finance*, Vol. 10, No. 1, 2011.

Danzer, A. M., Dolton, P., & Bondibene, C. R., *Who Wins? Evaluating the Impact of Uk Public Sector Pension Scheme Reforms*, IZA Discussion Papers, 2016.

DeArmond, M., Goldhaber, D., "Scrambling the Nest Egg: How Well Do Teachers Understand Their Pensions, and What Do They Think about Alternative Pension Structures?", *Education Finance and Policy*, Vol. 5, No. 4, 2010.

Diamond, P. A., "A Framework for Social Security Analysis", *Journal of Public Economics*, Vol. 8, No. 3, 1977.

——, *Privatization of Social Security: Lessons from Chile (No. w4510)*, National Bureau of Economic Research, 1993.

——, *The Economics of Social Security Reform (No. w6719)*, National Bureau of Economic Research, 1998.

Edo, A., Toubal, F., "Immigration and the Gender Wage Gap", *European Economic Review*, Vol. 92, 2017.

El-Agraa A. M., "Public Pension Provision: A Comparison of the British and Japanese Systems, Based on Their University Arrangements", *Pensions*. Vol. 13, No. 1-2, 2008.

Employee Benefit Research Institute (EBRI), *EBRI Looks Back at 25 Years of Federal Pension Reform*, http://www.ebri.org/publications, 2011.

Feldstein, M., *Structural Reform of Social Security (No. w11098)*, National Bureau of Economic Research, 2005.

Feldstein, M., Ranguelova, E., *Individual Risk in an Investment-based Social Security System*, NBER Working Paper 8074, 2001.

Ferrari, I., "The Effectiveness of Incentives to Postpone Retirement: Evidence from Italy", *Journal of Pension Economics and Finance*, Vol. 18, No. 2, 2019.

Fitzpatrick. M. D., "How Much Are Public School Teachers Willing to Pay for Their Retirement Benefits?", *American Economic Journal: Economic Policy*, Vol. 7, No. 4, 2015.

Flora, P., & Alber, J., *Modernization, Democratization, and the Development of Welfare States in Western Europe*, In Peter Flora, and Arnold Heidenheimer: *The Development of Welfare States in Europe and America*, New Brunswick, USA und London, UK: Transaction Books, 1981.

Foltin, C., Flesher, D. L., Previts, G. J., & Stone, M. S., "New Strategies and Techniques to Preserve State and Local Government Retirement Funds", *The Journal of Government Financial Management*, Vol. 68, No. 1, 2019.

Fore, D., *Going Private in the Public Sector: The Transition from Defined Benefit to Defined Contribution Pension Plans. in Mitchell*, O. S. and E. C. Hustead, Pensions in the Public Sector, University of Pennsylvania Press, Philadelphia, 2000.

Freibert, A., Public Sector Pensions in Germany, In Seminar on "Social Rights and Pensions for Civil Servants in some EU Members States", Vilnius (Vol. 9), 2006.

Frerich, J., *Sozialpolitik. Das Sozialleistungssystem der Bundesrepublik Deutschland: Darstellung, Probleme und Perspektiven der Sozialen Sicherung*. 2nd ed. (1st ed. 1987), München and Wien: Oldenbourg, 1990.

Galasso, V., Profeta, P., "The Political Economy of Social Security: A survey", *European Journal of Political Economy*, Vol. 18, No. 1, 2002.

Goldowitz, I., *Funding of Public Sector Pension Plans: What Can Be Learned from the Private Sector?*, Social Science Electronic Publishing, 2018.

Gomes, P. M., Wellschmied, F., Public-sector Compensation over Thelife Cycle, IZA Discussion Papers 13042, Institute of Labor Economics, 2020.

Gustman, A. L., Steinmeier, T. L., "An Analysis of Pension Benefit Formulas, Pension Wealth and Incentives from Pensions", *Research in Labor Economics*, Vol. 10, 1989.

——, "Pension Portability and Labor Mobility: Evidence from the Survey of Income and Program Participation", *Journal of Public Economics*, Vol. 50, 1993.

Gustman, A. L., Steinmeier, T. L., *Pension Incentives and Job Mobility*, W. E. Upjohn Institute for Employment Research, Kalamazoo, Michigan, 1995.

Haberman, S., Sung, J. H., "Dynamic Approaches to Pension Funding", *Insurance: Mathematics and Economics*, Vol. 15, No. 2 – 3, 1994.

Haberman, S., "Stochastic Investment Returns and Contribution Rate Risk in a Defined Benefit Pension Scheme", *Insurance: Mathematics and Economics*,

Vol. 19, No. 12, 1997a.

——, "Risk in a Defined Benefit Pension Scheme", *Singapore International Insurance and Actuarial Journal*, Vol. 11, 1997b.

Haberman, S., & Sung, J. H., "Optimal Pension Funding Dynamics over Infinite Control Horizon When Stochastic Rates of Return Are Stationary", *Insurance: Mathematics and Economics*, Vol. 36, No. 1, 2005.

Haberman, S., Butt, Z., & Megaloudi, Ch., "Contribution and Solvency Risk in a Defined Benefit Pension Scheme", *Insurance: Mathematics and Economics*, Vol. 27, No. 2, 2000.

Hattenhauer, H., *Geschichte des deutschen Beamtentums*. 2nd, enlarged ed. Köln, Berlin, Bonn and München: Carl Heymanns Verlag (Handbuch des Öffentlichen Dienstes, Vol. I), 1993.

Hess, D., G. Impavido, *Governance of Public Pension Funds: Lessons from Corporate Governance and International Evidence*, World Bank Policy Research Working Paper 3113, World Bank, Washington, 2003.

Hiilamo, H., Bitinas, A., & Chn, N., "Extending Pension Coverage in Cambodia: The Governance and Investment Challenges of the Social Security Investment Fund", *International Social Security Review*, Vol. 73, No. 4, 2020.

Holden, S., VanDerhei J., *Can 401 (k) Accumulations Generate Significant Income for Future Retirees?* EBRI Issue Brief 251 (November), Washington, D. C.: Employee Benefit Research Institute. Also available as Perspective, Vol. 8, No. 3 (November). Washington, D. C.: Investment Company Institute, 2002.

Information about alpha., 2021-09-09, *Civil Service Pensions*, https://www.civilservicepensionscheme.org.uk.

Jaaidane, T., Gary-Bobo, R. J., "The Evaluation of Pension Reforms in the Public Sector: A Case Study of the Paris Subway Drivers", *Journal of Institutional & Theoretical Economics*, Vol. 174, No. 2, 2018.

Jae-Kyeong, K., Hyung-Pyo, M., *Pension Systems for Public Sector Employees in the Republic of Korea (No. 499)*, Center for Intergenerational Studies, Institute of Economic Research, Hitotsubashi University, 2011.

Järnefelt, N., Nivalainen, S., Salokangas S., & Uusitalo H., *Socioeconomic*

*Differences*: *Working Lives, Retirement and the Pension System*, Finnish Centre for Pension, Reports 01/2014.

Kauppi, M., Prakash, K. C., Virtanen, M., Pentti, J., & Stenholm, S., "Social Relationships as Predictors of Extended Employment Beyond the Pensionable Age: A Cohort Study", *European Journal of Ageing*, Vol. 18, No. 4, 2021.

Kim, D., Koedel, C., Kong, W., Ni, S., Podgursky, M., & Wu, W., "Pensions and Late-career Teacher Retention", *Education Finance and Policy*, Vol. 16, No. 1, 2021.

Kim, D., Koedel, C., & Xiang, P. B., "The Trade-off between Pension Costs and Salary Expenditures in the Public Sector", *Journal of Pension Economics and Finance*, Vol. 20, No. 1, 2020.

Kings, J., Turkisch, E., & Manning, N., *Public Sector Pensions and the Challenge of an Ageing Public Service*, OECD Working Papers on Public Governance, No. 2, OECD Publishing, 2007.

Koedel, C., Podgursky M., & Shi, S., "Teacher Pension Systems, the Composition of the Teaching Workforce, and Teacher Quality", *Journal of Policy Analysis and Management*, Vol. 32, No. 3, 2013.

Kong, W., Ni, S., Podgursky, M., & Wu, W., *Pension Enhancements and Teacher Retirement Behavior*, Working Papers 1814, Department of Economics, University of Missouri, 2018.

K Oshima, Y., *Japan's Public Sector Balance Sheet*, IMF Working Papers, 2019.

Kraus, M., "Social Security Strategies and Redistributive Effects in European Social Transfer Systems", *Review of Income and Wealth*, Vol. 50, No. 3, 2004.

Leal, C., *Civil Service Pension Schemes: An Overview of EU Member States*, In the Paper of seminar on "social rights and pensions for civil servants in some EU member states", Vilnius (Vol. 9), 2006.

Lee A. C., "The Political Economy of Public-Private Compensation Differentials: The Case of Federal Pensions", *The Journal of Economic History*, Vol. 55, No. 2, 1995.

Lee, E. M., *An Introduction to Pension Schemes*, Institute and Faculty of Actuaries, London, UK, 1986.

Liebman, J. B., "Redistribution in the Current US Social Security System", In *The distributional aspects of social security and social security reform*, University of Chicago Press, 2002.

Maina, N. G., *Utilization of Mobile Technology in Dissemination of Information for Pension Claims Processing in Jubilee Insurance*, University of Nairobi, 2020.

Martin P. P., "Comparing Replacement Rates under Private and Federal Retirement Systems", *Social Security Bulletin*, Vol. 65, No. 1, 2003.

Maurer, R., Mitchell, O. S., & Rogalla, R., "Managing Contribution and Capital Market Risk in a Funded Public Defined Benefit Plan: Impact of CVaR cost constraints", *Insurance: Mathematics and Economics*, Vol. 45, No. 1, 2009.

Mesa, A. A. D. & Bertranou F., "Learning from Social Security Reforms: Two Different Cases, Chile and Argentina", *World Development*, Vol. 25, No. 3, 1997.

Mitchell, O. S., *Redesigning Public Sector Pensions in Developing Countries*, Pension Research Council Working Paper 2002 – 9, University of Pennsylvania, Pennsylvania, 2002.

Mitchell, O. S., & Hsin, P. L., Public Pension Fund Governance and Performance, NBER Working Paper 4632, Cambridge, 1994.

Mitchell, O. S., & Carr, R., *State and Local Pension Plans (No. w5271)*, National Bureau of Economic Research, 1995.

Mitchell, O. S., Mccarthy, D., Wisniewski, S. C., Zorn, P., *Developments in State and Local Pension Plans*, In: Mitchell, O. S., Hustead, E. C. (Eds.), "Pensions in the Public Sector", University of Pennsylvania Press, Philadelphia, 11 – 40, 2001.

Müller, C., Raffelhüschen, B., & Weddige, O., *Pension Obligations of Government Employer Pension Schemes and Social Security Pension Schemes Established in EU Countries*, Research Center for Generational Contracts, Freiburg, 2009.

Munnell A. H., Kopcke, R. W., Aubry J – P., & Quinby L., *Valuing Liabilities in State and Local Plans*, Center for Retirement Research, Boston College, 2010.

Munnell, & Soto., *State and Local Pensions Are Different from Private Plans*, Center for Retirement Research at Boston College, No. 1, 2007.

Munyambonera, E., Munu, M. L., *The Need for Further Reforms in Uganda's Public Sector Pension System*, Policy Briefs, 11, 2017.

National Pension Service, *Annual Report* 2013 – *Fund Management of National Pension*, 2014, http://www.nps.or.kr.

Ngwira, B., & Gerrard, R., "Stochastic Pension Fund Control in the Presence of Poisson Jumps", *Insurance: Mathematics and Economics*, Vol. 40, No. 2, 2007.

Ni, S., Podgursky, M., "How Teachers Respond to Pension System Incentives: New Estimates and Policy Applications", *Journal of Labor Economics*, Vol. 34, No. 4, 2016.

OECD, *Towards better measurement of government*, OECD Working Papers on Public Governance, 2007.

——, *Pensions at a Glance* 2019: *OECD and G20 Indicators*, 2020 – 05 – 02, http://www.oecd-ilibrary.org, 2019.

——, *Civil Service Pension Reform in Developing Countries: Experiences and Lessons*, OECD Development Policy Papers, No. 33, OECD Publishing, 2020.

Owadally, M. I., & Haberman, S., "Efficient Amortization of Actuarial Gains/Losses and Optimal Funding in Pension Plans", *North American Actuarial Journal*, Vol. 8, No. 1, 2004.

Palacios, R., "Securing Public Pensions", in Mitchell, O. S. and K. Smetters, *The Pension Challenge – Risk Transfers and Retirement Income Security*, Oxford University Press, Oxford, 2003.

Palacios, R., & Whitehouse, E., *Civil-service Pension Schemes around the World*, MPRA Paper No. 14796, World Bank, 2006.

Palme, J., *Pension Rights in Welfare Capitalism: The Development of Old-Age Pensions in 18 OECD Countries 1930 to 1985*, Edsbruk: Akademitryck AB (Swedish Institute for Social Research, Vol. 14), 1990.

Papke, L. E. , "Retirement Choices by State and Local Public Sector Employees: The Role of Eligibility and Financial Incentives", *Journal of Pension Economics and Finance*, Vol. 18, No. 4, 2019.

Park, S. H. , *Inbetween Government Unilateralism and Corporatist Social Bargaining: The Cases of Public-Sector Pension Reforms in the UK and Ireland*, 2021 - 09 - 18, https://ces.confex.com/ces/2016/webprogram/Paper13964.html, 2016.

Patricia, M. P. , "Social Security Bulletin" Vol. 65, No. 1, 2003/2004.

Pension Benefits. , EBRI Looks Back at 25 Years of Federal Pension Reform. Oct. 2011, Vol. 20 Issue 10, 2011 - 12 - 25, http://www.ebri.org/publications.

Plzzebon. , *The Outlook for Canada's Public Sector Employee Pensions*, Pension Research Council Working Paper 2008 (23). The Wharton School, University of Pennsylvania, 2008.

Ponds E. , Severinson C. , & Yermo J. , *Funding in Public Sector Pension Plans——International Evidence*, NBER Working Paper No. 17082, 2011.

Ponds, E. , *Pension funds for government workers in OECD countries*, 2011, http://www.oecd.org/finance/private-pensions/47827915.pdf.

Ponds, E. , Severinson, C. & Yermo, J. , *Funding in Public Sector Pension Plans: International Evidence*, OECD Working Papers on Finance, Insurance and Private Pensions, No. 8, 2011.

Pozzebon, S. , Canadian Public Sector Employees Pension Fund. In Mitchell O. and Hustead E. , *Pension in the Public Sector*, University of Pennsylvania Press, Pennsylvania, 2000.

Pozzebon, S. , *The Outlook for Canada's Public Sector Employee Pensions*, Oxford University Press, 2009.

Pries, M. J. , "Social Security Reform and Intertemporal Smoothing", *Journal of Economic Dynamics and Control*, Vol. 31, No. 1, 2007.

Purcell P. J. , "Federal Employee Retirement Programs and the Federal Budget", *Journal of Deferred Compensation*. New York. 10, 1, 2004.

——, "Federal Employees' Retirement System: The Role of the Thrift Savings Plan", *Journal of Deferred Compensation*, No. 13, 2007.

——, "Disability Retirement for Federal Employees", *Journal of Pension Planning and Compliance*. New York. 34, 2008.

——, "Survivor Benefits for Families of Civilian Federal Employees and Retirees", *Journal of Pension Planning and Compliance*. 34, 2009.

Quinby, L. D., Sanzenbacher, G., *Do Public Sector Workers Increase Their Outside Savings in Response to Pension Cuts?*, Boston College Working Papers in Economics, 2021.

Quinn, J. F., Cahill, K. E., & Giandrea M. D., "Transitions from Career Employment among Public-and Private-sector Workers", *Journal of Pension Economics & Finance*, Vol. 18, No. 4, 2019.

Ramos, E., *The Portuguese Civil Service Pensions System*, Paper of Seminar on "Social Rights and Pensions for Civil Servants in some EU Member States", Vilnius, 9, 2006.

Raphael, M., *Pensions and Public Servants: A Study of the Origin of the British System*, Paris and La Haye: Mouton, 1964.

Root, L. S., *Fringe Benefits: Social Insurance in the Steel Industry*, Beverly Hills, California: Sage Publications, 1982.

Rose, P., & Seligman, J. S., "Are Alternative Investments Prudent? Public Sector Pension Use and Fiduciary Duty", *Journal of Alternative Investments*, Vol. 18, No. 3, 2016.

Rothenbacher, F., *The Welfare State of the Civil (or Public) Servants in Europe: A Comparison of the Pension Systems for Civil (or Public) Servants in France, Great Britain, and Germany (No. 74)*, MZES, 2004.

Saint-Jours, Y., *Landesbericht Frankreich. In Peter A. Köhler, and Hans F. Zacher eds. Ein Jahrhundert Sozialversicherung in der Bundesrepublik Deutschland, Frankreich, Großbritannien, Österreich und der Schweiz.* Berlin: Duncker & Humblot, 181 – 268 (Schriftenreihe für Internationales und Vergleichendes Sozialrecht, Vol. 6), 1981.

Sakamoto, *Unifying Pension Schemes in Japan: Toward a Single Scheme for Both Civil Servants and Private Employees*, Pension Research Council Working Paper 2008 (24), The Wharton School, University of Pennsylvania, 2008.

Sánchez Martín, A. R., "Endogenous Retirement and Public Pension Systemreform in Spain", *Economic Modelling*, Vol. 27, No. 1, 2010.

Song, In-Bo., *The Political Economy of Civil Service Pension Reforms in Korea*, Ph D Dissertation, The University of Sheffield, Sheffield, 2010.

Summer, Rudolf, ed., *Dokumente zur Geschichte des Beamtenrechts*, Bonn: Deutscher Beamtenverlag, 1986.

Thuillier, G., "Une RéVolution Administrative: Les Caisses de Retraites des Fonctionnaires Sous le Premier Empire", La Revue administrative: revue bimestrielle de l'administration moderne, No. 264, 1991.

——, *Pour une histoire des pensions de retraite des fonctionnaires au XIXe siècle*, In Ministère de l'Économie, des Finances et du Budget, Comité pour l'Histoire Économique et Financière, Histoire économique et financière de la France / Études et documents, vol. IV. Paris: Imprimérie Nationale, 125 – 178, 1992.

——, *Les pensions de retraite des fonctionnaires au XIXe siècle*, Paris: Association pour l'Étude de l'Histoire de la Sécurité Sociale, 1994.

Vinicius Carvalho Pinheiro, "Abstract: Pension Funds for Government Workers in OECD Countries", *Financial Market Trends*, Vol. 89, No. 2, 2005.

Wagner, G. A., Elder, E. M., "Campaigning for Retirement: State Teacher Union Campaign Contributions and Pension Generosity", *European Journal of Political Economy*, Vol. 68, No. 1, 2020.

Whitehouse, E., *Pensions for Public-sector Employees: Lessons from OECD Countries' Experience*, Social Protection and Labor Discussion Paper; No. 1612. World Bank, Washington, DC, 2016.

Wolf, D. A. & Levy, F., *Pension Coverage, Pension Vesting and the Distribution of Job Tenures*, in Aaron H. J. & Burtless, G. T. (eds), Retirement and Economic Behavior, Brookings Institution, Washington, D. C, 1984.

World Bank, *Reforming Civil Service Pensions in Pakistan*, Technical Assistance Note, South Asia, Human Development Unit, Washington D. C., 2006.

Wunder, B., "Die Einführung des Staatlichen Pensionssystems in Frankreich (1760 – 1850)", *Francia: Forschungen zur westeuropäischen Geschichte* 11 (1983), 1984.

Yamada, T., "A Politically Feasible Social Security Reform with a Two-tier

Structure", *Journal of The Japanese and International Economies*, Vol. 25, No. 3, 2011.

Yang, T., & Mitchell, O. S., *Public Pension Governance, Funding, and Performance: A Longitudinal Appraisal*, Pension Research Council, The Wharton School, University of Pennsylvania, 2005.

Yermo, J., "Governance and Investment of Public Pension Reserve Funds In Selected OECD Countries", *OECD Journal: Financial Market Trends*, No. 15, 2008.

Zall M., "Applying for Benefits", *Federal Computer Week*, 15, 2001.

柏正杰、陈洋洋：《协调、创新与共享：企业年金与职业年金协同优化研究》，《西北人口》2020年第6期。

财新网：《中国养老金并轨启动公务员担心退休金将削减一半》，2011年3月4日，凤凰网—财经（http://finance.ifeng.com/news/20110304/3564962.shtml）。

蔡萌、岳希明：《中国社会保障支出的收入分配效应研究》，《经济社会体制比较》2018年第1期。

蔡向东、蒲新微：《事业单位养老保险制度改革方案刍议》，《当代经济研究》2009年第8期。

蔡晓卫：《对我国公务员养老保险制度的思考》，《浙江金融》2005年第5期。

曹园、杨再贵：《我国机关事业单位养老保险新政下的替代率测算》，《江西财经大学学报》2016年第1期。

陈飞飞：《上海城镇职工养老保险制度研究——人口老龄化、政策选择和数值模拟》，博士学位论文，同济大学，2007年。

陈建辉：《公务员养老保险制度改革研究》，《福州大学学报》（哲学社会科学版）2008年第22期。

陈凯：《韩国的养老保险制度》，《学习时报》2013年。

陈文辉：《智利养老金制度改革与评价》，《保险研究》2006年第11期。

陈星、魏枫：《美国高校教师职业年金计划发展动态与启示》，《中国地质大学学报》（社会科学版）2015年第4期。

陈洋：《机关事业单位养老保险并轨合意缴费水平的国民财富效应前瞻性分析》，博士学位论文，辽宁大学，2017年。

陈洋、穆怀中、边恕：《机关事业单位养老保险职业年金缴费适度水平研究》，《数量经济技术经济研究》2019年第3期。

陈洋、张霁雯、穆怀中：《机关事业单位养老保险统筹账户降低缴费率对财政支出的影响研究》，《经济理论与经济管理》2020年第8期。

陈宗利：《机关事业单位养老保险制度改革探析》，《经济师》2006年第8期。

邓大松、马淑杰：《日本高等学校养老保险制度的经验启示》，《湖北社会科学》2007年第10期。

东方早报：《中国将试点公务员社保制度大众含泪仰望》，2011年2月23日，教育中国－中国网（http：//www.china.com.cn/education/2011－02/23/content_ 21987194.htm）。

董黎明：《机关事业单位养老保险制度的人性化选择》，《技术经济》2007年第3期。

董振廷：《机关事业单位养老保险改革对于财政支付压力的影响分析——以中小学教师为例》，《社会保障研究》2016年第5期。

樊纲：《平等、公平与经济发展》，《开放导报》2004年第6期。

封进：《养老金并轨之路有多远》，《东方早报》2013年3月12日第C12版。

封铁英、戴超：《公益服务类事业单位养老保险基金收支预测与政策仿真——基于养老保险制度参数的优化设计》，《中国软科学》2010年第11期。

高和荣：《底线公平：机关事业单位养老保险制度改革的价值取向》，《探索》2015第6期。

高庆波：《多层次养老保险制度发展不平衡探析：约束与选择》，《华中科技大学学报》（社会科学版）2021年第3期。

葛延风等：《中国机关事业单位养老金制度改革研究——一种方案设计》，外文出版社2003年版。

关信平：《当前我国社会保障制度公平性分析》，《苏州大学学报：哲学社会科学版》2013年第3期。

广东、广西、湖南、河南辞源修订组，商务印书馆编辑部编：《辞源（全两册）纪念版》，商务印书馆2009年版。

郭剑平、黄健元、缪俊花：《职业年金倒逼企业年金发展效应分析》，《河海大学学报》（哲学社会科学版）2016 年第 5 期。

郭磊：《福利国家将何去何从？——兼论"福利国家的未来"一文》，《经济问题探索》2013 年第 10 期（2013a）。

——《我国机关事业单位养老保险制度：破除路径依赖的"魔咒"》，《贵州社会科学》2013 年第 11 期（2013b）。

——《机关事业单位工资和养老保险制度的变迁与交织》，《贵州社会科学》2018 年第 5 期（2018a）。

——《东欧 11 国养老金改革及政策评估》，《中国社会保障》2018 年第 1 期（2018b）。

——《拉美国家养老金的性别差距》，《中国社会保障》2018 年第 7 期（2018c）。

郭磊：《内部协调与外部平衡：高校教师收入分配的优化路径》，《重庆高教研究》2021 年，网络首发。

郭磊、潘锦棠：《养老保险"双轨制"的起源与改革》，《探索与争鸣》2015 年第 5 期。

郭磊、毛畅果：《收入分配中的性别差异：来自工资与养老保险的解释》，《软科学》2018 年第 9 期。

郭磊、徐明：《中美公务员养老保险制度的变迁——再分配效果的检验》，《人口与经济》2020 年第 6 期。

郭磊、胡雨薇（编译）：《积累型养老金计划的"费用"比较》，《中国社会保障》2021 年第 5 期。

郭秀云、邵明波：《养老保险基金中央调剂制度的省际再分配效应研究》，《江西财经大学学报》2019 年第 3 期。

郭瑜：《机关事业单位养老保险改革的替代率测算》，《保险研究》2015 年第 4 期。

呙玉红、彭浩然：《"大池方案"还是"小池方案"？——机关事业单位养老保险制度改革新探》，《中山大学学报》（社会科学版）2017 年第 4 期。

桂世勋：《改革我国公务员的养老保险制度》，《人口学刊》2004 年第 5 期。

——《改革我国事业单位职工养老保险制度的思考》，《华东师范大学学报》（哲学社会科学版）2010 年第 3 期。

韩国栋:《企业养老金与机关事业单位退休费差距问题分析与思考》,《山东劳动保障》2007年第1期。

韩艳,朱火云:《事业单位养老保险政策改革及其启示——基于1978—2015年国家层面政策文本的研究》,《学术探索》2015年第10期。

韩烨:《论养老金并轨改革的目标定位、约束因素与对策选择》,《社会科学战线》2016年第9期。

黄健元、刘彧美、王欢:《公平视域下机关事业单位养老保险新政的功效分析》,《社会保障研究》2016年第2期。

何立新:《中国城镇养老保险制度改革的收入分配效应》,《经济研究》2007年第3期。

何立新、佐藤宏:《不同视角下的中国城镇社会保障制度与收入再分配——基于年度收入和终生收入的经验分析》,《世界经济文汇》2008年第5期。

何立新、封进、佐藤宏:《养老保险改革对家庭储蓄率的影响:中国的经验证据》,《经济研究》2008年第10期。

何文炯:《社会保险制度应更加注重公平性》,《中国劳动》2008年第9期。

——《社会养老保障制度要增强公平性和科学性》,《经济纵横》2010年第9期。

——《我国现行社会保障收入再分配的机理分析及效应提升》,《社会科学辑刊》2018年第5期。

何宪:《我国公职人员工资分类管理研究》,《经济理论与经济管理》2017年第3期。

华迎放:《对事业单位养老保险制度改革的思考》,《中国劳动保障》2006年第11期(2006a)。

——《建设统一的养老保险制度》,《瞭望》2006年第22期(2006b)。

加里·贝克尔:《人力资本》,北京大学出版社1987年版。

贾可卿:《分配正义论纲》,人民出版社2010年版。

贾丽萍:《我国机关事业单位养老保险并轨现存阻碍及对策建议》,《经济纵横》2017年第7期。

姜玉贞:《机关事业单位养老保险制度转轨的现实意义及潜在风险》,《山东大学学报》(哲学社会科学版)2016年第3期。

金刚、闫天娃：《机关事业单位职业年金替代率研究》，《北京航空航天大学学报》（社会科学版）2018 年第 4 期。

金赟：《养老保险双轨制历史沿革与改革路径研究》，《浙江学刊》2015 年第 1 期。

景天魁：《社情人情与福利模式——对中国大陆社会福利模式探索历程的反思》，《探索与争鸣》2011 年第 6 期。

卡尔·马克思：《法兰西内战》，民族出版社 1972 年版。

柯龙山：《我国城镇养老金双轨制的历史演进与终结研究》，博士学位论文，福建师范大学，2016 年。

李超民编著：《美国社会保障制度》，上海人民出版社 2009 年版。

李道揆：《美国的政府机构与人事制度》，人民出版社 1985 年版。

——《美国政府和美国政治》，商务印书馆 1999 年版。

李俊、安立波：《2011—2050 年机关事业单位养老保险财务状况》，《中国老年学杂志》2016 年第 22 期。

李齐云、李征宇、鲁家琛：《中国社会保障制度对居民收入的再分配效应分析》，《公共财政研究》2020 年第 1 期。

李实、朱梦冰、詹鹏：《中国社会保障制度的收入再分配效应》，《社会保障评论》2017 年第 1 期。

李晓宁：《转轨时期初次分配的效率与公平研究》，经济科学出版社 2010 年版。

李珍、孙永勇：《养老保险制度的国际比较》，《江西财经大学学报》2004 年第 4 期。

林晓洁：《双轨制终结——机关事业单位养老保险制度改革历程回顾》，《中国人力资源社会保障》2015 年第 2 期。

林义、何沛：《OECD 国家公职人员差异化养老保险制度的经验》，《行政管理改革》2015 年第 5 期。

林逸涛：《职业年金投资策略与借鉴：基于养老保障类基金角度》，《社会保障研究》2018 年第 4 期。

刘桂莲：《中国企业年金市场化投资的特征、困境及优化措施——基于资产配置的分析》，《华中科技大学学报》（社会科学版）2021 年第 3 期。

刘苓玲、李培：《养老保险制度收入再分配效应文献综述》，《社会保障研究》2012 年第 2 期。

刘仁春、陈秋静:《政策变迁中的路径依赖:我国养老公平问题审视》,《中州学刊》2016 年第 11 期。

刘艺戈:《职业年金体系:事业单位养老保险改革的有益补充》,《人民论坛》2016 年第 35 期。

刘迎秋:《论人力资本投资及其对中国经济成长的意义》,《管理世界》1997 年第 3 期。

龙玉其:《国外公务员养老保险制度发展与改革比较研究》,博士学位论文,中国人民大学,2011 年。

——《国外职业年金制度比较与启示》,《中国行政管理》2015 年第 9 期。

——《论公务员养老保险制度的公平性与效率性》,《理论月刊》2017 年第 9 期。

——《职业年金制度风险及其整体性治理》,《社会保障研究》2020 年第 3 期。

龙玉其、刘莹:《机关事业单位职业年金制度的回顾、评析与展望》,《河北大学学报》(哲学社会科学版) 2017 年第 6 期。

卢驰文:《机关事业与企业职工养老保险并轨新方案研究——主要基于养老金计发办法视角》,《社会保障研究》2015 年第 5 期。

陆明涛:《中国养老金双轨制并轨改革的成本测算》,《老龄科学研究》2013 年第 7 期。

吕学静:《各国社会保障制度》,经济管理出版社 2001 年版。

马伟、刘洋、杨潇,等:《机关事业单位养老保险替代率问题探讨》,《统计与决策》2017 年第 14 期。

穆怀中、杨傲:《养老保险"并轨"总合替代率适度水平研究》,《税务研究》2020 年第 8 期。

牛文光:《美国社会保障制度的发展》,中国劳动社会保障出版社 2004 年版。

潘锦棠:《养老社会保险制度中的性别利益——兼评关于男女退休年龄的讨论》,《中国社会科学》2002 年第 2 期。

——《世界男女退休年龄现状分析》,《甘肃社会科学》2003 年第 1 期 (2003a)。

——《性别人力资本理论》,《中国人民大学学报》2003 年第 3 期

（2003b）。

——《新中国基本养老保险六十年》，《马克思主义与现实》2010 年第 1 期。

——《社会保障学概论》，北京师范大学出版社 2012 年版。

彭浩然、申曙光：《改革前后我国养老保险制度的收入再分配效应比较研究》，《统计研究》2007 年第 2 期。

蒲晓红、王雅：《职业年金计发完毕后的机关事业单位养老金待遇测算研究》，《社会保障研究》2021 年第 4 期。

齐传钧：《中国第三支柱养老保险做大做强的可能性分析》，《华中科技大学学报》（社会科学版）2021 年第 3 期。

秦建国：《我国机关事业单位养老保险制度改革研究》，《理论探讨》2007 年第 1 期。

仇雨临、郭磊：《养老金"双轨制"改革势在必行》，《中国党政干部论坛》2014 年第 5 期。

让·巴蒂斯特·萨伊：《政治经济学概论（中译本）》，陈福生等译，商务印书馆 1963 年版。

任若恩、蒋云赟、徐楠楠等：《中国代际核算体系的建立和对养老保险制度改革的研究》，《经济研究》2004 年第 9 期。

宋涛：《关于生产和分配、交换及消费的关系》，《经济研究与经济管理》1982 年第 1 期。

宋祥瑞：《各国公职人员薪酬福利制度（上中下册）》，北京大学出版社 1989 年版。

宋晓梧、高书生：《我国社会保障制度改革的近期目标与任务》，《经济学动态》2001 年第 3 期。

苏海南、杨燕绥：《中国公务员福利制度改革：原理、标准、制度、政策》，中国财政经济出版社 2008 年版。

孙爱琳：《完善我国国家公务员养老保险制度的思考》，《江西财经大学学报》2001 年第 5 期。

孙守纪、房连泉：《美国公务员职业年金债务风险及其借鉴》，《探索》2016 年第 1 期。

孙守纪、周志凯：《事业单位改制的社会保障政策衔接与配套改革》，《重庆社会科学》2012 年第 9 期（2012a）。

——《英国：公共部门养老金制度改革进行时》，《中国社会保障》2012年第8期（2012b）。

孙守纪、黄晓鹏：《国外公务员养老保险制度改革及其启示》，《中国社会科学院研究生院学报》2008年第4期。

谭功荣：《公务员制度比较研究》，重庆出版社2007年版。

陶纪坤：《瑞典社会保障制度调节收入差距的特征及其启示》，《中国行政管理》2019年第8期（2019a）。

——《社会保障制度调节收入差距的国际比较及启示》，《经济纵横》2019年第10期（2019b）。

童素娟、郭林：《养老金双轨制的历史渊源与改革取向：浙江证据》，《改革》2015年第1期。

唐钧：《事业单位养老金改革须三思而行谋定而动》，《学习之友》2009年第3期。

唐俊：《建立主权养老基金：另辟机关事业单位养老保险改革之"蹊径"》，《社会保障研究》2010年第3期。

王翠琴、王雅、薛惠元：《机关事业单位养老保险改革降低了"中人"的养老待遇吗？——基于10年过渡期后"中人"养老金替代率的测算》，《保险研究》2017年第7期。

王雅、薛惠元：《基于政策仿真的机关事业养老保险统筹基金可持续性研究》，《江西财经大学学报》2020年第4期。

王东进：《中国社会保障制度的改革与发展》，法律出版社2001年版。

王晓军：《公职人员养老金：消除双轨制的制度建设》，《中国劳动保障报》2012年6月5日第003版。

王晓军、康博威：《我国社会养老保险制度的收入再分配效应分析》，《统计研究》2009年第11期。

王晓军、乔杨：《我国企业与机关事业单位职工养老待遇差距分析》，《统计研究》2007年第5期。

——《公务员养老金制度并轨改革的设计思路与精算评估》，《社会保障研究》2013年第2期。

王延中：《推进社会保障管理体制与治理体系改革》，《社会发展研究》2018年第2期。

王延中、龙玉其：《国外公职人员养老保险制度比较分析与改革借鉴》，

《国外社会科学》2009 年第 3 期。

王延中、龙玉其、宁亚芳：《"十四五"时期中国社会保障建设的目标任务与政策建议》，《社会保障评论》2020 年第 3 期。

王延中、龙玉其、江翠萍等：《中国社会保障收入再分配效应研究——以社会保险为例》，《经济研究》2016 年第 2 期。

王亚柯、李鹏：《降费综合方案下城镇职工养老保险的精算平衡和再分配研究》，《管理世界》2021 年第 6 期。

王亚柯、李羽翔：《机关事业单位养老保障水平测算与改革思路》，《华中师范大学学报》（人文社会科学版）2016 年第 6 期。

王亚柯、高程玉：《社会保障制度的再分配效应：收入与财产》，《浙江大学学报》（人文社会科学版）2018 年第 6 期。

威廉·古德温：《政治正义论》，郑博仁、钱亚旭、王惠译，中国社会科学出版社 2011 年版。

西奥多·舒尔茨：《人力资本投资》，商务印书馆 1990 年版。

晓舟：《机关事业单位养老保险应纳入统一制度范围》，中国劳动保障报 2008 年版。

谢光永：《论企业员工退休双轨制》，《中共中央党校学报》2000 年第 4 期。

《养老金"双轨制"两端渐行渐远》，2021 年 10 月 1 日，新京报（http：//epaper.bjnews.com.cn/html/2012-09/14/content_372347.htm?div=-1）。

许鼎：《中国机关事业单位养老保险的财政负担精算评估研究》，博士学位论文，中央财经大学，2017 年。

许鼎、敖小波：《机关事业单位基本养老保险制度财务可持续性研究——基于精算公平的视角》，《经济问题》2016 年第 7 期。

薛惠元、宋君：《机关事业单位养老保险改革降低了工作人员的养老待遇吗？——基于替代率水平的测算与分析》，《经济体制改革》2015 年第 6 期。

薛惠元、王雅：《机关事业单位养老保险隐性债务与转制成本测算》，《保险研究》2020 年第 4 期。

张雪、薛惠元：《机关事业单位养老保险终身替代率测算及敏感性分析》，《统计与信息论坛》2019 年第 4 期。

薛在兴：《我国基本养老保险回报率比较研究》，《保险研究》2013 年第

11 期。

亚当·斯密：《国民财富的性质和原因的研究》，郭大力、王亚南译，商务印书馆 2008 年版。

杨翠迎、刘玉萍、王凯：《机关事业单位养老保险改革会带来新的养老鸿沟吗》，《社会保障研究》2021 年第 3 期。

杨奎：《从供给制到职务等级工资制——新中国建立前后党政人员收入分配制度的演变》，《历史研究》2007 年第 4 期。

杨立雄：《中国养老金待遇差距问题研究》，《新视野》2010 年第 1 期。

杨燕绥：《中国老龄社会与养老保障发展报告》，清华大学出版社 2014 年版。

杨燕绥、鹿峰、王梅：《事业单位养老金制度的帕累托改进条件分析》，《公共管理学报》2011 年第 1 期。

杨洋：《欧美国家公务员职业年金制度比较研究》，《社会保障研究》2016 年第 3 期。

——《国外公务员养老金制度"由分立到统一"的改革》，《社会保障研究》2021 年第 1 期。

杨再贵：《企业职工基本养老保险、养老金替代率和人口增长率》，《统计研究》2008 年第 5 期。

杨再贵、许鼎：《机关事业单位统筹账户养老金的财政负担》，《武汉大学学报》（哲学社会科学版）2017 年第 5 期。

杨再贵、陈肖华：《降费综合方案与机关事业单位养老保险财政支付压力预警》，《经济社会体制比较》2020 年第 5 期。

洋龙：《平等与公平，正义，公正之比较》，《文史哲》2004 年第 4 期。

姚洋：《转轨中国：审视社会公正和平等》，中国人民大学出版社 2004 年版。

余桔云：《并轨前后养老保险制度的替代率和公平性评估》，《改革》2015 年第 7 期。

于新亮、张文瑞、郭文光，等：《养老保险制度统一与劳动要素市场化配置——基于公私部门养老金并轨改革的实证研究》，《中国工业经济》2021 年第 1 期。

臧宏：《事业单位养老保险制度改革取向探讨》，《瞭望周刊》2007 年版。

曾清玉：《美国公职人员财产申报制度建立的影响因素研究——以历史制

度主义为视角》，硕士学位论文，上海交通大学，2010年。

曾益、刘倩、虞斌：《中国机关事业单位养老保险制度财务可持续性研究——基于转制成本分担的视角》，《经济管理》2015年第10期。

张锋主编：《国家公务员制度新论》，中国人民公安大学出版社。

张留禄、姜柯戎：《职业年金问题研究》，《上海金融》2016年第4期。

张世伟、李学：《养老保险制度改革的财政效应和收入分配效应——基于微观模拟的研究途径》，《人口与经济》2008年第5期。

张伟：《改革和完善机关事业单位养老保险制度探讨》，《中州学刊》2004年第4期。

张彦、李春根：《企事业机关单位养老保险制度并轨后的公平性研究》，《财政研究》2016年第12期。

张盈华：《机关事业单位养老保险改革：进程、发展与制度评价》，《北京工业大学学报》（社会科学版）2016年第6期。

张盈华、卢昱昕：《我国职业年金"混合账户式"管理的特性、问题与建议》，《华中科技大学学报》（社会科学版）2021年第3期。

张祖平：《企业与机关事业单位离退休人员养老待遇差异研究》，《经济学家》2012年第8期。

赵子忱：《国家公职人员的收入决定——以军人为例的理论分析》，《经济研究》2002年第8期。

郑秉文：《事业单位养老金改革路在何方》，《河北经贸大学学报》2009年第5期。

——《事业单位养老金改革试点受挫的原因——关于"三个联动"的政策建议》，2010年3月3日，人民网-社会（http：//society. people. com. cn/GB/11064554. html）.

——《欧债危机下的养老金制度改革——从福利国家到高债国家的教训》，《中国人口科学》2011年第5期。

——《事业单位养老金双轨制改革遇抵触5年无果》，《时政新闻法制日报》2013年1月8日。

——《机关事业单位养老金并轨改革：从"碎片化"到"大一统"》，《中国人口科学》2015年第1期。

——《面向2035和2050：从负债型向资产型养老金转变的意义与路径》，《华中科技大学学报》（社会科学版）2021年第3期。

郑秉文、孙守纪、齐传君：《公务员参加养老保险统一改革的思路——"混合型"统账结合制度下的测算》，《公共管理学报》2009年第1期。

郑功成：《推进我国社会保障改革的几点思考》，《中国软科学》2001年第4期。

——《中国社会保障改革与未来发展》，《中国人民大学学报》2010年5期。

——《关于全面深化养老保险制度改革的理性思考》，《中国劳动保障报》2012年7月17日第003版。

——《深化中国养老保险制度改革顶层设计》，《教学与研究》2013年第12期。

——《养老并轨如何消减改革阵痛》，《人民日报》2014年1月8日（2014a）。

——《公平、可持续：社会保障制度发展目标》，《光明日报》2014年1月31日第003版（2014b）。

郑伟：《中国社会养老保险：制度变迁与经济效应》，北京大学出版社2005年版。

郑伟、孙祁祥：《中国养老保险制度变迁的经济效应》，《经济研究》2003年第10期。

周弘：《福利的解析：来自欧美的启示》，上海远东出版公司1998年。

朱劲松：《机关事业单位养老保险改革的构想》，《北方经贸》2008年第1期。

庄序莹、范琦、刘磊：《转轨时期事业单位养老保险运行模式研究》，《财经研究》2008年第8期。

# 后　　记

  本书是基于我的博士毕业论文完成的。博士毕业后，虽然始终保持着对本主题的关注，但却未曾下定决心对博士论文进行修改出版。一个重要的原因是，就在博士论文完成的半年多后，我国对养老保险"双轨制"进行了重大的改革调整。虽然改革方案与博士论文的部分设想相吻合，但也让自己产生了一些新的思考，比如养老保险"双轨制"改革方案是否较好地回应了既有问题，也曾考虑是否对本书的整体框架或主要内容进行较大的调整。

  最终，经过数年的观察、思考与沉淀，本书只对部分数据、个别表述和参考文献进行了更新调整，增加了最后一章的补充内容。其余部分仍然基本保持了博士论文的原貌，希望留下当初的研究印记，也留下七年前的全篇"致谢"。

2021 年 5 月 2 日

花香四季

# 致谢原文

十年磨一剑,
十载梦已圆。
离别终有时,
月缺亦有憾。

　　终于到了提笔写下致谢的这一天,我似乎盼望很久了。我是一个如此幸运的人,能有那么多贵人出现在我的生命中。这些年我曾有过无数次的冲动,我要留下怎样的文字,感谢这些可敬可爱的人。可是到了落笔的这一刻,突然间五味杂陈,一幅幅画面破茧而出,一个个人影清晰浮现。是啊,二十八年的种种,恍然如梦,追寻梦想的路上,我失去了不少,也收获了很多。

　　"师者,传道授业解惑者也。"然而,对于我来说,师恩深重,老师绝不仅仅是传道、授业和解惑的师者,更是指点迷津、提奖后辈和身体力行的智者。我就是这样的幸运,每一个影响我至深的恩师都在我的成长中倾注了无数的心血,没有老师们的勉励和关怀,我绝无可能一步步坚定地走下来。

　　四年前那个深冬的上午,我第一次见到恩师潘锦棠教授。从那时起我就知道,冥冥之中我和潘老师的缘分已是注定。四年来,在学业的探索中,在工作的取舍时,在道路的选择上,都融入了潘老师殷切的叮咛,都留下了潘老师深深的烙印。没有潘老师的指导,我很难体会在学术上的"仰之弥高,钻之弥坚";没有潘老师的示范,我可能很难领悟"君子博学而日参省乎己,则知明而行无过矣"的真谛;没有潘老师的点拨,我也不会早在博一的时候就定下这个论文题目,并最终努力完稿;没有潘老师的带领,我也不会参与各种专业研讨会,聆听专家学者的真知灼见,开拓自己的学术视野；没有潘老师的打气，我不敢想象自己能够直面那硕大的摄影机，在中央广播电视大学进行录像，讲授那四十五分钟的课程；没有潘老师的争取，我可能就没有机会参与全是老师参编的教材，也不会以副主编的名义出现在封面之上；没有潘老师的鼓励，我恐怕也不会努力地申请富布赖特基金项目和国家留学基金委的"国家建设高水平大学公派研究生项目"，最终在美国完成一年的博士生联合培养；没有潘老师的推荐，我就不会在博士期间拥有给本科生讲课一学期的宝贵经历；没有潘老师的支持，我很难最终在三所高校中选取我未来的教学和科研平台。

毕业临近，每每和潘老师畅谈在办公室，饱餐于食堂中，漫步在校园里，满满的是心中的不舍与怀念。论文初稿完成以后，潘老师也常提起四年的时间转眼逝去，也还记得我刚入学时候的样子。感谢潘老师的指引和带领，我度过了充实又精彩的四年博士时光。

也正是潘老师的鼓励和建议，我的博士生活充满了异国的惊喜。感谢潘老师，也要感谢我的国外导师 Lawrence Root 教授（我知道，还是叫 Larry 更习惯），让第一次踏上一块陌生大陆的我从开始就感受到了家人般的温暖。算算日子，认识 Larry 也有超过两年的时间了，从我的第一封自荐的邮件开始，到 Larry 在 Skype 上的直接面试，再到行前的各种叮嘱，出发之前我就感受到了 Larry 的热情；从底特律机场的第一次握手到一年后送行时的拥抱，从第一次在课堂上的发言到 Larry 带着我在 Michigan Stadium 里和 10 万人一同喊着"Go Blue"，从感恩节的晚餐时 Larry 对家人说起相对于 supervisor 更像我的 uncle，到密歇根湖里 Larry 手把手教会我 kayak，在美国的 12 个月里，我时刻都能感到 Larry 给予的温暖；回国之后，我们依然保持着邮件和 Skype 的联系，继续讨论着未完成的论文，Larry 还开着玩笑说"tell me when I could call you doctor"。感谢 Larry 和夫人 Margaret，在 School of Social Work，在 University of Michigan, Ann Arbor，在我最美好的岁月里，有着我们最美好的回忆。

在 Ann Arbor 的一年，还要感谢我的小学同学齐安焱，"逢人渐觉乡音异，却恨莺声似故山"。虽十年未见，却情谊依旧。感谢 Katie、Rebecca、李泽宇以及众多同学朋友的帮助，虽然大家在 UM 分属不同学院，不过周末和假日的相聚总是那么惬意。

"桃李不言，下自成蹊。"在博士的四年中，尤其是论文的撰写过程中，我得到了人大劳人院仇雨临教授和韩克庆教授的悉心指导，也得到了徐景元老师、罗琼老师和刘慧卓老师的耐心帮助。同时，也要感谢五位匿名评审专家提出的宝贵意见，使我能够更全面地思考和解决论文中存在的问题。感谢北京交通大学的石美遐教授、中国青年政治学院的薛在兴副教授、北京化工大学的刘杰教授、人大劳人院的仇雨临教授和韩克庆教授在论文答辩时给予我的肯定和评价。

在北京交通大学本硕的六年里，要特别感谢我的硕士生导师彭兆祺副教授。从本科到硕士再到博士，我都得到了彭老师无微不至的关怀。苍白的文字道不出心中感激，些许的话语写不尽师恩深重。我也要感谢石美遐教授和张梅青教授对我学习上的勉励、生活中的关怀。感谢张立学老师在学生工作上对我的提携和指导。

感谢从小学到高中的三位语文老师，贵州省贵阳市小河区一中的郭诗元老师，贵州省安顺市实验学校的凌元红老师和喻德梅老师，感谢高中文科班的肖红老师、彭美真老师，还有教我地理的刘老师和物理的林老师。

感谢宋占友伯伯、杨卫伯伯、刘田勇伯伯、盖国建伯伯和张义君阿姨，作为父亲和母亲大学的同窗，你们给了我很多关怀和帮助，让我融入这个大家庭。

"择友，近朱者赤，近墨者黑。朋友相处，有损有益。益者近之，损者远之。劝善规过，端赖乎兹。"一路走来，除了良师，益友亦是我的极大助力。感谢博士班的亮亮、晓天、宋萌、苏玉、海涛，感谢赵昂、子君、雨泽、张磊、何敏，感谢老大、小强、涛子、小贝、仲石、小熊，感谢李祥、闫菲、小班、徐辉。大家陪我走过了成长的不同时期，请陪我继续走下去吧。

小时候，爷爷奶奶、父亲母亲还有我一起住在地委大院，到外公外婆家也只有五分钟的路程，那时候的感觉是爷爷无条件地宠着我，奶奶却常常需要扮演严厉的角色，外公和奶奶保留着年轻时的习惯，离休后喜欢在开辟的小院子里种上各种蔬菜瓜果，外婆则擅长各种南北菜式、面点小吃。爷爷小时候上过私塾，会在我的不断央求下在一旁帮我打着算盘，我只负责写下答案，直到被下班回来的父亲一起批评。奶奶每天散着步陪我上下学，听我说起学校里的各种趣事，直到有一天，我突然发现，原来奶奶也开始有些跟不上我的步伐。爷爷奶奶还有外公外婆会经常跟我说起当年打鬼子和跟着部队南下剿匪的故事，精彩刺激程度不亚于捧着《林海雪原》或者《铁道游击队》。

父亲平日工作很忙，爷爷和母亲经常辅导我的功课。但不管再忙，父母都会时常带着我一起阅读课外书籍，使如今的我嗜书如命。从小学二年级第一次写作文开始，父亲就教我如何去观察和描写，他会带着我在前院轻轻掰开竹节海棠的花瓣，让我观察花蕊的颜色；会命令毫无耐性的我坐在池塘边钓鱼，让我体会垂钓者的心情；会在参观各类博物馆之前，让我领取一本简介，作为回家写作的素材……每次我信心满满地把初稿交给父亲，都会得到密密麻麻的批注和修改意见，确切地说，不是修改，而是重写，重写三遍到六遍不等之后，方能过关。那时候的我对写作文这件事又爱又恨，开心的是每次老师都会在全班第一个朗读我的作文，烦恼的是没人知道每个交作文的前夜，我都要挑灯夜战，写到两眼婆娑。长大后，翻起那厚厚的三本草稿，常常百感交集。

> 逝去的时光 谁人祭奠
> 忘却的画面 何人回想
> 就在弹指间 浮生云烟
> 只叹
> 溪水流淌 世事无常
> 百花齐放 各有心伤
> 不知是模糊了印记 还是加深了印象
> 好在 报告船长
> 前方 已有人掌舵航向

初中时，母亲曾半开玩笑地问我什么时候会写下一篇《我的妈妈》，我认真地回答道，等我的文笔达到一定水平后，我就写。可是，直到我写好这篇博士论文，也尚未动笔。不是我不愿写，只是母爱的细水长流比父爱的山般深厚更难以诉说。那种绵延的爱，就像史铁生先生写到的"多年来我头一次意识到，这园中不单是处处都有过我的车辙，有过我的车辙的地方也都有过母亲的脚印"。母亲是78级的大学生，毕业后就分配到高校任教，所以有更多的时间给我念故事，教我学拼音，陪我去打球。其实母亲的能力很强，只是除了教学认真负责以外，把时间和精力都花在了我和父亲身上。从小，母亲就为我营造了轻松的成长环境，总是用鼓励的方式为我打气加油，从不强求结果，而且总是在我急躁的时候作为我的

"出气筒",从未抱怨。母亲小小的身躯承担了比我想象更多的重压,只是母亲从不显现出来,回想起来,其实并不是母亲很会隐瞒,只是有时看似细心的我却很迟钝……

感谢爷爷奶奶、外公外婆、父亲母亲,让我拥有一个温暖幸福的家庭。四姨常说,见过那么多小朋友,却没有一个小孩像我的童年那样无忧无虑、幸福快乐。感谢舅舅、三姨和四姨,感谢二姑、四叔和五叔,感谢桂鹏、杨浩、郭小玲、郭鑫和郭淼,这样的大家庭我很在意。

感谢毛畅果,2010年9月8日,在求是楼343会议室的博士班第一次班会,你坐在西南角,我坐在东南角,我们甚至没有说一句话。2014年5月20日,你就坐在我的斜对面心不在焉地干活,时不时就嚷嚷着要来偷看我未完成的致谢有没有写到你。谢谢你,谢谢你闯入我的生活,分走我的酸甜苦辣;谢谢你走进我的心灵,分享我的欢欣鼓舞;谢谢你融入我的生命,分担我的苦痛哀愁。这几年来,我想最煎熬的莫过于交替地在美国进行联合培养,你在MSU,我在UM,同在Michigan的我们只相距短短的100千米。可惜空间和时间有些错乱,当你在圣地亚哥的SIOP上做presentation的时候,我还在人大等着国家留学基金委的最终结果;而当我在加勒比海迎接清晨的第一缕朝阳的时候,你却在家中享受浓浓的年味。不过还是要谢谢你,谢谢你鼓起勇气,选择相信我。我想五六十年后,除了领保险,我们一起再翻翻你的致谢,瞅瞅我的致谢,相守相望相思梦,相依相携相忆浓。

千帆过尽,在北京求学的十个寒暑已落下帷幕;铅华洗净,在北京奋斗的无数岁月才渐入正途。

两年前我写下这首《在路上》激励自己,如今的我,依然坚定地在路上:

> 岁月的流淌
> 带走了那么不舍的珍藏
> 模糊了那么清晰的模样
> 亘古不变的
> 唯有那饱含期许的目光

所以
我曾在岔路口彳亍彷徨
但我终会抛开懦弱胆怯　为了你我的梦想
我曾在黑夜里徘徊流浪
但我终会跟随心的方向　寻到黎明的光亮
我曾在荆棘中回首张望
但我终会任凭豪气激荡　云霄中振翅飞翔

拨开迷雾的朝阳
洒向肩上的行囊
无论是康庄大道　还是蜿蜒小径
我依然坚定地　在路上

2014 年 5 月 20 日
人大图书馆